料など、初めてクラス担任になった保育者が手にして、すぐに役立つ保育資料がたくさんあります。

　折しも、平成30年4月から、改訂（定）された幼稚園教育要領、保育所保育指針、幼保連携型認定こども園教育・保育要領が実施されます。これらでは、3歳児、4歳児、5歳児については、5領域のねらい及び内容、更に「幼児期の終わりまでに育ってほしい姿」が共通に示されています。特に、3歳児、4歳児の保育では、同じ年齢のクラスでも、集団生活経験や一日の生活のリズムが異なることに配慮しつつ、個の育ちと集団の育ちを見通した保育を展開しながら、一人ひとりに応じていくことが大切です。いずれの施設においても、幼児教育の質保証が一層期待されています。

　多くの保育者が、本書を活用し、自信と誇りをもって、よりよい保育を創っていくことを願っています。

監修　神長美津子

保育の きほん

大切にしておきたい要領、指針、教育・保育要領のことを分かりやすく解説しています。

3歳児の担任になったぞ！初めての3歳児の担任！いっぱい子どもたちと遊んで、子どもたちが楽しめるように……頑張ろう！

でも…初めてだからちょっと不安かな

あらあら、張り切っているね。けど、少し心配になったかな。初めての担任でも大丈夫！　この本があなたの保育をサポートしてくれますよ♪

保育本

まず、保育を始める前に要領・指針のことや子どもの発達、指導計画について押さえておこうね。要領・指針についてのラインナップはこんな感じよ。

良かった…！安心しました。もっと知りたい！詳しく教えてください！

じゃあさっそく、「環境を通した保育」から見ていきましょう！

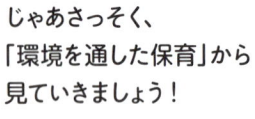

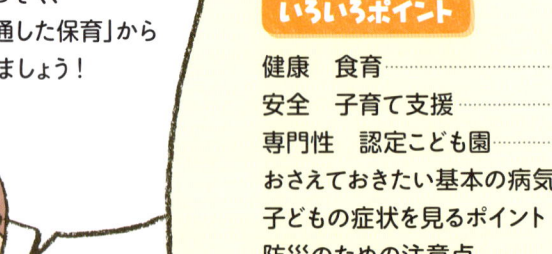

環境を通した保育

発達の様子や興味・関心に応じて、子どもが身の回りに関わっていくための基本です。

まず、保育をするうえで大切にしたいのは「環境を通した保育」をすることなの。それがなぜ大切か分かるかしら？

う〜ん…

それはね、この時期の子どもたちにとっては、身の回りのことに自分から関わって遊び込むことそのものが学びになるからなの。だから関わりたくなるように環境を充実させることが必要なのよ。次の3つが、基本的な考え方です。

安定した情緒で十分に自己発揮できるように

○○ちゃんもいっしょにあそぼう

遊びは発達を促す学びであること

子ども一人ひとりを大切に

上の目標に向かって保育するために必要なのは…

計画的に環境を構成することや

自分でやろうとする姿を認めること、

○○なんだね

子どもが自分の思いを出せるように関わること、などね。

なるほど…

5つの領域

子どもの生活や遊びを通して、必要な経験を重ねていけるよう、指導を行なう際の視点です。

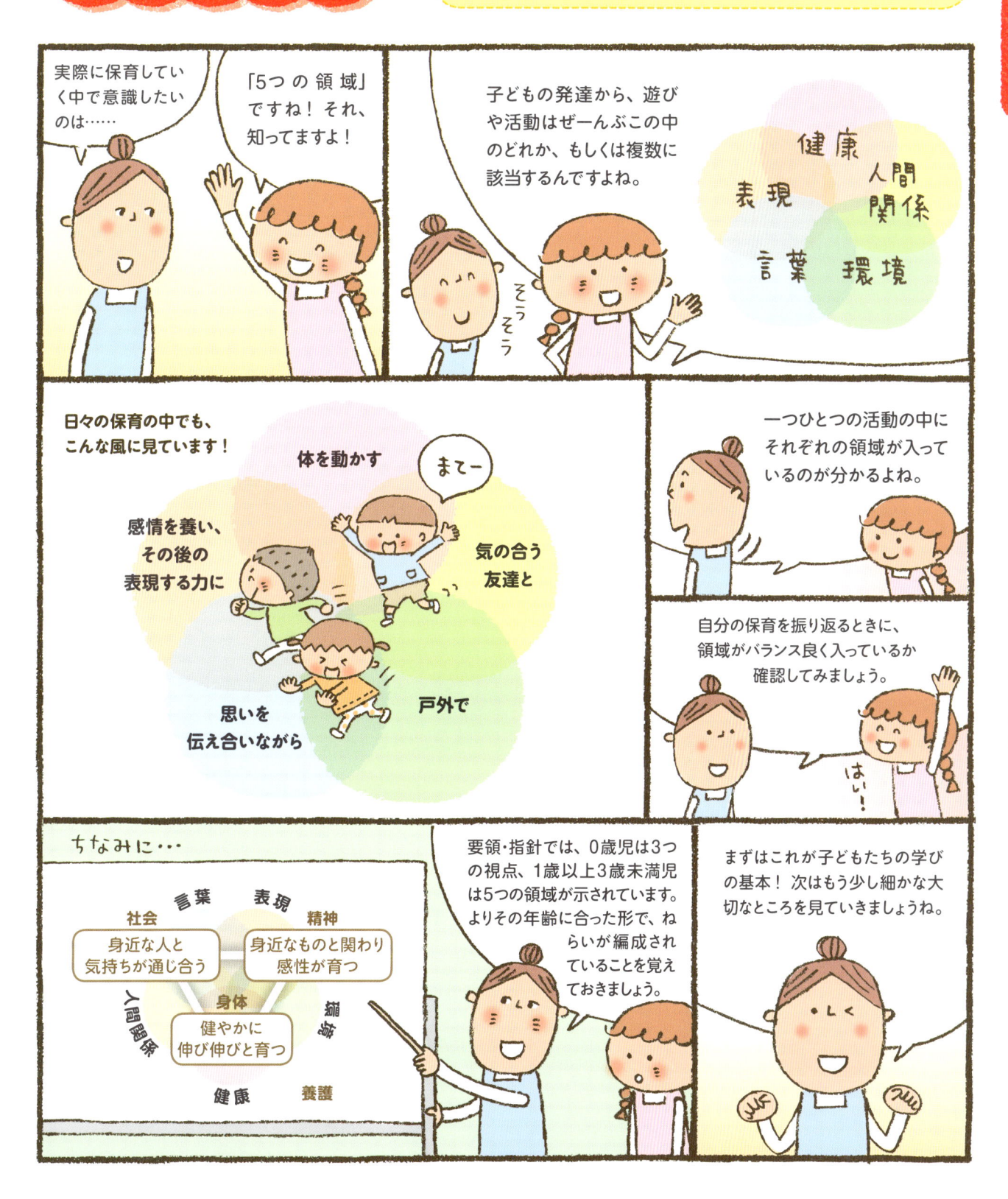

養護

養護の理念では、保育者が行なう援助や関わりを、「生命の保持」と「情緒の安定」に大きく分けて構成されています。保育所保育を通じて、養護と教育の一体性がうたわれています。

この2つが基本ね！

情緒の安定

生命の保持

教育と一体的だよ！

環境に気を配ろう

保健的で清潔・安全な保育環境は欠かせません。保育室・衣類・寝具などが衛生的に保たれるよう気を配りましょう。また、子どもが主体的に活動できるような環境をつくっておくことも養護の理念につながります。休息できるような場を整えておくことも大切です。

受容的な援助を心掛けよう

子どもは、身近にいる大人から受け止められ、認められることで初めて自分を十分に発揮して周囲の環境に関わっていくことができます。そのため保育者には、常に子どもの思いを受け止めながら、それに対する関わりが求められます。一日の生活の流れを見通して、静と動のバランス良く活動できるように調整することも大切でしょう。

衛生チェック

信頼関係を

朝 昼 夕

一日の生活のバランスを…

計画・評価

計画をつくり、それをもとに保育を行ない、評価していく中で保育の改善を重ねていく必要があります。

保育者一人ひとりが保育の振り返りをしよう

まずは保育者一人ひとりが立案し、行なった保育を振り返ることから始めましょう。その過程で、子どもへの理解を深めます。肯定的な視点で子ども一人ひとりの良さを認め、また自らの保育の改善点を把握しましょう。

保育者間で共有しよう

職員間でも振り返りを行なってみましょう。そうすることで、互いの理解と協働性が強まります。その保育の見直しが、日々の指導計画の見直し、ひいては全体的な計画の改善へとつながっていきます。

いろいろポイント

幼稚園・保育園・認定こども園、どんな施設であっても、
知っておきたいポイントについて大切なところを確認しておきましょう。

健康

健康状態の把握から始めよう

子どもの生命を守ることと、心の安定を保つことは保育の基本です。養護の考え方にも重なる部分なので、まずはその認識をもちましょう。

子どもの発達の状態と、日々の子どもの健康状態を確認することは重要です。0・1・2歳児の場合には、睡眠時の観察も十分に行ない、安全な午睡環境の提供にも努めましょう。

食育

日々の生活で、「食」を楽しいと思えるように

日々の食事や野菜の栽培、収穫した食材での調理などの経験を通じて、食べることを楽しいと思えるようにすることが食育の大きな意義です。領域「健康」とも密接な関連性があることを意識しながら、日々の生活と深く関わっていることに配慮しましょう。伝統的な食文化を扱う際には、栄養士や調理師など多様な人々と連携することも考えましょう。

安全

事故や災害に備えるための危機管理対策をしよう

　保育者は、保育環境の整備や、職員間での打ち合わせなどを通して、日常の安全管理に留意する必要があります。また、ただ子どもから危険な物を排除するのではなく、子ども自らが危険と判断して回避できるような援助も重要です。災害の際は、引き渡しの配慮なども含め、様々な事態を想定しておきましょう。

子育て支援

保護者と子どもの育ちを喜び合おう

　まずは子どもの育ちを保護者と共に喜び合えるようにしましょう。保育者の側から押し付けるのではなく、保護者の主体性や自己決定を尊重しながら、子育ての支援をできるようにしましょう。園の保護者には連絡帳や登降園時の会話、行事などを通して子どもの育ちを知らせます。地域の未就園児に対しては親子遊びの講座や給食参観などを開いたりすることも子育て支援の一つです。

専門性

研修を通して
知識・技能の向上を図ろう

　保育の場では、管理栄養士や看護師含め、たくさんの職種の人が働いています。保育者として、子どもとの関わり方や保護者に今行なっている保育を十分に説明できるようにするといった、コミュニケーション力やプレゼンテーション力を向上させましょう。

　また、そのためには同僚と行なう園内研修をはじめとした学びの場や、外部での研修に積極的に出向くことも大切です。

認定こども園

多様な背景の子どもたちに
配慮しよう

　登園時間、在園時間、入園した時期や在園期間の違いによる園生活の経験など、認定こども園では多様な背景をもつ子どもたちが在園することが、これまで以上に増えてきます。特に安全の確保や1日の生活のリズムを整えるよう工夫することが大切です。子ども一人ひとりと信頼関係を結び、生活が安定に向かうためにも保育者間での情報の共有などを大切にしましょう。

ここまでは、どんな施設形態でも共通して知っておきたい健康・安全・食育・子育て支援などのポイントについて伝えてきたけど、OKかしら?

最後に、知っておいてほしい病気や災害時の持ち出しグッズについて説明するわね!その前に…保育者としてレベルアップするためのポイントを3つ紹介しておくわね!

❶ アプローチできる物を増やしてみよう

子どもの思いに応える際、保育者の教材などへの知識が多いほど、より寄り添ったものを選ぶことができます。素材の良いところや特徴を把握しておきましょう。

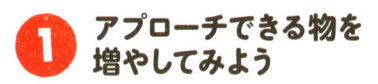

❷ 環境について、見える物を増やそう

環境に危険な物がないかどうか、子どもの発達に沿っているかなどはただぼんやりと見ていてはなかなか見えてこないもの。他の保育室も参考にしながら気付きを増やしましょう。

❸ 子どもの声を聴こう

保育を組み立てるうえで必要な興味・関心は日々の子どもの声に耳を傾けるところから始まります。

おさえておきたい 基本の病気

園でよく流行する感染症について、その症状と予防・拡大防止のために必要なことをまとめました。

インフルエンザ

症状
感染後1〜4日間の潜伏期を経て高熱が3〜4日間続きます。全身の倦怠感や関節痛、筋肉痛、頭痛が伴い、咽頭痛、鼻汁、せきなどが出ます。一週間ほどでよくなります。

予防・拡大防止策
ワクチンの接種：乳幼児ではワクチンの有効性が低いので2〜4週間あけて2回の接種が望まれます。
マスクの装着：患者発生時は全員がマスクの装着を心掛け、せきやくしゃみの際には人に向かってしないことを徹底しましょう。
手洗い・消毒：手洗いなどの手指衛生を心掛け、またつばなどの体液がついたものを中心にアルコールによる消毒を行ないます。

麻しん

症状
38℃以上の高熱、せき、鼻汁、結膜充血、目やにが見られます。熱が一時下がってから再び高くなり、耳後部に赤みが強く少し盛り上がった発しんが現れます。

予防・拡大防止策
ワクチンの接種：入園前の健康状況調査で、ワクチンの接種歴を確認します。未接種の場合には接種を強く勧めましょう。解熱した後は、3日を経過するまで登園を避けるように保護者に依頼します。

腸管出血性大腸菌感染症

症状
激しい腹痛とともに、頻回の水様便や血便の症状があります。発熱は軽度です。血便は初期では少量の血液の混入で始まりますが、次第に血液の量が増加し、典型例では血液そのものといった状態になります。

予防・拡大防止策
食材の管理：適切な温度で食材を保管したり、十分に加熱調理をしたりして、衛生的な取り扱いに留意します。
手洗いの励行：接触感染の対策として最も重要です。日頃から心掛けましょう。

ノロウイルス

症状
潜伏期間は12〜48時間で、嘔吐、下痢、腹痛、発熱などの症状が出ます。通常3日以内に回復します。嘔吐、下痢が頻繁の場合、脱水症状を起こすことがあるので尿が出ているかどうかの確認が必要です。

予防・拡大防止策
別室への移動：感染を防ぐために、換気しながら周りの子どもたちを別室に移動させます。職員は速やかに汚染物を処理します。
消毒：次亜塩素酸ナトリウム0.02％（糞便・おう吐物の場合は0.1％）で消毒します。バケツ、手袋、エプロン、使い捨ての雑巾やペーパータオルなどはひとまとめにしてあらかじめ準備します。

参考：2012年改訂版 保育所における感染症対策ガイドライン（厚生労働省・平成24年11月）

子どもの症状 を見るポイント

毎朝の健康チェックの際、異状があるかどうか気を付けておきたい主要な箇所です。

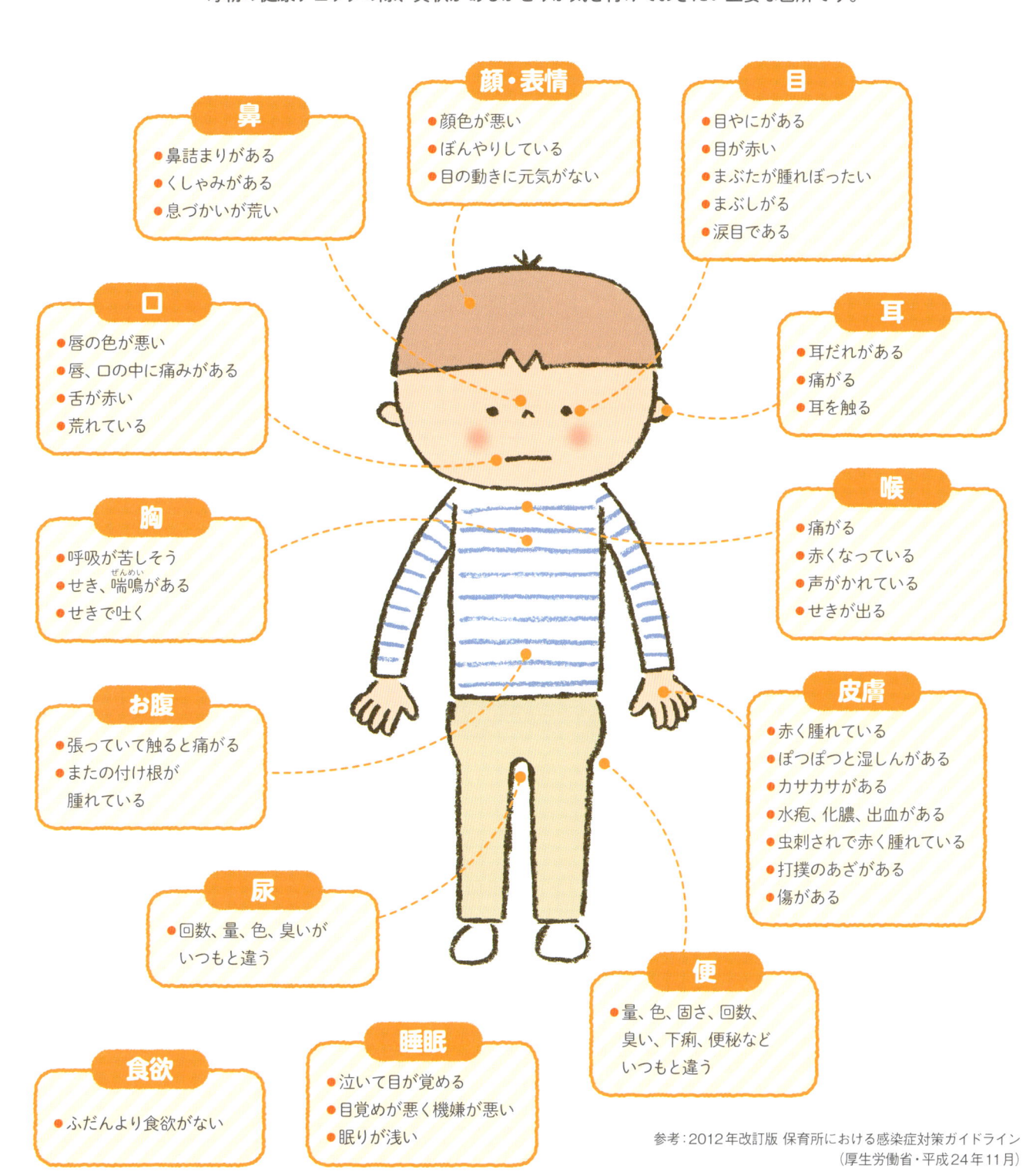

鼻
- 鼻詰まりがある
- くしゃみがある
- 息づかいが荒い

顔・表情
- 顔色が悪い
- ぼんやりしている
- 目の動きに元気がない

目
- 目やにがある
- 目が赤い
- まぶたが腫れぼったい
- まぶしがる
- 涙目である

口
- 唇の色が悪い
- 唇、口の中に痛みがある
- 舌が赤い
- 荒れている

耳
- 耳だれがある
- 痛がる
- 耳を触る

胸
- 呼吸が苦しそう
- せき、喘鳴がある
- せきで吐く

喉
- 痛がる
- 赤くなっている
- 声がかれている
- せきが出る

お腹
- 張っていて触ると痛がる
- またの付け根が腫れている

皮膚
- 赤く腫れている
- ぽつぽつと湿しんがある
- カサカサがある
- 水疱、化膿、出血がある
- 虫刺されで赤く腫れている
- 打撲のあざがある
- 傷がある

尿
- 回数、量、色、臭いがいつもと違う

便
- 量、色、固さ、回数、臭い、下痢、便秘などいつもと違う

睡眠
- 泣いて目が覚める
- 目覚めが悪く機嫌が悪い
- 眠りが浅い

食欲
- ふだんより食欲がない

参考：2012年改訂版 保育所における感染症対策ガイドライン（厚生労働省・平成24年11月）

防災 のための注意点

持ち出しグッズや注意事項など、災害時の被害を少しでも減らせるようなポイントです。

持ち出しグッズはこれ！

- クラフトテープ
- 紙
- ウェットティッシュ
- フェルトペンなど筆記用具
- 軍手
- お尻拭き
- 紙オムツ
- バスタオル
- ビニール袋・ゴミ袋
- ホイッスルライト
- お菓子
- 着替え
- ミネラルウォーター

保護者と共通で認識しておきたい事項

　災害のときには何かと想定外のことが起こります。引き渡しの方法や緊急連絡先も、祖父母や、近隣の住民など、保護者以外の場合も考えておく必要があります。また避難先についても、認識を共有しておきましょう。

避難訓練の注意事項

　雨の降っている日など、いつもと違う状況での避難訓練も想定しておきましょう。保護者と連携した引き渡し訓練も経験しておく必要があります。また、アレルギーをもつ子どもにも配慮が必要です。

参考：想定外から子どもを守る 保育施設のための防災ハンドブック（経済産業省・平成24年）

3歳児保育のきほん

生活と遊び両面の子どもの発達と、
指導計画の書き方の基本を解説しています。

● 0〜5歳児の発達を見通そう　編集／『月刊 保育とカリキュラム』編集委員
● 発達と生活・発達と遊び　監修・執筆／塩谷 香（國學院大學特任教授、NPO法人「ぴあわらべ」理事）
● 指導計画のきほん　監修・執筆／神長美津子（國學院大學教授）

※発達と生活・発達と遊びは、『月刊 保育とカリキュラム』2015年度の連載『0〜5歳児　発達と保育』に加筆・
　修正を加え、再編集したものです。

0〜5歳児の発達を見通そう

担当する年齢の発達に加え、0〜5歳児の発達過程を見通し、日々の保育や指導計画の参考にしましょう。

※全ての子どもにあてはまるというわけではありません。

0歳児 ・ 1歳児 ・ 2歳児

発達の過程
※柴崎先生による

0歳児： 特定の保育者との情緒的なきずなが形成され、寝返りやお座りができるようになる。周囲の環境に自発的に興味を示すようになり、手を伸ばして触り、口に持って行くようになる。また自分の気持ちを、表情や喃語などで表現する。

1歳児： 一人で歩き始めるようになり、自分から周囲の環境を積極的に探索するようになる。親しい保育者には簡単な言葉を用いて要求や思いを表現するようになるが、知らない人に対しては人見知りもする。また物を見立てて楽しむようになる。

2歳児： 手指や体の運動能力が向上し、生活習慣を自分から進めていこうとする。だが自我の芽生えや言葉の発達に伴い、自己主張も強くなり友達との物の取り合いが多くなる。また好きなヒーローなどになり切る遊びが盛んになる。

子どもの姿

0歳児

ごくごく飲んで、ぐっすり眠る
生活リズムが大切にされることで、生理的欲求、依存的欲求が満たされ、生命の保持と生活の安定が図られます。清潔で気持ちの良い生活をします。

だっこ 大好き
だっこでにっこりと見つめ合ったり、笑顔を交わしたり、優しく話し掛けてもらったりなど、特定の保育者との愛情豊かで応答的な関わりにより、情緒が安定します。

手足ぐんぐん・伸び伸び
首が据わり、寝返り、腹ばいなど、全身の動きが活発になり、自分の意思で体を動かそうとします。

なんでも、口で試してみたい
オッパイを吸って、たっぷり口唇の力を使います。気になるものがあると、すぐに口元へ持って行き、口の中で感触を確かめ、試してみようとします。

ねえ、ねえ、こっち見て・喃語
泣く、笑う、喃語を発するなどで、自分の欲求を表現して、特定の大人と関わろうとするようになります。

おんも（お外）、大好き！
安心できる人的・物的環境の下で、見たり触ったりする機会を通して、周りの環境に対する興味や好奇心が芽生えてきます。

先生がいるから遊べるよ
保育者に見守られて、玩具や身の回りのもので一人遊びを十分に楽しむようになります。

1歳児

おいしく食べて、よく眠り
楽しい雰囲気の中で、食事、間食をとるようになり、自分で食事をしようとするようになります。安全で健康な環境の中、生活リズムが大切にされ、安心して睡眠をとります。

わーい、歩けた
立って歩き、自分からいろいろな環境に関わろうとするようになります。

自分で、自分で
安心できる保育者との関係の下、食事、排せつ、衣服の着脱などの身の回りのことを通して自分でしようとする気持ちが芽生えます。

なんだろう
手先・指を使って、物のやり取りをしたり、玩具を触ったりなど、探索活動が活発になります。

「マンマ」「マンマ」片言でお話し
応答的な大人との関わりにより、指さし、身ぶり、片言などを使って、自分の気持ちを伝えようとするようになります。

2歳児

よいしょ よいしょ 楽しいね
またぐ・くぐる・走る・よじのぼる・押すなど、全身を使う動きや、つまむ・丸める・めくるなどの手や指を使うことができるようになり、それを遊びとして楽しむことができるようになります。

なんでも「ジブンデ」するの
大人に手助けされながら、食事・排せつ・着替えなど、簡単な身の回りのことを自分でしようとします。「ジブンデ」と、よく言うようになります。

まねっこ、大好き
周りの人の行動に興味を示し、盛んにまねたり、歌ったりするようになります。○○になったつもりの遊び・見立てる遊びが盛んになります。

「なんで？」「これなあに？」
挨拶や返事など、生活に必要な言葉を使ったり、「なんで？」などの質問が盛んになったりします。繰り返しのある言葉を喜んだりもします。

3歳児

生活習慣が次第に自立するようになる。気の合う友達と一緒の遊びが盛んになり、お店屋さんごっこやヒーローごっこなどのごっこ遊びを楽しむようになる。また言葉への関心が強くなり、新しい言葉や直接体験を通した知識を積極的に取り入れていく。

見て見て自分で…
食事、排せつ、衣服の脱ぎ着、清潔など、基本的生活習慣がほぼ自分でできるようになり、認めてもらって自信をもち始めます。

「いれて」「だめよ」
初めての集団生活の中で、人と関わることが楽しくもあり、戸惑ったり葛藤したりする姿もあります。

お友達大好き
自我が芽生え、大人との関係から次第に周りの人のことが分かるようになって、友達に興味をもち始め、気の合う友達と遊び出します。

何でも触って…
土、砂、水などの自然物や、身近な動物、昆虫などに関心をもち、怖がらずに見たり、触れたりして、好奇心いっぱいに遊びます。

おしゃべり大好き
自分の思いを言葉にできることを楽しむ姿が見られます。

「わたし」「あなた」
イメージが豊かになり、ごっこを好み、言葉によるやり取りを楽しむ中で「わたし」などの一人称や、「あなた」などの二人称を使えるようになって喜んで遊びます。

ウサギさんぴょーん
ウサギになって2拍子で跳んだり、ギャロップでウマになったり、リズムを聞き分けて身体で表現したり、盛んに歌うようになります。

4歳児

幾つかの動きを同時にできるようになり、思い切り走る、ボールを蹴る、回転するなどの動きに挑戦するようになる。友達と言葉により気持ちや意思を伝え、一緒に遊びを進めるようになる。また様々な表現を楽しめるようになる。

何でもひとりでするよ
身の回りの始末はほとんど自分でできるようになり、生活の流れに見通しがもてます。

こんなに動けるよ
全身のバランスがとれて、体の動きが巧みになり「〜しながら〜する」というふたつの動きを同時にでき、片足跳びやスキップができます。

どうぞ、いいよ…
友達の思いに気付き「〜だけど〜する」という自分の気持ちを抑えて我慢をしたり、譲ったりができるようになってくる反面、抑えがきかずトラブルも起きます。

やってみたい！
新しい活動にも取り組めるようになり、試す・工夫する・頑張ろうとするなどの気持ちが見られるようになります。

右足には右の靴だよ
自分の位置を基準にして、上下、左右、前後、遠近が分かるようになり、物を分別したりグループ分けができるようになったりします。

「どうして？」
身近な自然など、興味をもったこと、疑問に思ったことの理由を尋ねたり、試したり、質問したりするようになり、自分のイメージをもって話すようになります。

こんなのできたよ
自分なりのイメージをもって、身近な素材を使って、描いたり作ったりするようになり、感じたこと、考えたことを表せるようになります。

5歳児

基本的な運動や生活習慣が身につき、生活や遊びを仲間と協調的に進めていくことができる。友達と協同的な集団活動を展開できるようになり、自分の思いを言葉や様々な方法で表現できるようになる。

園が楽しい
基本的な生活習慣が自立し、見通しをもってみずから健康で安全な生活（食事を含む）を楽しむようになります。年長児として、年下の子どもをいたわるようになります。

動いて、元気！ 先生より跳べるよ！
目と手と体の全ての部位が自由に動かせるようになり、複合応用運動ができます。

みんなと一緒に！
友達同士の仲間意識ができ、集団を意識するとともに友達のよさに気付きます。また、規範意識が高まり、決まりや時間配分をつくり、園生活を自主的に送ろうとします。

そうだ そうだ わかるよ
友達の気持ちや立場が理解でき、他者から見た自分も分かるようになり、葛藤しながら共感性が高まって、協同しつつ共通の目標に向かう姿が見られます。

なにか おもしろそうだな
日常生活の中で、数量、図形、記号、文字、磁石などへの理解が深まり、比べたり、数えたり・科学遊びをしたりして興味をもって関わります。

みんな命があるんだね
動植物の飼育栽培など、様々な環境に関わる中で、友達の違う考えにふれて新しい考えを生み出したり、命の大切さが分かったりするようになります。

黙って考えてるの
一人言が少なくなり、自分の行為、計画を頭の中で思考するようになり、言葉で自分をコントロールするようになります。落ち着いて人の話が聞けるようになります。

言葉遊びができるよ
語彙が増え、想像力が豊かになるとともに、日本語の仕組みに気付き、しりとり遊びや逆さ言葉で遊んだり、伝える喜びを感じたりするようになります。

自分で作ったよ
生活の中での感動によりイメージを膨らませたり、友達の表現にふれたりして、自己表現をしようとするようになります。

みんなで作ったよ
友達と共通のイメージや目的意識をもって、素材や用具を適切に使い、共同でさまざまな表現をするようになります。

健康

人間関係

環境

言葉

表現

発達と生活

一通りの生活習慣が自分でできるようになってきます。しかし完全ではないので左右や裏表の間違いなどに気付けるようにしていきます。

発達の流れ｜生活

 **3歳**

- 排せつの前に言葉で知らせ、ひとりでトイレに行く
- 促されなくても尿意を感じたら、ひとりでトイレに行く
- 食事のマナーに気付き、守ろうとする
- ティッシュペーパーで鼻をかもうとする

保育のポイント｜環境・援助

鼻水や汗を拭いてみよう

🔊 **こんなことばがけを**

子どもには

鼻水や汗が出ていたら、まずは子どもが気付くように知らせ、それからどうすれば良いか考えさせましょう。

鼻水(汗)が出てるよ

鏡を見てごらん

○○ちゃん、遊びに夢中で気付かないかもしれないので声を掛けるようにしてます

汗が出ているよ

環境構成

鼻水を拭くためのティッシュペーパーは取り出しやすいように置く、同じ場所にきれいに拭くことができたか確認するための鏡を用意する、その横にゴミ箱を用意する、など動きの流れに沿ってスムーズに行なえる工夫をしましょう。

保護者には

園で行なっていることを伝えて、参考にしてもらいましょう。

- -

⭐ タイミングに気付かせる

鼻水や汗を拭いたり、「汗びっしょりになっちゃったね、着替えた方がいいかな?」と言って服を着替えたりするタイミングに気付くようにしましょう。

汗びっしょりになっちゃったね

⭐ 自分で確認する

初めは、鏡の前に一緒に立って、鼻水や汗を拭けたことを子どもが気付くようにしましょう。

きれいになったね

鼻の正しいかみ方

圧力がかかって耳を傷めないように、片方ずつ押さえてかむよう、伝えましょう。

❶鼻に当てる
手で鼻にティッシュペーパーを当てます。

❷押さえてかむ
鼻の穴を片方ずつ押さえて、かみます。
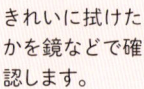

❸確認する
きれいに拭けたかを鏡などで確認します。

- 身の回りの支度を自分でしようとする
- ひと晩中、ずっと眠るようになる

- 自分で服を着ようとするが、上下左右や前後を間違えてしまうことがある
- 短いガラガラうがいをする

- 粗めのくしで髪をとかす
- せっけんを使ってきれいに手を洗う

身辺の自立のために

🔊 **こんなことばがけを**

明日はできるよね。頑張ろうね

子どもには
できると分かっていても甘えたいときがあります。時には、その気持ちを受け止めましょう。

園では「ひとりでできる!」ってすごく頑張っていますよ

ひとりでできる!

保護者には
子どもの頑張りを日々伝えましょう。

⭐ 上下左右・前後を間違える

● **自信を失わないように**
「○○ちゃん、ちょっと間違えちゃったかな?」などと言って、プライドを傷つけないようにさりげなく直しましょう。

○○ちゃん、ちょっと間違えちゃったかな?

● **分かりやすい目印を示して**
「これ(タグ)が見えると裏返しだよ」と言って、服の脇や襟首のタグを目印にするよう伝えてみましょう。

⭐ 片付けるときは

ゆったりとした雰囲気で決して焦らせず、子どもも保育者も気持ちのゆとりをもって取り組みましょう。

⭐ できるのに「やって」と言って来たときは

時には、甘えたい気持ちを受け止めることも大切ですが、「先生、見ててあげるから、やってみようね」などと言葉を掛けつつ、さりげなく援助することも大切です。

先生、見ててあげるからやってみようね

靴の脱ぎ方・履き方

左右を間違えて履きそうだったり、迷ったりしているときは、「よく見てごらん」と言って、一緒に確認しましょう。

● **脱ぐ**

❶低い台に座ります。

❷手でかかとを押しながら、片足ずつ脱ぎます。

● **履く**

❶座った状態で片足ずつ、つま先からかかとを残して足を入れます。

❷立ってつま先をトントンとします。(履けないときは、かかとを引く援助を)

 **4歳**

- 大便後の始末、女児の小便後の始末が大人の介助なしでできるようになる
- 配膳の位置が理解でき、正しく並べることができるようになる
- 箸を使って食べられるようになる

- 1日の生活におおよその見通しをもって行動できる
- 靴の左右を正しく履く

こっちがみぎ

- 午睡の準備や後片付けが自主的にできる
- 時間をかけると服のボタンが留められる
- 不安なときなどに気持ちの切り替えをしようとする

保育のポイント　環境・援助

箸を上手に使って

○○ちゃん、誕生日だねー。今日からお箸を使ってみようか。

🔊 こんなことばがけを

子どもには

「4歳（もしくは3歳）の誕生日から箸を使う」と決めます。段々と箸を使う友達が増えていくので、箸が使える日を楽しみにするようになります。

⭐ 箸とスプーンの併用

子どもの様子を見て、スプーンやフォークを併用しましょう。おかずの大きさが小さすぎると箸でつまみづらくなるので、形が大きめの物、塊などもあって良いでしょう。

保護者との共有

箸の使用は焦らなくてよい

本人が使いたいと言うまで、そのままでOK。無理せず、使えるようになるまでゆっくりと待つよう、保護者にも伝えましょう。

⭐ 箸の使い方の練習

フェルトをくるくると巻いた物や、スポンジを角切りにした物などを、ピンセットや箸でつまみ、移し替える遊びを通じて、箸が上手に使えるようになります。

⭐ 箸を使い始める時期の目安

「鉛筆を正しく持てた」「スプーンを鉛筆持ちで使えた」などをきっかけに、箸の持ち方を伝え、使い始めてもいいですね。

箸の正しい持ち方

❶ 1本の箸を鉛筆持ちに

親指、人さし指、中指で箸を1本持ち、中指を曲げ伸ばしして、先端を上下に動かします。

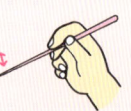

❷ もう1本の箸を差し入れる

親指の根元から差し入れ、薬指で支えて固定します。

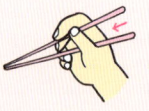

❸ 上の1本を動かす

下の箸は固定し、上の箸を人さし指・中指の操作で動かして物をつむようにします。

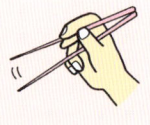

- 午睡をしなくなる子どもは、静かに休息をとる

- 他者の目を意識するようになる
- ルールを重視するようになる

かわりばんこだよ

- 友達と主張がぶつかると、自分の気持ちを言葉で説明したり、相手の言い分を聞こうとしたりする

一人ひとりに合わせた睡眠を

こんなことばがけを

少し眠ると元気が出てくるよ！

子どもには

眠る意味と大切さを伝えつつ、一人ひとりの気持ちも大切にしながら、より良い睡眠につなげていきましょう。

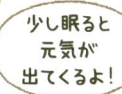

睡眠の援助のポイント

個人差があるので、無理に寝かせないように配慮します。

睡眠の環境構成

畳やマットを敷く、クッションを用意する、静かにBGMを流すなどリラックスできる環境をつくりましょう。

保護者には

睡眠の状況で子どもの体調が変わることを知らせましょう。

今日はすごく元気でした。おうちでたっぷり眠れたからでしょうか？

⭐ 休息の大切さを理解できるように

子どもは疲れを忘れて遊んでしまいがちなので、園にいる間はなかなか休息しようとしないのが普通です。自分の健康を守るために、就学前には休息の大切さを理解できるよう、教材を使いながら説明するなど工夫しましょう。

寝ることって大事だね！

保護者との共有
休息の大切さを伝えましょう

4歳にもなると、子どもの生活をあまり考えなくなる保護者も出てきます。遠出をして疲れを残したまま登園するようなこともあるので、休息する大切さを保護者に伝えていきましょう。

⭐ 4歳頃の睡眠は…

● 個人差が表れてくる

体力と共に、休息の必要性にも差が表れてきます。長時間、園で過ごす子どもは、特に睡眠不足にならないよう注意しましょう。

● 強制しない

眠くならない子どもには、「寝なくてもいいから静かにしていようね」などと、眠らなくても静かに遊ぶことを約束します。あまりエネルギーを必要としない、少人数で遊べるものを工夫しましょう。

発達と遊び

発達の流れ　遊び

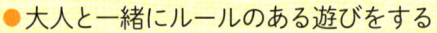

3歳

- 大人と一緒にルールのある遊びをする
- 友達と関わり、大人の仲介で、物の貸し借りや順番、交代を理解し始める
- 大人に仲介されながら、友達の話を聞こうとする
- 順番を守ったり分け合ったりしようとする

保育のポイント　環境・援助

体を動かす遊びやごっこ遊びにも意欲的に取り組みます。やりたい！と思った遊びができるように選択肢を増やしていきます。

トラブルから関わりを学ぶ

〇〇ちゃんはあれを使いたいのね

🔊 こんなことばがけを

子どもには

友達とけんかになったら、うまく口に出せずに思っていることを、相手の子どもへ代わりに伝えましょう。

環境構成のポイント

あえて色違いの玩具をそろえる、数を少し足りないくらいにするなどによって、子ども同士の間でトラブルやゆずり合い、貸し借りなどが生まれます。子どもたちの状況を見ながら臨機応変に工夫しましょう。

⭐ 心を通わせて落ち着いた雰囲気に

朝の活動が始まるまでは、子どもの名前を呼んだり、「今日のお空はどんなかな？」など、どの子どもにも分かることを話し掛けたり、歌や手遊びを楽しんだりしながら、心を通い合わせましょう。その後の活動が、落ち着いた雰囲気で進められます。

⭐ 異年齢が交流する場をつくる

異年齢の交流は、年長児には「おにいちゃん、おねえちゃんになった」という自尊心が芽生え、3歳児以下には「こうなりたい」という憧れの気持ちが生まれます。「おにいちゃんたちがウサギのお世話をしてくれているんだよ。すごいね〜」のように、年長児と触れ合えるような言葉を掛けましょう。

⭐ けんか・いざこざ

相手にも自分と同じように様々な気持ちがあることを知る良い機会です。保育者が仲立ちになり、折り合いを付けて仲直りすることを学ぶようにしていきましょう。また、どちらかを否定するような言い方ではなく、「これで遊びたかったんだよね」など代弁するようにしましょう。

- 自分たちで役割を決めて遊ぶ
- 三輪車をこぎながら、ハンドルを操作して方向転換する

- 片足跳びやスキップをする
- すべり台など固定遊具の遊びに慣れ、遊び方を工夫し、変化させていく
- 大人や友達とルールのある集団遊びをする

- 好きな物になり切る遊びや、見たて遊びをする
- 人の役にたつことを喜び、進んで手伝いをしたり役割を担ったりする

ダイナミックに伸び伸びと全身を動かす

🔊 **こんなことばがけを**

子どもには
不安に思う気持ちを和らげるよう、「一緒にやろうね」と保護者が手伝うことを言葉にしましょう。

一緒にやろうね

ピョン

保護者には
家庭でも一緒にできそうな遊びを伝えましょう。

ボールを追い掛けるのがすごく楽しいみたいです。公園でも遊べるといいですね

⭐ 全身を動かす遊び

🔴 **鬼ごっこ**
鬼に捕まらないで逃げるだけの、簡単なルールです。初めは保育者が鬼になりましょう。

🔴 **三輪車**
三輪車がある程度こげるようになったら、緩やかな坂道を用意したり、地面に線路を描いたりして、コースをつくりましょう。

🔴 **ボール遊び**
軽いゴムボールなどを使いましょう。キャッチする、当てるなどはまだできませんが、投げる動作を楽しみましょう。

🔴 **縄跳びヘビ**
保育者が縄の端を持ち、床の上でヘビに見立ててうねらせます。「ヘビに捕まらないようにね」と言って、縄に触れないように跳んでみましょう。

捕まらないようにね

🔴 **鉄棒**
子どもの足が着くくらいの低い鉄棒に、膝を曲げてぶら下がります。初めは親指を下に回せないので、保育者が拳の形になるよう手伝います。

ポイント
園外では道路や公園の様子をあらかじめ確認します。目が行き届く広さで遊びましょう。安全面だけでなく、不審者などにも気を付けましょう。

チェック

発達の流れ 遊び

● 自分の思いを強く主張する一方で、自分の気持ちを説明する

〇〇だからね

● 砂場で型抜き容器を使って、プリンやケーキを作る

● 簡単な童謡を最後まで歌う

保育のポイント 環境・援助

相手の感情にも気付けるように

 こんなことばがけを

〇〇ちゃんもしたかったんだね。△△ちゃんもしたかったんだよ。同じだよ

お友達の△△ちゃんが遊んでいた□□が欲しかったみたいで、取ってしまったら△△ちゃんが泣いてしまって…。でも、自分から「ごめんね」が言えて、「あとでかしてね」が言えたんです。褒めてあげてくださいね

ごめんね

子どもには
子どもが感情を言葉にするときは、相手の感情にも気付けるようなことばがけをしましょう。

保護者には
「感情がぶつかることは大事なこと」と保護者に認識してもらえるように、子どもの日々の様子を伝えましょう。

★ 感情のぶつかり合いから気付く

● 「友達がいると楽しい」で解決
自己主張して相手とぶつかったときに、「友達がいると楽しい」という経験があると、自分の感情を調整する必要があると気付くことができます。ふだんから、保育者の援助のもとで、友達との楽しい時間をつくることが大切です。

● 自己肯定感を育てる
ぶつかり合いや、やり取りを重ねることで互いに合意していくという経験は、子どもの社会性を育てるとともに、自己肯定感や他者を受容する感情を育てます。まずは、保育者がしっかりと子どもの思いを受け止めていきましょう。

あやまる / がまん / けんか

★ いろいろな玩具を用意して

子どもと関わりながら、状況に応じていろいろな玩具を用意し、数を調整したり、色違いなど種類を増やしたりして、子ども同士でトラブルやゆずり合いが経験できるようにします。

★ 子どもの憧れになるように

けんかをしている子どもの間に入って、仲立ちをしている子どもがいたら、大いに褒めて、みんなの憧れになるようにしましょう。

- 手足を使ってリズムをとる

- 丸や四角など簡単な図形を模写できる

- 自分の姓と名前を言う
- 言葉の音の響きに興味をもち、絵本や歌詞の言葉を繰り返す

様々な道具や教材にふれる

🔊 こんなことばがけを

子どもには
子どもには保育者も一緒にやりながら、「できた」という喜びを分かち合い、「もっとやってみたい」という気持ちがもてるようにことばがけをします。

環境構成のポイント
子どもが「やりたい」と思ったときに、すぐにできるよう用具などを準備しておきます。

> やったね！上手に切れたね

保護者には
製作物と共に、そのときの子どもの様子を伝え、成長を喜び合いましょう。

> ハサミが使えるようになって、すごくうれしいみたいです。おうちでもやってみてくださいね

環境構成のポイント
製作物は、飾ったり遊びに使ったりして、その後の保育にも活用しましょう。

⭐ 思うようにできない子どもには

● **気持ちを聞き出す**
「どうしたかったのかな？」と気持ちを聞き出し、「こうしたらできるかも」と方法を伝えます。

● **もう一度**
様子を見て、「もう一度一緒にやってみる？」と意欲を引き出します。

> 一緒にやってみようか

⭐ ハサミを使って

初めてハサミで切るとき、1回の動きで切れる短冊形にした色紙や紙テープから始めましょう。切れた紙片を紙吹雪にするなど、遊びに活用すると、「もっと作りたい」という子どもの意欲がわきます。

⭐ のりを使うときは

のりは手指が汚れるからと、嫌がる子どもがいます。手拭きをそばに置き、すぐに指を拭けるようにしておくと良いでしょう。

 **3歳**

- 「喉が渇いた」「寒い」など自分の状態を表現する

さむいね

- 記憶力が進み、「明日、○○をして、○○に行く」のように、未来の話や長い話をする
- 不適切な言葉や悪い言葉を使う

あしたね、みんなで○○にいくの

会話することを楽しめるように

保護者には

家庭での会話が弾むように、連絡帳や掲示などで子どもたちの様子や出来事を楽しく伝えましょう。目に留まる工夫を。

○○ちゃん、今日△△だったんですよ！帰ったら聞いてあげてくださいね

🔊 こんなことばがけを

子どもには

挨拶は、保育者が率先して言うようにします。子どもが先に言ったときは、喜びを込めて返しましょう。

さよなら

ご挨拶がちゃんとできたね

援助のポイント

子どもが挨拶をしなくても強制はせず、「言ってくれるとうれしいな」という雰囲気を心掛けましょう。

⭐ 「良くない言葉」への対応

● 嫌な気持ちになるから

乱暴な言葉や悪い言葉を覚えると、意味が分からないなりに使ってしまうことがあります。ですが、人を傷つける言葉には「嫌な気持ちになるから、止めよう」と真剣に話しましょう。

嫌な気持ちになるからやめようね

● 聞き流す

保育者が過剰に反応して止めさせようとすると、それをおもしろがることも。あまりにふざけているときは、他の子どもに「おかしいよね」と伝えながら、その場では聞き流すようにします。

ウンコ！

⭐ 進んで挨拶や話ができるように

● 子どもの話を聞く

保育者が子どもの話に丁寧に耳を傾けましょう。その思いや姿勢が子どもに伝わり、進んで話したくなる気持ちになります。

● お話をする機会を設ける

聞いてもらいたがっているときはもちろん、意識してそうした機会を多くもつようにしましょう。

● 保育者が仲立ちに

できないようなときは、「先生と一緒に聞いてみようか？」と声を掛けてみます。

るんるん

昨日は何して遊んだの？

4歳

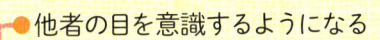

- 他者の目を意識するようになる
- 自分と他人は違う考えをもっていることが分かり、相手の気持ちが想像できるようになる

泣いてるの?

- 全身の細かいバランスが必要なダンスや遊戯が少しずつできるようになる

- 走りながらボールを蹴る
- 右利き、左利きが定まってくる
- 他人の期待に応えられないときはふざけるなど感情が複雑になる

みんなで一緒に遊ぼう

 こんなことばがけを

子どもには

みんなで遊びを楽しめるように、優劣はつけませんが、苦手な運動ができた子どもは認め、褒めましょう。

よくできたね

ケンケンが上手ね

★ 音楽やリズムに合わせて

みんなで、音楽やリズムに合わせて、自由に動きましょう。スキップや片足跳びも積極的に取り入れてみましょう。

★ ポーズの名前をみんなで考える

鉄棒にぶら下がり、両足を掛けて、「ブタの丸焼き」になります。「布団干し」など、好きな名前をみんなで考えるのも楽しいでしょう。

ふとんほし!

環境構成のポイント

状況によって、マットを敷いて安全に遊びましょう。

★ ルールを導入して

● サーキット遊び

すべり台、マット、巧技台などでルートをつくり、順番を守って遊びます。前の人を抜かさない、逆走しない、などのルールを大切にします。

● 葉っぱのキップ

すべり台やブランコで、滑ったりこいだりできる「キップ」を導入します。すべり台の場合は、滑り終わった子どもが葉っぱのキップを滑りたい子どもに渡すという手順で、順番を守って遊びます。

保護者との共有

みんなで遊ぶのが苦手な子どもには

ごっこ遊びやゲーム遊びの中で無理なく体を動かせるようにします。保護者と公園などで遊べる鬼ごっこやボール遊びなどを知らせていきましょう。

4歳

- 感情の起伏が激しくなる

- ルールを守らない友達を批判する
- 「〜したいけれども、〜する」と我慢する

- 「恥ずかしい」という感情が育つ

保育のポイント　環境・援助

感じたことを表現できるように

こんなことばがけを

あっ、ゾウさんだ。ウサギさんだ

ゾウさんって、どんなお鼻だっけ?

子どもには

自分のイメージに沿って、全身でいろいろな動きができるようになります。動物園で見たときのことなど、子どもの体験を呼び起こし、イメージが膨らむことばがけをします。

⭐ 造形で表現しよう

手指が器用に使えるようになって工作も上手になります。また、お面があると、子どもたちのなりたいものにすぐ変身できます。印刷したものを利用したり、お面の絵を描くところから始めたりして、作ってみましょう。

援助のポイント

自分で作ったお面を付けて劇ごっこをするなど、保育の中に発展させていきましょう。

⭐ 全身でなり切って表現

ザリガニを見た後などに、「お部屋が池になったよ!　ザリガニになあれ!」と保育者が魔法使いになって、イメージの世界に誘います。子どもの発想を引き出すように、「何になりたいかな?」となりたいものに変身を促すのも良いでしょう。

何になりたいかな?

援助のポイント

「パンと手をたたいたら魔法が解けるよ」と言って締めくくります。

- 指を細かく動かす、楽器を操作する、などが可能になってくる

- 遊びに使う物を考えて作ろうとする
- 親しい保育者や家族と不自由なく日常会話ができる
- 「ボール」「机」など自分に身近な言葉の意味が説明できる

- 「それから」「それでね」など、接続詞を使いながら、過去の出来事を話せる

それからね

言葉で思いや感じたことを伝えよう

🔊 こんなことばがけを

そうなんだ。もっと教えて

あのね…

それでね

子どもには

子どもが「きちんと聞いてもらえた、伝わった」と思えるように、上手に相づちを打ったり、うなずいたりして、話して伝えることへの意欲を引き出しましょう。

援助のポイント

「話したい内容」「話したい相手」「ゆったり聞いてくれる雰囲気」という条件がそろうと、子どもは安心でき、おしゃべりが弾みます。

⭐ 人の話が聞けるように

自分の思いを主張するだけでなく、他者の意見を聞くことで折り合いをつけていくことが大切です。話し合いの機会などを多くもつようにしましょう。

援助のポイント

「○○ちゃんが、〜って言っているよ。○○ちゃんは違うんじゃないかな？」など、十分ではない表現を補ったり、言葉にできない子どもの思いを拾って言葉にしたりしていきます。

⭐ 思っていることを話せるように

ふだん無口な子どもには、ぼそっとつぶやいたら「そうだったんだ！」と対応しましょう。自分の考えが認められるうれしさを感じられれば、また話したいという気持ちになります。

ぼそ…

そうだったんだ!!

援助のポイント

他の子どもとしゃべり出しが重なったときは「少し待ってね。後で聞かせてね」と対応しましょう。

指導計画のきほん

指導計画の仕組みと、様々な項目の書き方・考え方について見ていきます。

指導計画ってなぜ必要？

指導計画とは、保育が行き当たりばったりにならないようにするためのものです。ざっくりとした計画で偶然に任せるような保育では、子どもが育つために必要な経験を得る機会を保障していくことはできません。しかし反対に、育てたい思いだけを書き込んだとしても、子どもの主体的な活動を確保できる訳でもありません。

一人ひとりの発達を保障する園生活をつくり出し、またそれが子どもの視点に立ったものであることを意識するために、指導計画は必要なのです。

カリキュラム・マネジメントって？

カリキュラム・マネジメントとは、計画を作り、それをもとに保育を行ない、その後評価していく中で、保育の改善を重ねていく一連のサイクルのことです。

園で目指す子どもの育ちに向けて、教職員全体で組織的に行なう必要があります。

園全体で作る計画はもちろん、日々の月案・週案にも関わってくる話です。作った計画が実情に合っていたかどうか評価し、常に改善していくことは、園の保育の質の向上と共に、保育者の専門性の向上につながります。

全体的な計画とは

　全体的な計画は、子どもが園に在籍している期間の全体にわたって、保育の目標を達成するためにどのような道筋をたどり保育を進めていくかを示すものです。発達過程に沿い、それぞれの時期の生活や遊びで、子どもがしていく体験とその際の援助を明らかにすることを目的とし、園全体で作成します。

各施設での仕組み

年間計画、月案、週案、など作成する指導計画は全て、この全体的な計画を基盤として考えていきましょう。

〈幼稚園〉

　登園してから預かり保育を受けて降園する子どもがいた場合、従来の教育課程だけでは、預かり保育の計画や食育、安全の計画をカバーしきれていない面があります。ですから、保健計画、食育計画、預かり保育の計画などと共により関連させて作成する必要があります。

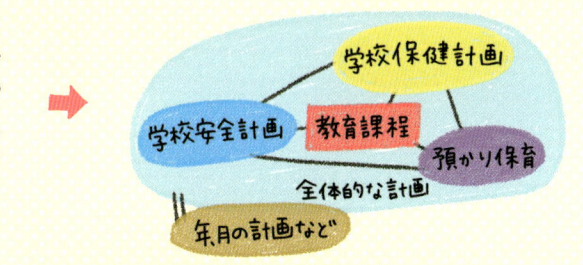

〈保育園〉

　乳児・1歳以上満3歳未満児にねらい・内容が示され、全年齢に内容の取扱いが示されたことから、あらためてこれらを組み入れながら全体的な計画を作成する必要があります。なお、これに基づいて毎月の指導計画、保健計画、食育計画を立てていきます。

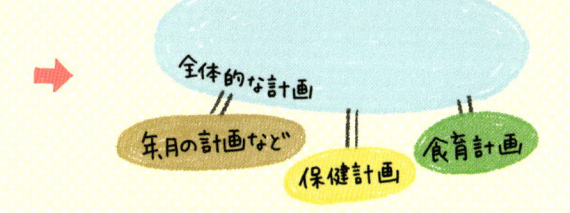

〈幼保連携型認定こども園〉

認定こども園は教育及び保育を行なう学校としての機能と、児童福祉施設としての機能を併せもっており、さらに特色として、子育て支援の義務化が挙げられます。そのため、左の図のような計画に加え、一時預かり事業や延長・夜間・休日保育といった、子育て支援の計画も関連させながら作り上げる必要があります。

各計画とそのつながり

全体的な計画で考えられた1年間の教育内容をもとに、それぞれの時期に必要な子どもの経験を示します。

年間計画

それぞれの計画は歯車みたいに連動しているんだ！

長期の指導計画

月案

その月における子どもの生活の流れを見通して具体的なねらいや内容、環境の構成などを中心に作ります。

1週間の保育記録を読み返し、特によく見られる、またこれまで見られなかった子どもの姿から、「なぜこのような行動をとるのか」「何が育ちつつあるのか」「そのためにどうするのか」などについて検討します。

週案

短期の指導計画

それぞれの計画が毎日の保育とつながっているんだね！

日案

特に、前日の子どもの姿から、一人ひとりの行動への理解を深め、それをもとにその日の子どもの活動の姿を思い描きながら、場の作り方や必要な遊具・用具、その配置、保育者の関わりなどを最も具体的に記入します。

毎日の保育

✏️ 指導計画を書いてみよう

💬 まずは…

　立案時にポイントになるのは「子どもの主体性」と「指導の計画性」です。まず子ども一人ひとり異なる発達への理解を深め、それに応じて考え「子どもの主体性」を尊重します。また一方で、「全体的な計画」でつくった教育内容を、子どもたちがどのような経験を重ねて育っていけばよいか考える、「指導の計画性」への思いも大切です。その上で、保育者が指導しすぎないように、子どもが主体性を発揮できるようにバランスも一緒に考えながら、具体的なねらいや内容、環境の構成、援助を考えていきましょう。

　子どもの育ちを考えて書いていくため、子どもの姿を肯定的に捉えたり、未来のことですが現在形で書いたりします。さらに、自分ひとりでなく、誰が読んでも理解できるように具体的に書くことも大切でしょう。

× 〜するだろう
○ 〜する
現在形で！

子どもの主体性　指導の計画性
バランスを！
肯定的に捉える

子どもの姿　よく見られる姿に注目して！

興味・関心や遊びの傾向

生活への取り組み方

記録

人との関わり方

　これまでには見られない、今の時期に特に現れてきた姿を抜き出して、記載します。また、クラス全体を見渡し、よく見られる姿、あるいは共通に見られる姿などに絞って取り上げます。そういった姿こそが、子どもたちが「育とうとしている」姿です。前月末の子どもの生活する姿の記録を読み返してみましょう。子どもの「生活への取り組み方」、「興味・関心や遊びの傾向」、「人との関わり方」などを具体的な3つの視点として重点的に見ていくと、まとめやすいでしょう。

書き方のポイント

個人とクラス全体の両面から見て3つの視点から書いてみよう

 例文

- 着替えや片付けなど、身の回りのことを、自分でもやってみようとしている子どももいる。
- アリやダンゴムシ、草花に興味をもって見たり触ったりして遊んでいる。
- 気の合う友達と一緒に、戸外で走って遊んでいる姿が見られる。

ねらい・内容

子どもの発達や興味・関心、季節の変化などを考えながら、
子どもがどういった思いでどういった経験をしていけばよいか、具体的に考えていきます。

ねらい　どのような育ちを期待する？

「子どもの姿」の中から分かる育ちつつあるもの（こと）を踏まえて、そこに保育者が育てたいもの（こと）を加え、ねらいとして記載します。子どもがどのような思いをもって成長していってほしいか、という方向性を書くため、「〜を楽しむ。」や「〜を感じながら」といった表現を用いるとすっきりするでしょう。

月案、週案、日案となるにつれ、具体性がより増していきます。

書き方のポイント

保育者の願いもあるけれど、子ども主体の表現で書こう

例文　●保育者や友達と一緒に春の自然にふれることを楽しむ。

内容　ねらいに向かうために必要な経験は？

ねらいに書いた方向性に向けて育っていくためには、子どもがどのような経験を積み重ねていけばよいか、また、保育者が指導することについても書いていきます。子どもの生活の流れに沿って考えましょう。また、ねらいに対して、それを達成するための経験はひとつとは限らないため、複数の内容が出てくることもあります。

書き方のポイント

ねらいひとつに対して、幾つか思い浮かべて書いてみよう

例文　●散歩してダンゴムシやチョウなど、春の虫とふれあって遊ぶ。
●戸外で春の草花など、自然にふれて遊ぶ。

立てたねらい・内容に対して、実際の保育でどのように関わっていくかを考えます。
保育が始まる前に場を整える「環境構成」と、
実際に保育をしていく中での関わりの「援助・配慮」から考えます。

環境 しぜんと関わっていけるように

子どもが自分から関わって経験を重ね、育っていける環境を考えます。その視点としては、以下のような物があります。
・保育者や友達など、「ひと」の立ち位置をどうするか？
・玩具や素材などの「もの」はなにが今の発達に合っているか？
・時間や空間などの「ば」はどのように設定するか？

書き方のポイント

「ひと・もの・ば」と
子どもの興味・関心から書いてみよう

例文
- 保育者も一緒に春の自然にふれて遊び、見つける喜びを感じられるようにする。（ひと）
- 事前にダンゴムシがいる石の裏などを見ておき、十分に自然とふれあえるようにしておく。（もの・ば）

援助 受容的、応答的な関わりを心掛けよう

保育者の援助には、子どもがねらいの方向に向かうために、保育者がどのように関わっていけばよいかを記載します。子どもが自分からやってみようと思えるようにするために、見守ったり受け止めたり、思いに応えたりする受容と応答の関わりが基本となります。また子どもの遊びが行き詰まるなどしたときには、子どもと一緒に考えたり、共に試行錯誤したりする保育者（共同作業者）としての関わりも必要でしょう。

書き方のポイント

具体的にどのような場面で、
どのように関わるかを書こう

例文
- 虫とふれあうときには、その都度丁寧に関わり方を伝えていくようにする。

反省・評価　子どもの育ちと自らの振り返りから考えよう

反省・評価には、子どもがどのように育ったかの評価と、自らの保育の振り返りの2つがあります。

子どもの育ちは、一人ひとりが計画を立てる前と保育をした後、どのような良さを発揮してどのように育ったかを見る「個人内評価」が基本です。また、保育の振り返りは、自分の立てた計画（特にねらい）が目の前の子どもの興味・関心に沿っていたか、発達の流れに合っていたかなどを見ながら、次の計画を立てる際、より良くなるように努めます。

書き方のポイント

ねらいに立ち戻って考えてみよう

ねらい▶ 保育者や友達と一緒に、春の自然にふれることを楽しむ。

例文 ●散歩に行く前に、自然物にふれることができる場を下見しておいたこともあり、自然に存分に関わって遊べていたように思う。

次の保育に生かそう

子どもの姿から指導計画を立てて保育を行ない、それを反省し、また子どもの姿と発達の道筋からねらいを立てていく、というサイクルを繰り返し行ないます。保育の計画や記録は、次の日、週、月、年の計画に反映されて、ますます子どもの姿に沿った保育を行なっていけるようになります。初めは難しくても次第に子どもの目の前の姿に合った保育を行なっていけるようになります。自らの保育を振り返り、より良くしていこうとする姿勢が大切です。

他の配慮も

ねらいなどだけでなく、様々なことに配慮して
指導計画を作成することが求められます。

健康・食育・安全

その月の大切なことを具体的に書く

それぞれの園の年間の計画をもとに、その年齢・その月において特に大切なことを書きます。例えば季節の変わり目には衣服の調整を意識することや旬の食材にふれることなどが挙げられるでしょう。というように、健康・食育・安全それぞれに配慮することを具体的に思い浮かべながら書いていきます。

長時間保育

心身の疲れや午前中の保育との関連に留意

預かり保育や早朝・延長保育など、園で長時間にわたって保育を受ける子どものために考えます。基本的には、午前中の保育で疲れた心と体を休め、切り替えていけるように、家庭的な雰囲気でゆったりと過ごすことを中心に書いていきましょう。

保育士等のチームワーク

様々な職種とのチームワークを心掛けて

クラス担任間、預かり保育担当、特別支援担当、早朝保育や延長保育の担当、看護師や栄養士など、いろいろな立場の人が子どもに関わって行なわれる保育が、スムーズにできるよう、チームワークがうまく働くように大切にしたいことを記載します。

家庭・地域との連携

保護者に伝えることと、地域の子育て支援の拠点であることを考えて

保護者に伝える園で行なっていることや地域の子育て支援の拠点として家庭や地域との連携で特に留意することを記載します。家庭への連絡や図書館や公園などの地域環境を生かすこと、地域の老人会など人と関わることなど、幅広く考えましょう。

文章表現・文法チェック

指導計画など、文章を書いた後には、必ず読み返してチェックするようにしましょう。気を付けておきたいポイントを紹介します。

である調とですます調をそろえよう

一つの文章の中に、「である調」と「ですます調」を混在させると、統一感がなくなり、分かりづらくなります。しっかりとした固い印象を与える「である調」と優しい印象を与える「ですます調」を場面に応じて使い分けるようにしましょう。

 例
- ✕ 自分のしたい遊びがはっきりとしてきましたが、物の取り合いが増えてきている。

- ⬤ 「である調」　自分のしたい遊びがはっきりとしてきたが、物の取り合いが増えてきている。
  「ですます調」　自分のしたい遊びがはっきりとしてきましたが、物の取り合いが増えてきています。

「の」を置き換えよう

助詞の「の」が３回以上続くと文章が読みづらくなります。そこで使われている「の」にどのような意味があるか考え、置き換えられるものは置き換えることで、読みやすくしましょう。

 例
- ✕ テラスの机の上の容器に、～
- ⬤ テラスの机に置いた容器に、～

並列で文章が続くときは…

同じ概念のものを並べて使うときには、「たり」や「や」を使います。そのとき、「〜たり、〜たり」と必ず２回以上使い、「や」も２回目以降は読点で区切るなどしておきましょう。

 例
- ✕ 冬の冷たい風にふれたり、霜柱に触れて遊ぶ。
- ⬤ 冬の冷たい風にふれたり、霜柱に触れたりして遊ぶ。

- ✕ ミカンやカキやクリなど～
- ⬤ ミカンやカキ、クリなど～

主語と述語

文章の中で、「何が（誰が）」を示す主語と、「どうする、どんなだ、何だ」にあたる述語が対応するようにしましょう。

 例
- ✕ 保育者がそれぞれの話を聞いて受け止め、仲良く遊ぶ。
- ⬤ 保育者がそれぞれの話を聞いて受け止め、仲良く遊べるように手助けをする。

3歳児の保育はこの1冊から！

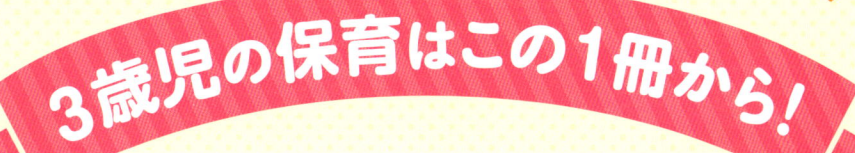

特長その1

保育のきほんが分かる！

保育者として、また3歳児の保育に携わる者として知っておきたい「きほん」を分かりやすく解説しています。要領、指針、教育・保育要領はもちろん、子どもの発達もバッチリ！

その2 特長

クラス運営に必要なものが1冊に！

環境づくりやあそび、指導計画、おたより…など、クラス運営に役立つ内容を、季節や月に合わせて掲載しています。クラス担任の強い味方になること間違いナシ☆

特長その3

お役立ちデータ収録のCD-ROMつき！

本書掲載の指導計画やおたよりはもちろんのこと、食育計画、避難訓練計画、保健計画…など、多様な資料をCD-ROMに収めています。あなたの保育をよりよいものにする一助にお役立てください。

収録データの詳細は、P.280をチェック！

環境とあそび

環境づくり・保育資料・部屋飾り・あそびのヒントを掲載！春・夏・秋・冬・早春の大まかな季節の区切りで紹介しています。子どもたちの姿、保育のねらいに合わせて、あなたの保育に取り入れてみてください。

環境づくり

季節ごとに大切にしたい保育の環境づくりを、写真たっぷりで具体的に紹介しています。「環境づくりって実際どうしたらいいのか分からない…」。そんなときに、ぜひ参考にしてください。

生活 **あそび** **家庭と** など

テーマをアイコンで示しているので、何の環境づくりなのかがひと目で分かります。

写真たっぷり！
保育現場の写真たっぷりでイメージしやすくなっています。

保育資料

その季節にふさわしい、おはなし、うた、手あそび・わらべうた・ふれあいあそび、自然を保育資料として紹介しています。日々の保育で、「何しよう？」と悩んだときにお役立てください。

先輩保育者のお墨付き！
季節・年齢にぴったり！先輩保育者のおすすめを紹介しています。

※情報は2017年12月現在のものです。

子どもとつくる部屋飾り

子どもと一緒につくる製作＆部屋飾りのアイディアを紹介しています。一人ひとりの個性がキラリと光ります。

ポイント
製作のポイントや、環境づくり・援助について解説しています。

あそび

その季節にぴったりの遊びをたっぷり紹介！ 子どもたちの興味に合うものを見つけて、繰り返し遊び込みましょう。

★ ちょこっと遊ぼう いっぱい遊ぼう

ふだんの保育に取り入れやすい遊びを、時間や人数に合わせて選べるように紹介しています。

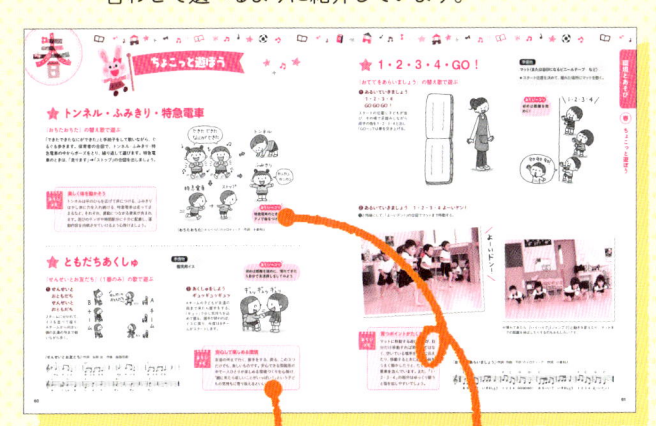

あそびメモ
その遊びでの子どもの育ちについて解説しています。遊びのねらいを、しっかり念頭に置いて実践することが大切です。

あそびのコツ
遊びがうまくいく環境づくりや援助のコツを解説しています。

✿ じっくりゆったり遊ぼう
〜 長時間保育にもおすすめ 〜

少人数でじっくりゆったり楽しむ遊びを紹介しています。異年齢児の交流や、長時間保育にもおすすめです。

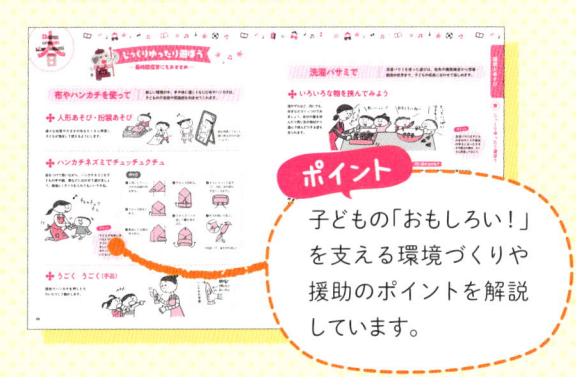

ポイント
子どもの「おもしろい！」を支える環境づくりや援助のポイントを解説しています。

♥ 行事あそび

年中行事や園行事に関連した遊びを紹介しています。

ポイント
遊びの解説や、行事の進行がうまくいくポイントを紹介しています。

指導計画

年の計画と、4〜3月の12か月分の月・週・日の計画を掲載しています。
指導計画立案の際の手がかりにしてください。

年の計画

一年間の発達や生活を見通し、I〜IV期に分け、それぞれの時期に育てたいことや、そのための保育内容を明らかにします。月の計画立案時のよりどころとなる重要なものなので、折にふれ参考にしましょう。

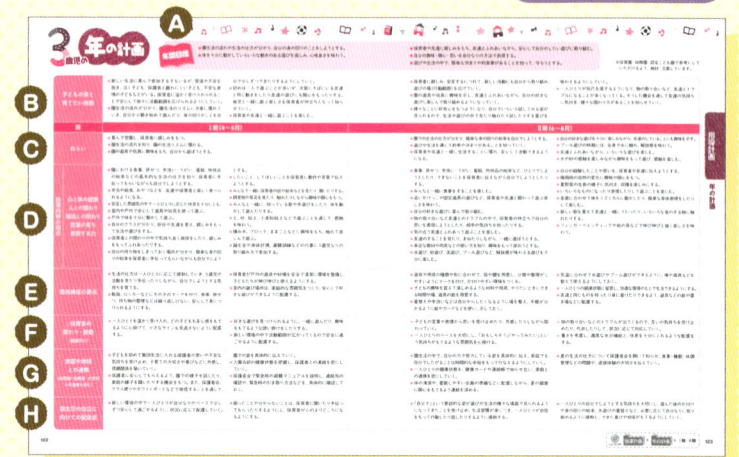

各項目について

Ⓐ 年間目標

園の保育・教育目標に沿って設定します。入園から終了までを見通し、どのような過程を経て目標に向かうことができるのか、子どもの発達の視点から考えることが大切です。

Ⓑ 子どもの姿と育てたい側面

一年間の園生活の流れを予測し、その中で見せる子どもの姿です。各園において、毎年保育実践を重ねる中で捉えた姿なので、それぞれの時期に育てたい幼児の姿でもあります。

Ⓒ ねらい

全体的な計画を念頭に置き、この時期に育てたいことを、子どもの実態を踏まえて具体的に示しています。

Ⓓ 指導内容の視点

ねらいを身につけていくために、指導する内容です。総合的に考えていくために、5つの発達の諸側面から捉えています。また、一年間という長いスパンなので、指導の「視点」として大まかに押さえています。

Ⓔ 環境構成の要点

指導内容に沿って、具体的な環境を構成する要点を示しています。

Ⓕ 保育者の関わり・援助（養護含む）

指導内容に沿って、必要な保育者の関わりや援助について記載しています。

Ⓖ 家庭や地域との連携（保育園・幼稚園・小学校との連携も含む）

家庭への連絡事項も含め、それぞれの時期に連携すべき内容や連携の仕方を記載しています。

Ⓗ 園生活の自立に向けての配慮点

子どもの園生活の自立に向けて、それぞれの時期に配慮する事項を示しています。

今月の保育・保育のポイント

年の計画を踏まえ、その月の保育の方向を示しています。月・週・日の計画を考えるときのよりどころとしています。

月の計画

その月における子どもの生活の流れを見通して作成するものです。一人ひとりを大切にしながら、集団としての育ちを図りましょう。

※4〜7月は園生活の経験差が特に大きいことに配慮し、「保育園・認定こども園」「幼稚園・認定こども園」に分けた計画を、8月以降は共通化した計画を掲載しています。

各項目について

Ⓐ 前月末（今月初め）の幼児の姿

前月末（今月初め）の子どもたちの生活する姿から、これまでに見られない、今の時期に顕著に現れてきた姿を捉えて記載しています。特に、子どもの生活への取り組み方、興味・関心の傾向、人との関わり方などの3つの視点でまとめています。

Ⓑ クラス作り

保育者が一年間を見通し、時期に応じて適切な働き掛けをするための視点として、今月のクラスがどうなってほしいかを記載しています。

Ⓒ ねらい

子どもの姿から育ちつつあるもの（こと）や保育者が育てたいもの（こと）ねらいとして記載しています。

Ⓓ 幼児の経験する内容

ねらいに向けて、どのような経験を積み重ねていくことが必要なのか、具体的な子どもの生活に沿って考えています。子どもが経験する事項は、保育者の指導する事項でもあります。

Ⓔ 環境と援助・配慮

子どもが発達に必要な経験をしぜんに積み重ねるために適切な環境構成と援助・配慮などを記載しています。それぞれの小見出しには、保育者の意図を視点として示しています。

Ⓕ 園生活の自立に向けての配慮点

多様化する保育のニーズに応えつつ、子どもの園生活の自立に向けての配慮点を記載しています。

Ⓖ 家庭・地域との連携

家庭が自信をもって子育てできるための支援から、地域環境を生かすことまで、具体的に記載しています。

Ⓗ 反省・評価のポイント

「子どもの発達の理解」と「保育者の指導の改善」の両面から、その月の反省・評価の観点を記載しています。

Ⓘ 要領・指針につながるポイント

指導計画の中で、要領・指針につながるポイントを解説しています。

※下線で指導計画の表中に示して、リンクできるようにしています。

週の計画

月の計画をもとに、前週の計画を振り返りながら作成します。一週間の保育記録を読み返し、心に残る子どもの姿から、ねらい、内容、環境の構成、保育者の援助を考えます。

※4〜7月は園生活の経験差が特に大きいことに配慮し、「保育園・認定こども園」「幼稚園・認定こども園」に分けた計画を、8月以降は共通化した計画を掲載しています。
※月により5週分を4週に分けている場合があります。

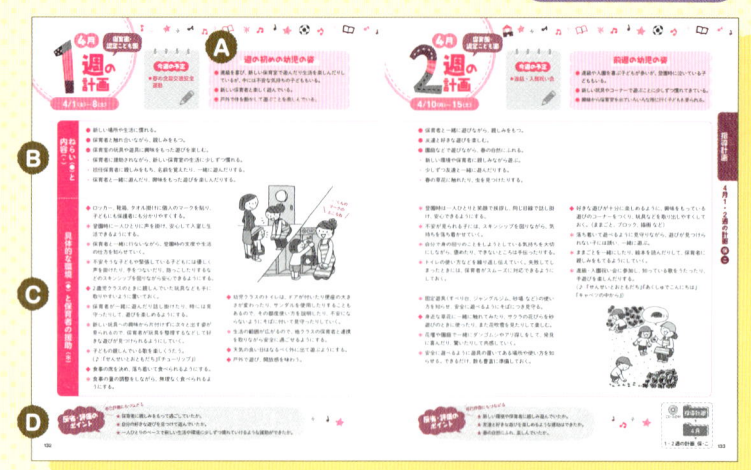

各項目について

Ⓐ 前週（週の初め）の幼児の姿
前週の生活の記録を参考にしながら振り返り、特に心に残る幾つかの出来事から、子どもの思いや経験していることを捉えて記載します。

Ⓑ ねらいと内容
「幼児の姿」を受けて、子どもの中に育てたいことを「ねらい」とし、ねらいをし、ねらいを身につけるために必要なことを「内容」とします。

Ⓒ 具体的な環境と保育者の援助
子どもがねらいを身につけていくために適切な環境と援助を記載しています。◆印の表記は「具体的な環境」で、＊印は「保育者の援助」です。

Ⓓ 反省・評価のポイント
指導と発達の姿の両面から考慮した、その週の反省・評価の観点を記載しています。

日の計画

週の計画からさらに掘り下げて、「昨日から今日へ」「今日から明日へ」の生活の流れを見通して作成するものです。

※4〜7月は園生活の経験差が特に大きいことに配慮し、4・6月は「保育園・認定こども園」、5・7月は「幼稚園・認定こども園」の計画を、8月以降は共通化した計画を掲載しています。

各項目について

Ⓐ ねらい
前日の子どもの姿から、子どもの中に育てたいことを「ねらい」として記載しています。ねらいは様々な経験を積み重ね、次第に身につくものなので、同じようなねらいが何日間か続くこともあります。

Ⓑ 内容
日のねらいを身につけるために、子どもがどのようなすればよいのか、具体的に記載しています。

Ⓒ 環境を構成するポイント
その日のねらいを身につけていくためには、あらかじめどのような環境が用意されればよいのか、前日の子どもの活動に沿って具体的に考え、記載しています。

Ⓓ 予想される幼児の活動 保育者の援助
あらかじめ用意された環境に関わって生み出される子どもの活動を予想し、そのときに必要な保育者の援助を記載しています。

Ⓔ 反省・評価のポイント
指導と発達の姿の両面から考慮した、その日の反省・評価の観点を記載しています。

おたより

子どものことを家庭と共有・共感できるツールの一つです。イラストや文例など、おたよりの素材を12か月分たっぷり掲載しています。読みやすく、分かりやすいおたより作りにお役立てください。

 CD-ROM収録

レイアウト例
おたよりのレイアウト例を掲載しています。おたより作成時の参考にしてください。

保護者に伝わる ポイント
保護者に伝わるおたより作りのポイントを示しています。

囲みイラスト付き文例
そのまま使える囲みイラスト付き文例です。CD-ROMにはイラストとテキストの両方が入っているので、「囲みイラスト付き文例」「囲みイラストだけ」「文例だけ」のどの方法でも使っていただけます。

イラスト
その月にぴったりの飾り枠、季節・子ども・行事に関するイラストカットをたくさん掲載しています。CD-ROMには画像データ（PNG）で入っています。ペイントソフトで色を付けることもできます。

書き出し文例
月のあいさつ文や行事のお知らせなどの書き出し文例を掲載しています。

文章の最後にチェック！
おたよりを書くときのポイントや気を付けたい漢字・文法などを記載しています。

3歳児の保育 もくじ

✿ 保育のきほん ✿

✿ 3歳児保育のきほん ✿

環境とあそび

春

夏

3歳児の保育 もくじ

3歳児の保育 **もくじ**

指導計画

3歳児の保育 もくじ

おたより

環境とあそび

保育のねらいに合わせた環境やあそびを紹介しています。
春・夏・秋・冬・早春それぞれの季節にピッタリ！

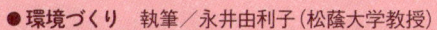

- ● 環境づくり　執筆／永井由利子（松蔭大学教授）
- ● 子どもとつくる部屋飾り　監修／村田夕紀（四天王寺大学教授）、内本久美（四天王寺大学非常勤講師）
- ● あそび
- ・ちょこっと遊ぼう・いっぱい遊ぼう・行事あそび　執筆／小倉和人（KOBEこどものあそび研究所所長）
- ・じっくりゆったり遊ぼう　執筆／中尾博美（姫路日ノ本短期大学非常勤講師・元 姫路市立保育所 保育士）

※本書掲載の『環境とあそび』の一部は、『月刊 保育とカリキュラム』2009～2017年度の連載『写真でわかる 環境づくり』『子どもと作る壁面講座』『壁面＆製作あそび』『壁面＆部屋飾り』『0～5歳児ふれあいあそび＆運動あそび』『こどものあそび0～5歳児』『じっくりゆったり遊ぼう』、特集『今月のちょきぺた』に加筆・修正を加え、再編集したものです。

春

3歳児は特に、1〜2年の保育経験のある子どもと、初めて集団生活を経験する子どもがいます。担任保育者は、一人ひとりの発達や経験の個人差に配慮しながら、安心して過ごせるような楽しい環境づくりを工夫しましょう。

あそび　保育者も一緒に遊び、安心して過ごせるように

気候の良い春は、保育者も一緒にできるだけ戸外に出て、伸び伸びと安心して遊びを楽しめるようにしましょう。砂場は朝から掘り起こし、ふっくらとした砂にしておきます。一人ひとりが自分の使いたい物が使えるよう、小さめのシャベルやカップ、お盆など、多めに準備します。小さなテーブルや台もあるとごちそう作りのイメージで遊べます。

あそび　遊びやすく片付けやすい環境づくり

いつでも遊びだせるように

保育室内にままごとコーナーやブロックコーナーなど、安心して遊べる環境も大切です。ままごとコーナーにはお皿などを出しておき、すぐに遊びだせる環境づくりをしましょう。

自分で選んで使えるように

砂場道具を絵や文字で示し分類しておきます。種類ごとに分類した表示を付けてカゴに入れておくと、使いやすく片付けやすい環境となります。

あそび 一緒に遊びながら 安全な遊び方を知らせる

初めてのすべり台では「チンチンチン、踏切でーす。次は通れまーす」など、保育者が調整して安全に滑れるようにします。

ブランコでは数え歌をうたいながら順番を守ることや、動線を工夫して安全に交代できるよう待つためのベンチを用意するなど、環境の工夫をします。

チンチンチン、踏切でーす

生活 昼食の手順など 生活の流れを知らせる 絵カードや紙芝居

紙芝居や絵カードを使って一つひとつ手順が分かるように伝えながら、毎日の繰り返しの中で習慣が身につくようにしていきます。絵カードはしばらく貼っておき、習慣として身につくまで、いつでも絵を見ながら確認できるようにしておきましょう。

生活 生活の仕方を知って 安心して動けるように

イスを置く場所にテープや 自分のマークを付けておく

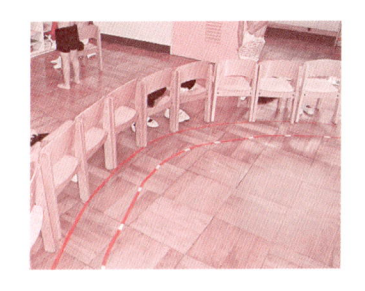

集まるときだけではなく身体計測や着替えるときにも、自分の場所がはっきり分かると安心して動くことができ、混乱を防ぐことになります。

自分で持ち物の始末をできることは 自立の第一歩

登園時の子どもの動線に合わせてコップ置き場を設けるなど、所持品の始末を自分でできるように、動きがシンプルで分かりやすい環境をつくります。

📖 おはなし

こぐまちゃん おはよう

作：わかやま けん
こぐま社

ねばらねば なっとう

作：林 木林
絵：たかおゆうこ
ひかりのくに

わにさんどきっ はいしゃさんどきっ

作・絵：五味 太郎
偕成社

ごきげんのわるい コックさん 紙芝居

作・絵：まつい のりこ
童心社

ひよこの ろくちゃん 紙芝居

作：かこさとし
絵：瀬名恵子
童心社

かえるの レストラン

作：松岡 節
絵：いもとようこ
ひかりのくに

♪ うた

- ● **せんせいとお友だち**　作詞：吉岡 治　作曲：越部信義
- ● **おつかいありさん**　作詞：関根栄一　作曲：團 伊玖磨
- ● **たんぽぽさん**　作詞：神沢利子　作曲：湯山 昭
- ● **こいのぼり**　作詞：近藤宮子　作曲：不詳
- ● **かたつむり**　文部省唱歌

🖐 手あそび・わらべうた・ふれあいあそび

- ● **まあるいたまご**　作詞・作曲：不詳
- ● **あぶくたった**　わらべうた
- ● **どうぶつたいそう1・2・3**　作詞・作曲：阿部直美
- ● **ねずみのはみがき**　作詞・作曲：阿部直美
- ● **さかながはねて**　作詞・作曲：中川ひろたか

🍃 自然

🦋 **虫・小動物**
- ● ダンゴムシ　● アリ　● カタツムリ
- ● クモ（クモの巣）　● オタマジャクシ

❀ **草花**
- ● チューリップ　● サクラ　● タンポポ
- ● シロツメクサ　● アサガオ（種まき）
- ● アジサイ

🍴 **食材**
- ● イチゴ
- ● トマトなどの夏野菜（苗植え）

子どもとつくる部屋飾り

ペタペタこいのぼり

| 準備物 | ● 色画用紙（長方形）　● 幅2cm程度に切った帯状の色紙（無地、柄、キラキラ）　● 丸く切った画用紙　● ハサミ　● フェルトペン　● のり　● トレイ |

作り方

1 帯状の色紙を1回切りでたくさん切り落とし、トレイなどに入れておく。
2 色画用紙の短辺を三角に切り、こいのぼりのしっぽを作る。
3 1を2に貼る。
4 丸い画用紙を貼り、目や口を描く。

ポイント
こいのぼりの形に切ることをイメージしやすいことばがけをしていきましょう。

たくさん
貼れたね！

きれい
でしょ！

パチンパチンと
三角に切ると、しっぽが
できるね！

壁面飾りに

紙テープをねじって貼ると、空を泳いでいるように見えますね。フラワーペーパーや色画用紙を使ってお花も飾ると、春らしさがアップします！

※経験に合わせて保育者が切っても良いでしょう。

+α アレンジ 棒に付けて
お持ち帰り♪

広告紙を丸めた棒にのりで貼ったり、ひもを使って付けたりして、持ち帰りの作品にもアレンジできますね！

⭐ トンネル・ふみきり・特急電車

『おちたおちた』の替え歌で遊ぶ

「できたできたなにができた」と手拍子をして歌いながら、ぐるぐる歩きます。保育者の合図で、トンネル・ふみきり・特急電車の中からポーズをとり、繰り返して遊びます。特急電車のときは、「走ります」➡「ストップ」の合図を出しましょう。

あそびメモ

楽しく体を動かそう

トンネルは手のひらを広げて床につける、ふみきりは少し体に力を入れ続ける、特急電車は走って止まるなど、それぞれ、運動につながる要素が含まれます。遊びのテンポや時間配分に十分に配慮し、運動内容を持続させていけるよう心掛けましょう。

あそびのコツ
特急電車のときに、ピアノで曲をつけても!

『**おちたおちた**』（わらべうた）のメロディーで　作詞／小倉和人

⭐ ともだちあくしゅ

準備物
園児用イス

あそびのコツ
初めは距離を短めに。慣れてきたら自分で友達探しをしてみよう。

『せんせいとお友だち』（1番のみ）の歌で遊ぶ

❶ せんせいと
おともだち
せんせいと
おともだち

2チームに分かれて、イスを並べて座り、Aチームから向かい側の友達の所まで歌いながら歩く。

❷ あくしゅをしよう
ギュッギュッギュッ

Aチームの子どもが友達の前まで来たら握手をする。「ギュッ」で少し気持ちを込めて握る。握手が終われば、イスに戻り、今度はBチームがスタートします。

『**せんせいとお友だち**』（作詞／吉岡 治　作曲／越部信義）

あそびメモ

安心して楽しめる環境

友達の所まで行く、握手をする、戻る、この3つだけでも、楽しいものです。安心できる雰囲気の中で一人ひとりが楽しめる環境づくりを心掛け、「園に来たら楽しいことがいっぱい!」という子どもの気持ちに寄り添えるといいですね。

 # 1・2・3・4・GO！

『おててをあらいましょう』の替え歌で遊ぶ

❶ あるいていきましょう
1・2・3・4
GO GO GO！

スタートの位置に子どもが並び、その場で足踏みしながら両手の指を1・2・3・4と出し、「GO〜」では拳を突き上げる。

準備物
マット（または目印になるビニールテープ　など）
● スタート位置を決めて、離れた場所にマットを敷く。

あそびのコツ
初めは距離を短めに！

\1・2・3・4/

GO GO GO！

環境とあそび

春 ちょこっと遊ぼう

❷ あるいていきましょう　1・2・3・4 よーいドン！

❶と同様にして、「よーいドン！」の合図でマットまで移動する。

よーいドン！

※慣れてきたら、「ハイハイで」「ジャンプで」と動きを変えたり、マットまでの距離を伸ばしたりするのもおもしろいです。

あそびメモ

育つポイントがたくさん

マットに移動する遊びですが、自分だけ移動すれば終わりではなく、空いている場所を友達に伝えたり、移動するときに自分の体をうまく動かしたりと、たくさんの要素を含んでいます。また、「1・2・3・4」の部分はゆっくり歌うと指を出しやすいでしょう。

『おててをあらいましょう』(作詞・作曲／不詳)のメロディーで　作詞／小倉和人

ちょこっと遊ぼう

⭐ であってギュ〜ッ！

準備物
フープ（2人で1本）、マット（または目印に
なるビニールテープ　など）

1 フープに2人で入る

マットをスタート位置にし、出発します。保育者の合図で、
フープに2人で入ります。

あそびのコツ
初めは2〜3人
でもOK！

2 『あたまかたひざポン』の替え歌で遊ぶ

❶ あたま　かた　ひざ

自分の体にタッチ。

❷ ポン

相手の手のひらにタッチ。

❸ ひざ　ポン　ひざ　ポン

「ひざ」は自分の膝、「ポン」は相手の手のひ
らにタッチ。

❹ あたま　かた
　　ひざ　ポン

❶❷と同様に。

❺ さいごは　ギュ〜ッ！

間を置いてから、
「ギュ〜ッ！」で
抱き合います。
スタート地点に
戻って、違う2人
組で繰り返し遊
びましょう。

自分で考えて行動

**あそび
メモ**

2人または3人でフープに入るとき
は、空いている場所を探すのでし
ぜんと周りを見渡せるようになりま
す。その結果、自分で考えて行動で
きるようになっていくでしょう。

『**あたまかたひざポン**』（作詞／不詳　イギリス民謡）
のメロディーで　一部作詞／小倉和人

いっぱい遊ぼう

 ## なにがでるかな？

サイコロを振って、カラー標識に移動して遊ぶ

カラー標識で円を作り、その中央に子どもたちが集まります。サイコロを振り、出た色と同じカラー標識に移動します。その場でサイコロを振り、また出た色の所に移動し、繰り返します。「？」が出たら、保育者が言った色の所に移動します。

準備物

カラー標識5色（またはフープなど5色ある物）、大きなサイコロ（大型ソフト積み木などで作る）

● サイコロにカラー標識と同じ色の色画用紙を貼り、1面は「？」にしておく。

あそびのコツ
広さを十分に取ろう！

※「？」のときは、2色言ってもいいでしょう。慣れてきたら、カラー標識以外の物（ジャングルジム　など）を指示しても、遊びが広がります。

しろだー

えいっ

戸外でも遊んでみよう。

赤と青

あかに
いこう！

あそびメモ

変化をつけて遊びを展開

「次は何色かな？」という期待感を大切にすることで、室内でも戸外でも動いて楽しめます。「？」は楽しさが一層増すでしょう。カラー標識間の距離を離したり、それ以外の目標物にしたりして変化をつけることで遊びを展開できるでしょう。

いっぱい遊ぼう

⭐ 一緒に　チャレンジ！

準備物
フープ（2〜3人で1本）、マット2〜3枚、
紅白玉（たくさん）

玉を取って戻る

マットの上にたくさんの玉を置いておき、周りにフープを並べます。2〜3人で1本のフープに入り、保育者の合図で玉を取りに行き、フープに戻って玉を置きます。初めは、1回に幾つ取ってもOK。マットから玉がなくなったら、数をかぞえます。マットに玉を戻し、繰り返し遊びます。

よいしょ！

…13、14、15…

あそびのコツ
子どもたちが教える様子を見守ろう。

あそびのコツ
玉の数を多めに用意し、フープとマットは約5m離します。

○○ちゃんひろって！

わかった

いそげー

※慣れてきたら、1回に持つ玉を1つにして遊んでみましょう。

ふえたね

いま4つだよ

あそびメモ

子どもの気付きを大切に

初めは、自分がいかにたくさん取れるかと一生懸命になりますが、繰り返し遊ぶうちに友達と協力する姿が見られるようになります。保育者は活動を見守りながら、子どもの気付きを優先していきましょう。

★ カエルのジャンプサーキット

準備物

段ボール板5枚程度

● 段ボール板を切って色を塗り、池を作る（子どもが跳び越えられる幅に）。

1 みんなで手拍子して歌う

スタートとゴールを決め、ランダムに池を置きます。距離は短めにし、幅は広めにとると遊びやすいでしょう。『はじまるよ はじまるよ』の替え歌を手拍子しながら歌います。

♪さあいくぞ

あそびのコツ
この遊びの前に、まずはカエルのまねっこだけで遊んでもOK！

2 池をジャンプしてゴールに向かう

歌の最後に保育者が「1つ！」と言うと、子どもたちは1つの池を跳んで、ゴールに向かいます。跳ぶ池、向き、道順は子どもたちが自分で選択します。1から繰り返し、「2つ」「3つ」と増やして楽しみましょう。

あそびのコツ
初めから数を増やすと混乱するので、「1つ」「2つ」から始めよう。

『はじまるよ はじまるよ』（作詞／不詳　外国曲）のメロディーで　一部作詞／小倉和人

はじまるよ　はじまるよ　はじまるよったら　はじまるよ

カエル の ジャン プ で さ あ い く ぞ

あそびメモ

規則性を楽しんで

ジャンプの数は保育者が、道順は子どもたちが決めていく、というメリハリを楽しみましょう。判断力や数の概念を知る良い経験になるでしょう。

じっくりゆったり遊ぼう
～ 長時間保育にもおすすめ ～

布やハンカチを使って

新しい環境の中、手や体に優しくなじむ布やハンカチは、子どもの不安感や緊張感を和ませてくれます。

♣ 人形あそび・扮装あそび

様々な材質や大きさの布をたくさん用意し、子どもが満足して使えるようにします。

鏡を用意しておくと、鏡に映る自分の姿にうっとり。

♣ ハンカチネズミでチュッチュクチュ

節をつけて歌いながら、ハンカチネズミを子どもの手や腕、肩などにはわせて遊びましょう。最後にくすぐりを入れてもいいですね。

チュッチュク　チュ

作り方

❶ 三角にしたハンカチの点線の所を折る。

❷ 下から3回ほど折る。

❸ 裏返して点線の所で折る。

❹ 下から1回折る。

❺ 下からひっくり返して●を巻き込む。

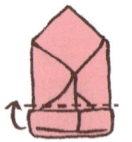

❻ さらにひっくり返す（2、3回。ⓐの部分が出てくるまで）。

❼ 片方を開いて結ぶ。

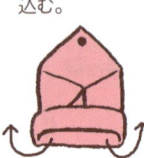

（1回折って、★を持ち結ぶ）

ポイント

子どもが自由に遊べるようにいくつかカゴに入れておきましょう。保育者のポケットに入れておいてもいいですね。

♣ うごく　うごく（手品）

親指でハンカチを押したり引いたりして動かします。

作り方

親指で押したり引いたり

ハンカチの中央

洗濯バサミで

洗濯バサミを使った遊びは、指先の機能練習から想像・創造の世界まで、子どもの成長に合わせて楽しめます。

♣ いろいろな物を挟んでみよう

箱やザルなど、何にでも、好きなだけくっつけてみましょう。自分の服を挟んだり同じ色の物ばかり選んで挟んだりする姿も見られます。

ポイント

洗濯バサミは子どもの手のサイズや機能の育ちに合った大きさや固さの物を、たくさん用意しておこう。

洗濯ごっこをしよう

ままごと遊びのエプロンや、人形の服、ハンカチなどで洗濯ごっこをしましょう。

何に見えるかな？

様々な形の厚紙に洗濯バサミを留めながら、いろいろな物に見立てましょう。

♣ いっぱいつなががった（4・5歳児と）

洗濯バサミをつないで、いろいろな物を作ります。

親子参観

❤ 新聞ちょ～ん!

準備物
新聞紙(1組につき1枚)

❶ 保護者が新聞紙の両端を少し引っ張り気味に持ちます。

❷ 子どもは新聞紙の中心を目掛けて1本指で穴をあけるように突き刺し、その瞬間に保護者は横に軽く引っ張ります。すると…新聞紙はいとも簡単に真っ二つ! これを繰り返します。

ポイント

親子で力を合わせると、たったの指1本でいとも簡単に新聞紙を真っ二つにできてしまうおもしろさがあります。また、紙の性質に気付くきっかけにもなります。

★アレンジ★

対戦形式でも!
制限時間を設けて、どのペアが時間内に1番小さくできるかを勝負しても盛り上がります。

まだまだ!

❤ コロコロ人形

ポイント

コロコロと不思議な動きをするこの玩具は、中に入れるビー玉の大きさを変えると動き方が変化します。いろいろな大きさのビー玉で試してみましょう。

おもしろい動きだね

準備物
ペーパー芯、ビー玉、ペン

● 半分に切ったペーパー芯をだ円形に軽く潰し、中にビー玉を入れて両端を折る。ペンで模様を描いてみよう。

坂の上から転がすと…
不思議な動きをしながら降りて行く、かわいい人形です。
坂道をつくって、上から転がして遊びます。

あー! そっちにいったよ!

❤ いい湯だな〜

① 保護者同士は手をつなぎ（おふろ）、みんなで『虫のこえ』の替え歌をうたいます。子どもたちはお風呂の中に入り、親子で1〜10まで数えます。

② 数え終わったら、保育者が「○○おふろ」（下記参照）と言います。「○○おふろ」を楽しんだら、違う親子と組んで繰り返し遊びます。

コチョコチョおふろ

保護者が2人をコチョコチョ。

ふーふーおふろ

保護者が2人に、ふ〜っと息を連続して吹き掛ける。

わっしょいおふろ

腕の上に2人を乗せて、おみこしのように上げ下げする。

ゆらゆらおふろ

「わっしょいおふろ」の体勢で、前後にゆらゆら揺れる。

ポイント

子どもたちが期待感をもって遊べるように保護者同士が協力して進めていきます。こうした遊びを通じて、他の保護者との関わりのきっかけになるといいですね。

『虫のこえ』（文部省唱歌）のメロディーで　作詞／小倉和人

あれ いい おふろが　わいている　ぶくぶくぶくぶくはいりましょう

環境づくり

夏は雨降りの日もあれば、水遊びにふさわしい暑い日もあります。また、水遊びに慣れている子もいれば水を怖がる子もいます。このような天候や個々の状況に合わせて、自分で選択できる安全な遊びの場を工夫し、安心して健康的に過ごせるようにしましょう。

生活 簡単な身の回りの始末を自分でできるように

砂遊びや水遊び、身体計測などで着替えることも多くなるこの時季、着替えの順番を絵カードで示すことによって、自分で見てやってみようとする主体性や自立心を育みます。繰り返し丁寧に伝え、個人差に応じて援助する保育者の姿勢に加えて、視覚に訴える絵カードや紙芝居などを示す環境は、子どもが自分でしようとすることを助けていきます。

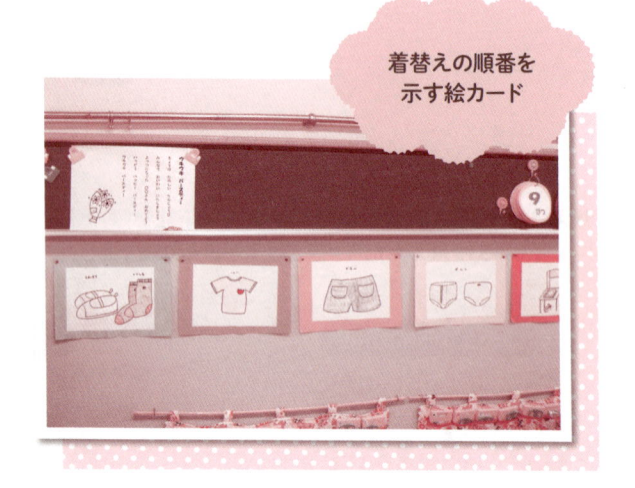

着替えの順番を示す絵カード

生活 混乱しないよう生活の自立を援助する表示

順番に並ぶことのできる床の表示

園生活にも慣れ、手洗い場などでは順番に並べるように表示を工夫します。この写真では並びたくなるようなかわいいチューリップの形ですが、クマの足跡などもおすすめです。楽しい雰囲気の中で、しぜんに並んで待つことの大切さが身についていきます。

ままごとコーナーの玄関にも靴置き場を

色画用紙を貼った段ボール板に靴の形を貼りビニールコーティングした台を置いています。おうちごっこの玄関として2、3枚用意しておきましょう。トイレのスリッパをそろえる表示に慣れてくると遊びの中でも同じように靴をそろえて遊べるようになります。

あそび　自分で選べる水あそび場の工夫

水は少なめで、
怖さを感じないように

　3歳児は水に対する関わり方の個人差が大きく、水を怖がる子もいれば、楽しくてはしゃぐ子もいます。そこで、水着に着替えずにタライで水遊びができる場、ぬるま湯の入った浅い小プールで、お風呂感覚でのんびりできる場、プールの中でバケツで水をくんだり体に掛けたりできる場など、様々な関わり方ができる環境をつくり、自分で選んで「ここなら大丈夫」と安心して取り組めるようにしていきます。

いろいろな物で
水をすくったり、
ためたり…

水着に着替えずに、
タライで水遊び

お風呂みたい
にのんびり…

あそび　子ども主体の分かりやすい分類の工夫

雨上がりの砂場

　雨上がりの砂場は、楽しい遊びが生まれます。「どれ使おうかな？　シャベルとケーキカップとバケツと…」と自分で使う物を選びやすいように、分類の仕方を工夫しておきます。当然片付けやすくもなります。

シャボン玉

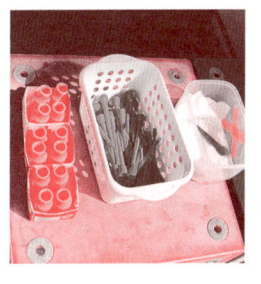

　3歳児は市販の逆流しないストローを使いましょう。きれいな物は真ん中に、使った物を×印のカゴに入れるようにします。このルールを知らせておけば、子どもが使いたいときにシャボン玉ができます。

あそび　絵の具あそびを存分に楽しむ工夫

フィンガーペインティング

　戸外ではパラソルを立ててフィンガーペインティングを楽しみましょう。絵の具が他に付かないようスモックを着て行ない、動線がぶつからないようにベンチなどでコーナーをつくると安心です。

ベンチを置いて
コーナーをつくる

色水あそび

　3歳児の色水あそびは、保育者が絵の具などで作った色水を透明容器に入れてテーブルに2色ほど出します。色水をすくう少し深めのスプーンやプリンカップなどを人数分用意し、どの子も混色を楽しめるようにしましょう。

保育資料

 おはなし

すてきな あまやどり

作・絵：バレリー・ゴルバチョフ
訳：なかがわちひろ
徳間書店

たなばたプールびらき

文：中川ひろたか
絵：村上康成
童心社

セミくん いよいよ こんやです

作：工藤ノリコ
教育画劇

かぶとむしの ぶんちゃん

作：高家博成・仲川道子
童心社

くんちゃんの もりのキャンプ

作・絵：ドロシー・マリノ
訳：間崎ルリ子
ペンギン社

ありがとまと

作：わたなべ あや
ひかりのくに

うた

- **たなばたさま**　作詞：権藤はなよ　補詞：林 柳波
  作曲：下総皖一
- **トマト**　作詞：荘司 武　作曲：大中 恩
- **ぶんぶんぶん**　訳詞：村野四郎　外国曲
- **キャンプだホイ**　作詞・作曲：マイク真木
- **きれいなさかな**　作詞：平塚武二　作曲：渡辺 茂

手あそび・わらべうた・ふれあいあそび

- **かえるのたいそう**　作詞・作曲：谷口國博
- **もりもりロックンロール**　作詞：佐藤弘道　作曲：谷口國博
- **水あそび**　作詞：東くめ　作曲：滝 廉太郎
- **準備体操ザバザバン**　作詞：鈴木みゆき　作曲：中川ひろたか

 自然

🦋 **虫・小動物**
- カタツムリ
- セミ
- アリ
- カブトムシ
- クワガタムシ

✿ **草花**
- アジサイ
- ヒマワリ
- アサガオ
- エノコログサ

🍴 **食材**
- トマト
- ピーマン

子どもとつくる部屋飾り

いろいろ模様のてるてる坊主

準備物	●コーヒーフィルター　●丸く切った画用紙　●フェルトペン　●のり　●霧吹き

作り方

1 コーヒーフィルターにペンで模様を描く。
2 霧吹きで水を掛け、模様をにじませる。
3 丸い画用紙にペンで顔を描き、**2**に貼る。

きれいにしょう！！

ポイント

霧吹きを使うときは、保育者も手伝い、水を掛け過ぎないようにします。にじんでいくおもしろさを共感しましょう。

うわー！ひろがっていく！！

シュ シュ

つり飾りに

あいり　ゆうすけ　みく　ゆうた

新聞紙で輪っかを作り、紙テープでつって飾りましょう。白色や水色のフラワーペーパーを丸めて貼ると雨粒のようですね。

＋α アレンジ お出掛けバッグに！〜かわいい小物入れにも〜

牛乳パックにモールの取っ手を付け、てるてる坊主を貼ると出来上がり！

ちょこっと遊ぼう

⭐ あわタマゴ

『グーチョキパーでなにつくろう』の替え歌で遊ぶ

❶ グーチョキパーで〜
水中で歌に合わせてグー・チョキ・パーを出す。

❷ なにつくろう〜
水面で手のひらを左右に振る。

バシャ バシャ〜

❸ こちらはたまご こちらもたまご
両手のひらを下に向け山をつくる。

あそびのコツ
指を閉じて、丸い卵をイメージしよう。

最初は指を開いてしまったけれど次第にできるようになりました

❹ あわたまご あわたまご
そのまま手を水に沈めて、歌い終わったら返して泡を出す。

そ〜っと

おもしろ〜い！ できた！

『グーチョキパーでなにつくろう』(作詞／不詳 外国曲)のメロディーで 一部作詞／小倉和人

グーチョキパー で グーチョキパー で なにつくろう なにつくろう

こちらはたま ご こちらもたま ご あわたま ご あわたま ご

あそびメモ

水に興味をもって遊ぶ
「挑戦してみたい！」という気持ちをもつことで、水の不思議さに興味を示し、自分でもやってみようとする姿が見られます。少しでも泡が出たらその姿を認めることで次への意欲につながります。

⭐ グループでアップダウン

1 グループで集まる

プールに入り、グループで集まります（壁に付いて分かれても、輪になってもOK）。

リンゴグループ　　ミカングループ
ブドウグループ　　イチゴグループ

2 『おちたおちた』の替え歌で遊ぶ

「おーちた　おちた　なにグループがおちた？」に続いて、保育者はグループ名を言い、そのグループの子どもたちは水の中に浸かります。繰り返し遊びます。

おーちた おちた
なにグループがおちた

…リンゴ！

リンゴグループ

※「リンゴとミカン」など、水に浸かるグループを複数にするとおもしろいです。

あそびのコツ
歌の後に、少し時間を空けてグループ名を言ってみてもおもしろい！

『おちたおちた』(わらべうた)
のメロディーで　一部作詞／小倉和人

あそびメモ

グループで遊びながら水に慣れる

水に慣れながら、グループで一緒にする楽しさが体感できます。簡単な遊びですが、子どもが水の怖さを自分から取り除いていけるようにすることも、水慣れの段階では必要です。複数のグループが一緒に座ると、違うグループの友達の様子を見る子どもたちの姿も出てきます。

ちょこっと遊ぼう

準備物
牛乳パック（½）、紅白玉、カゴ、中央の目印
（ビニールテープやマット、イス　など）
※牛乳アレルギーの子どもには、念のため
ジュースのパックを使いましょう。

★ 異年齢児と ジュースごっこ

1 ジュース屋さんとお客さんの2チームに分かれる

お客さんはパックを持ちます。ジュース屋さんは後ろのカゴに入っているリンゴジュース（赤玉）、乳飲料（白玉）のどちらかを持って中央へ行きます。

リンゴジュースにしよう！

ジュース屋さん

お客さん

あそびのコツ
丸めた新聞紙やお手玉などでもOK！

はやくジュースもらいたいな～

2 お客さんのパックにジュースを入れる

お客さんも中央まで行き、「ジュースください！」と声を掛けます。ジュース屋さんは、「リンゴジュースどうぞ！」などと答え、パックに玉を入れます。もらったら「ありがとう」と言って自分のチームのカゴに入れて、再びお代わりをもらいに行きます。玉がなくなれば売り切れです。役割を交代して再スタートします。

ジュースください！

リンゴジュースどうぞ！

ありがとう！

あーおいしかった！

あそびメモ
コミュニケーション能力が高まる
どうすればジュースを入れてくれるのか、どう声を掛けると自分のジュースをもらってくれるのか、子ども自身が周りを見ながら関わろうとする姿が見られます。何度も繰り返すことでコミュニケーション能力を高めていく遊びです。

単純な会話で異年齢同士のコミュニケーションがうまくとれました

※紅白に分かれて、運動会種目としてもおすすめです。

いっぱい遊ぼう

★ いろいろワニ

『おちたおちた』の
替え歌で遊ぶ

1 手拍子をしながら歌う

歌い終わったら、保育者が
「○○色（フープの色）！」と
言います。

どーこだ どこだ♪

準備物
フープ（同色2〜3本を3セット）
● プールにフープをランダムに浮かべる。

きいろ！

2 ワニ歩きでフープの所まで行く

子どもたちはその
色のフープまで
ワニ歩きで行き、
しゃがんでフープ
を持ちます。

もうすこし！
あったー！

あそびのコツ
フープをみんなで
持てるように声掛
けしましょう。

3 10まで数えてフープを上げる

10まで数えて、フープをみんなで上げます。

できた〜！

『おちたおちた』（わらべうた）のメロディーで　作詞／小倉和人

ど　こ　だ　ど　こ　だ
ど　こ　に　い　こ　う　○○色！

あそびメモ

色を認識して遊ぶ

初めは、単にフープだけを持てばいいと
思っている子どもでも、繰り返し遊ぶこと
により色を把握して取り組んでいく姿に
変わってきます。最後にフープを上げる
際、水しぶきが飛びますが、次第に慣れ
ていくでしょう。

いっぱい遊ぼう

★ ふとん・ざぶとん・こたつぶとん

準備物
新聞紙（1人1枚）

1 新聞紙に座る

新聞紙を広げてお山座りをします。

2 合図で走る

保育者の「ふとん・ざぶとん・こたつぶとん」の合図で、自分の座っている新聞紙の周りを走ります。

ふとん・ざぶとん・こたつぶとん

3 「ふとん」「ざぶとん」「こたつぶとん」の動きをする

保育者が「ふとん」「ざぶとん」「こたつぶとん」のうちいずれかを言い、それに合わせた動きをします。繰り返し遊んでみましょう。

こたつぶとん

長座で足の上に新聞紙を掛ける。

ふとん

新聞紙を布団のように掛けて寝る。

ざぶとん

新聞紙の上に、あぐらまたは正座で座る。

あそびのコツ
3種類の布団を初めに経験しておこう。

あそびメモ

心と体と頭をフル活動させる
子どもは、何かの上に乗る、入る、という活動が大好きです。座り方のバリエーションを増やして遊ぶことで、みんなで同じ動きをする楽しさを感じ、とっさに動きを判断する力を身につけます。心と体と頭をフル活動させて遊びましょう。

★ なかよしタッチ

準備物
フープ

1 2人組で走ってタッチ

2人組で列をつくり、向かい合わせになります。合図で手をつないで走ります。反対側の2人組にタッチをし、そのまま後ろへ並びます。タッチしてもらった2人組がスタートします。

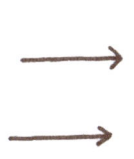

タッチ！

あそびのコツ
初めは1列で1人で動いてコツをつかもう。

2 いろいろな動きでタッチ

1周回ったら、手をつないでジャンプで進む、両手をつないで横ギャロップで進む、背中合わせギャロップで進むの順で同様に遊んでいきます。

手をつないでジャンプ

背中合わせギャロップ

両手をつないで横ギャロップで進む

あそびのコツ
子どもの姿、活動量などを考慮して、適度な距離を調節しよう。

あそびメモ

協調性を育む

2人組になって、相手と呼吸やスピード、タイミングなどを合わせて動くことで次第に協調性と楽しさが芽生えてきます。その中で、相手に合わせよう、少しリードしようなど様々な子どもの心の動きが見えます。

じっくりゆったり遊ぼう
～ 長時間保育にもおすすめ ～

水に浮かべて

身近にある物を水に浮かべて積んだりすくったり見立てたりと、いろいろな水遊びを楽しみましょう。

♣ 水上積み木

かまぼこ板程度の大きさの木片（四角・三角・丸などの様々な形）をタライの水に浮かべたり、積んだりして遊びましょう。

※遊んだ後は木片をネットに入れて乾かしましょう。
※発泡スチロール、小枝なども近くに置いておくと様々に楽しめます。

ポイント

水上でバランスを取りながら木片を積むときの指先に込める思いと、うまく積めたときの満足感に共感しましょう。

♣ 金魚すくい

油性ペンで色づけしたしょう油入れをタライ（洗面器）の水に浮かべて遊びます。
すくう物は洗剤のスプーン、おたまなど、子どもが選べるようにしておきましょう。

挑戦しよう！

浮くかな？　沈むかな？
紙皿・紙芯・輪ゴム・果物ネット・アルミカップ・割り箸・スポンジ・ボトルキャップ・消しゴム　など

わらべうたで

暑い夏、ゆったりしたいときはゆったりと、少し変化がほしいときはアップテンポにして楽しみましょう。

✿ そうめんや

保育者は子どもと向かい合い、子どもの右手のひらを上に向けて取ります。歌に合わせて触れ合って遊びましょう。

❶♪そうめんや　そうめんや

子どもの肘から手首にかけて指でなでる（4回）。

❷♪おしたじかけて

手の甲を軽くたたく（4回）。

❸♪おからみかけて

手の甲を軽くつねる（4回）。

❹♪おくのほうへ　とんじまえ！

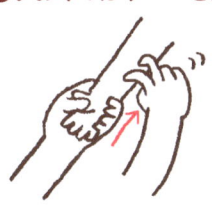

子どもの手首から肘にかけて指をはわせる。「とんじまえ！」で脇の下をくすぐる。

『そうめんや』（わらべうた）

そう　めんや　そうめんや　　おしたじ
おからみ
かけて
かけて　　おくのほうへ　とんじまえ！

※おしたじ＝しょう油、おからみ＝香辛料

✿ ギッコンバッコン（4・5歳児と）

長座で2〜3人で肩に手を掛けて、歌いながら左右に揺れます。

『ギッコンバッコン』（わらべうた）

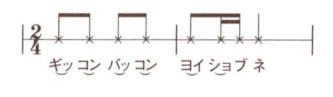
ギッコン バッコン　ヨイショブネ

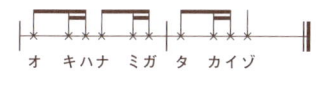
オ　キハナ　ミガ　タ　カイゾ

✿ こりゃ どこの

保育者が子どもの脇に手を入れて抱き、左右に揺らしながら歌います。最後の「どぼーん！」で抱き上げてぎゅっと抱きしめます。

『こりゃどこの』（わらべうた）

こりゃ　どこの　じぞう　さん？　　うみの
はたの　じぞう　さん　　うみに　つけて　どぼーん！

夏祭り

ポイント

振り付けを覚えればすぐに楽しめます。歌い方やテンポを工夫して、盆踊りを楽しみましょう。

♥ おまつりひげじいさん

『とんとんとんとんひげじいさん』の歌で、盆踊りをして遊びます。

❶とんとんとんとん　ひげじいさん ➡「ひげ！」

2回手をたたき、両手を右斜め上に。繰り返して左斜め上に。

ひげポーズ。

❷とんとんとんとん　こぶじいさん ➡「こぶ！」

2回手をたたき、両手を右横に。繰り返して左横に。顔もしっかり向ける。

こぶポーズ。

❸とんとんとんとん　てんぐさん ➡「てんぐ！」

2回手をたたき、両手を右斜め下に。繰り返して左斜め下に。

てんぐポーズ。

❹とんとんとんとん　めがねさん ➡「めがね！」

2回手をたたき、両手を前に。2回目も前に。

めがねポーズ。

❺とんとんとんとん　てはうえに ➡「うえ！」

ジャンプを小さく後ろに2回、大きく前に1回して元の位置に戻り、前に3回ジャンプして進む。

両手を上に。

❻きらきらきらきら　ぐるぐるパッ！

両手をきらきらと振り、ぐるぐるとかいぐりをして手足を広げてジャンプ。

『とんとんとんとんひげじいさん』（作詞／不詳　作曲／玉山英光）のメロディーで　一部作詞／小倉和人

運動会（親子競技）

♥ おサルさんでウッキッキ～

❶ 保護者と保育者が持つ棒に子どもがぶら下がります。ワニ役の保育者の上を子どもは膝を曲げて通り、真ん中の島まで行きます。

❷ 落ちずに着いたら、親子は連結フープに入って待機します。保育者は戻って次走者の親子とスタート。親子2組がそろったら連結フープはスタートし、一緒に前方の駅まで行ってゴール。

※ゴールすれば、ペンダントなどお土産を手渡します。
　連結フープは保育者が戻し、繰り返します。

準備物
〈1チームにつき〉棒1本（竹馬の柄や塩ビパイプなど）、マット1枚、連結フープ（フープ4本をつないでテープで留める）、お土産（ペンダントなど）

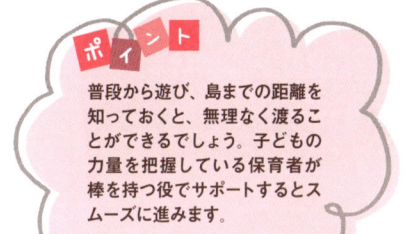
ポイント
普段から遊び、島までの距離を知っておくと、無理なく渡ることができるでしょう。子どもの力量を把握している保育者が棒を持つ役でサポートするとスムーズに進みます。

♥ 親子でフラダンス

親子でスタートし、腰みのとレイをそれぞれ着けます。次に台の上に乗り、フラダンスを踊ります。最後に、カメラマン（保育者）に旗を上げてもらい、ボードを持って写真を撮ってもらったら、戻って腰みのとレイを外し、次の親子と交代します。

準備物
腰みの（スズランテープを裂いて作る）、レイ（フラワーペーパーで作った花をつなげる）、巧技台、カメラ、旗（「よくできました」や「がんばりましょう」など）、ボード（「ハワイ旅行おめでとう！」など）

スタート

腰みのとレイを着ける。

ポイント
「○○組にハワイ旅行が当たりました～」などと楽しいアナウンスを入れて盛り上げましょう。BGMはフラダンスを踊りやすいものにするとより雰囲気が出ます。

秋

環境づくり

気候の良い秋。保育者や友達と戸外で伸び伸びと体を動かして遊ぶ楽しさを味わえるようにしましょう。秋の自然に触れて遊ぶ心地良さ、自然物を遊びに取り入れるおもしろさにも気付けるようにしていきましょう。

あそび **行事** 子ども自らやってみたくなる環境

遊びの中でいつでも玉入れができるような環境があると、繰り返し楽しむ中で玉入れに親しむことができます。訓練や練習といった取り組み方でなく、遊びの延長線上に運動会の競技として玉入れを計画していくと、無理なく参加でき、楽しめます。合図だけ伝えればよい単純なルールで親子競技にすることもできます。ボール投げの経験の少ない子どもたちも、繰り返し玉を投げ入れることを楽しいと感じることが大切です。

園庭に用具とスペースを用意しておくだけで…

あそび 保育者や友達と一緒に体を動かして遊ぶことを楽しめるように

せんせい、みてみて

保育者に見守られている安心感のもとで、少しずつできるようになって、楽しくなってきた鉄棒。「ブタの丸焼き」「お布団」などいろいろな見立てやなり切り遊びをする中で、保育者はできたことをしっかりと認め、子どもたちの自信につなげていきましょう。

みてみて〜

すごいね!!

これくらいの大きさ?

きょうはつかまらないようにがんばろう

うん!

環境づくりを子どもと共に

お話をアレンジした『オオカミと子ヤギの引っ越し鬼』という鬼ごっこで、子どもと一緒に地面に「子ヤギのおうち」を描き始めると、昨日の遊びを思い出し、これから始まる遊びへの興味・関心が高まります。

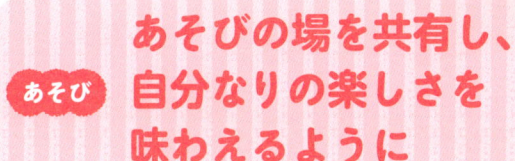

あそび　あそびの場を共有し、自分なりの楽しさを味わえるように

えんそくにしゅっぱーつ！

おかねをいれてください

運転手さん、ここにお金を入れるんですか？

ゴムホースを輪にして作ったハンドルを三角形の大型積み木に固定

しっかりした板を積み木に乗せてテープで固定

色画用紙　　大型積み木

友達と一緒に場を共有しながらも、それぞれが自分のイメージしたことを言葉にして楽しめるようにしていきます。2人のバスの運転手になりたいという気持ちを保育者が受け止めて、それぞれにハンドルを用意しています。材料をうまく組み合わせて子どもたちの遊びの楽しさを引き出せるようにしましょう。

あそび　戸外での表現活動・ごっこあそびを楽しめるように

戸外にテーブルを出し、描いたり作ったりできる環境を用意します。お面を着けてウサギになったり、落ち葉を貼りクレヨンで描いた絵に割り箸を付けてペープサートにし、感じたままを言葉にしたりして遊びます。子どもの豊かな感性を受け止めたい季節ですね。広がりのある遊び環境の工夫が子どもの感性を引き出します。

あそび　食育　秋の自然の楽しさを保育者と一緒に楽しむ経験を

いっぱい集めた落ち葉で遊ぶ

いっぱい集めて、落ち葉のベッドを作ろうか？

あえて掃除をせず、大きな段ボール箱を用意しておき、落ち葉を集めて遊びます。

実のなる木から果実を収穫する楽しさ

渋柿であれば保育者と共に渋抜きの経験をしてみましょう。「カキさんのお風呂です」などと焼酎に漬けて2週間くらい待ちます。その後甘くなったカキを食べてみる経験も。

保育資料

 おはなし

むしたちの
うんどうかい
作：得田之久
絵：久住卓也
童心社

とんぼの
うんどうかい
作・絵：かこ さとし
偕成社

よーい、ドン！
作：中垣ゆたか
ほるぷ出版

14 ひきの
あきまつり
作：いわむら かずお
童心社

みんな びっくり
作：長 新太
こぐま社

もみじちゃんと
チュウ
作・絵：村上康成
ひかりのくに

 うた

- ●秋のうた　作詞・作曲：峯 陽
- ●いもほりのうた　作詞：高杉自子　作曲：渡辺 茂
- ●運動会のうた　作詞：小林久美　作曲：峯 陽
- ●はっぱっぱ　作詞：坂口 淳　作曲：中山晋平
- ●ちいさなかぜとくるみの木　作詞・作曲：阿部直美

手あそび・わらべうた・ふれあいあそび

- ●どんぐりころころ　作詞：青木存義　作曲：梁田 貞
- ●やきいもグーチーパー　作詞：阪田寛夫　作曲：山本直純
- ●動物たいそう　作詞：平田明子　作曲：増田裕子
- ●よーい・どん！　作詞：新沢としひこ　作曲：中川ひろたか
- ●おせんべいやけたかな　わらべうた

自然

🐛 虫・小動物
- ●バッタ　●トンボ
- ●コオロギ　●イモムシ

❀ 草花
- ●エノコログサ　●オシロイバナ
- ●ススキ　●クロッカス、チューリップ（球根植え）
- ●イチョウ

🍴 食材
- ●サツマイモ
- ●カキ

子どもとつくる部屋飾り

こねこねクッキーはいかが?

準備物 ●軽量紙粘土 ●木の実やドングリ、小枝などの自然物 ●フェルトペン ●木工用接着剤

作り方

1 軽量紙粘土にペンで色を付け、混ぜ込む。
2 クッキーの形を作り、木の実や小枝などを木工用接着剤で付ける。

きれいな色になったね!

こね こね

ポイント
木工用接着剤を小さな容器に入れ、自然物に付けてから、紙粘土に貼りましょう。

木工用接着剤

ペタッ

壁面飾りに

クッキーやさん

自然物をトッピングしたおいしそうなクッキーがズラリ。透明の袋にクッキーを入れて、ラッピングしています。シールを貼ったり描いたりした色画用紙を付けるとかわいさがアップ!

+α アレンジ お店屋さんごっこで遊ぼう!

いくつですか?

クッキーください!

87

 ちょこっと遊ぼう

★ くるくるギュッ

【準備物】
フープ、BGM（ピアノでも可、4分の3拍子のワルツ調の曲）

1 2人組になり、曲に合わせて踊る

2人組になり、半分の組はフープの中に、もう半分はフープの外にいます。曲に合わせて、フープの外にいる2人組は両手をつないで、クルクル回って踊りながら、フープの間を通り抜けていきます。

2 曲が止まったら、ハグをして交代する

曲が止まったら、近くのフープの中にいる2人組を挟んで、ギューッとハグします。ハグをしたら、フープの中2人と交代し、繰り返します。

ギュ〜〜〜！

あそびのコツ
初めは子どもと保育者がペアになって踊ってみよう。

あそびメモ
新鮮な気持ちで楽しい雰囲気を感じて
ふだんの遊びではあまり出てこない情景で、子どもたちの気持ちも新鮮です。物語に出てくる舞踏会をイメージ。踊れなくてもいいので、雰囲気を楽しめると良いですね。また、友達と触れ合うことで、親しみをもって活動できるでしょう。

★ かけあし・ドン！

かけあし〜

1 2グループに分かれ、その場で駆け足をする

イスに座るグループと、ラインに沿って並ぶグループの2つに分かれます。ラインに並んでいる子どもたちは、「かけあし〜」の合図でその場で駆け足をします。

【準備物】
園児用イス（人数の半分の数）、ライン（ビニールテープでも可）
●イスは2〜3脚ずつをひとかたまりに、間隔を空けて並べる。

あそびのコツ
その場で懸命に駆け足することがおもしろい！「もっと駆け足〜！！」などと声を掛けよう。

2 合図で走って、友達の膝の上に座る

「ドン！」で走って、座っている友達の膝の上に座ります。みんな座れたら交代し、これを繰り返します。

ドン！

あそびメモ
かけっこの導入として
合図を待つときの期待感と、合図に反応することで、楽しさが増します。ゴールは、どの友達でもいいので、いち早く座れるようにしましょう。かけっこの導入として遊ぶことができます。

⭐ アルプスジャンプ

『アルプス一万尺』の替え歌で遊ぶ

❶ アルプスいちまんジャンプ！

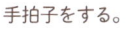
♪アルプスいちまん

手拍子をする。

♪ジャンプ

歌詞に合わせてジャンプする。

❷ こやりのう～ジャンプ

❶と同様に。

❸ アルペンおどりを

手拍子をする。

❹ さあ　おどりましょう

その場を駆け足で回る。

> **あそびのコツ**
> 初めはゆっくりとしたテンポで。

❺ ランラララ　ラララ～

「ラン～」で友達と次々にタッチする。

タッチ

「ポーズ！」でガッツポーズ（そのほかでもOK）。

楽しくなって、しぜんとランラララのところが速いテンポになっていました。

> **あそびメモ　次へのステップアップに**
> なじみのある曲で、更に子どもたちの大好きな動き（ジャンプ・回る・駆ける）があることで、スムーズに遊びを覚えていきます。歌に合わせてジャンプしたり、音に合わせて友達とタッチしたりするなどの新しい動きを、ふだんの遊びの中で身につけることにつながります。

『アルプス一万尺』（作詞／不詳　アメリカ民謡）のメロディーで　作詞／小倉和人

いっぱい遊ぼう

⭐ となりへどうぞ

準備物
紅白玉またはお手玉（1人1個ずつ）

1 輪になって玉を持つ

4～5人で輪になり、紅白玉を持ちます。

2 歌に合わせて玉を渡す

『バスごっこ』の「♪おとなりへ　ハイ」の「ハイ」で隣の子どもへ玉を渡します。これを4回繰り返します。

\ ハイ♪ /

あそびのコツ
初めは、1つの紅白玉で遊んでみましょう。次第にリズムや遊びのルールを理解していきます。

あそびのコツ
初めはゆっくりしたスピードで。

3 はいあたま

頭に玉を載せます。

4 はいおちた

みんな一斉に落とし、すぐに拾って繰り返し遊びます。

最終的には30人で円になり3つの玉で遊びました！

『バスごっこ』（作詞／香山美子　作曲／湯山昭）一部抜粋

おとなりへ ハイ　おとなりへ ハイ　おとなりへ ハイ　おとなりへ ハイ

あそびメモ

一度に複数のことができる

ルールとコツを理解すれば上手に受け渡しができるようになっていきます。友達が取りやすい所へ渡し、次に来る玉を見る…と、一度にたくさんのことをしなければなりませんが、それが子どもにとっていい刺激になります。

★ こっち こっちー！

準備物
マット、フープ

1 手拍子をしながら歌う

『せんろはつづくよどこまでも』の替え歌をうたいながら手拍子をします。保育者は歌の最後に「○○色（マットの色）」と伝えます。

♪オオカミだー

2 ○○色のマットに逃げる

子どもはオオカミに捕まらないように○○色のマットに逃げます。これを繰り返して遊びましょう。

あそびのコツ
繰り返し行ない、子どもたちの楽しい気持ちを引き出そう。

にげろ～！！

きゃ～！

3 慣れてきたら逃げる範囲を広げる

マットとは反対側に、カラーフープを並べ、同じように「フープの○○色」と言って追い掛けます。更に「マットかフープの○○色と□□色」などと、範囲を広げていきましょう。

『せんろはつづくよどこまでも』
（アメリカ民謡）後半部分のメロディーで　作詞／小倉和人

何回かすると友達を守ろうとする姿が出てきました。

あそびメモ

2つのことを考えながら行動する

歌い終わりの合図を理解する、目的地を探す、この2つを考えながら逃げるという力が必要になります。複数のことを考えた上で判断して行動に移す能力は、子どもの成長には不可欠なものです。

じっくりゆったり遊ぼう

〜 長時間保育にもおすすめ 〜

身近な自然物で

拾い集めた木の実や葉っぱ、小枝などは宝物です。よく見て触れて、匂って聞いて、秋を感じて遊びましょう。

✤ 同じ物を探そう

木の葉や木の実、小枝などを種類ごとに分けてみましょう。

ポイント

「いろがちがう」「おおきい、ちいさい」などの子どもたちの驚きや発見に共感しましょう。

あかいはっぱはここ！

これあながあいてる

まるいドングリがいっぱいある

えだはここ！

✤ 並べてみよう

机や紙の上、空き箱などに並べてみましょう。

ならべてみよう

どっちがあかいかな

きいろもまざってるよ！

みて！ドングリいっぱいならんだよ

たくさんあるね！

✤ どんな音?

ペットボトル、紙コップ、空き缶などの空き容器に、木の実や小枝などの自然物を入れ、振ったりたたいたりして遊びましょう。

♪ドングリドングリ

コロコロなってるよ！

新聞紙で

保育者と一緒に新聞紙を破ったり丸めたりしてみましょう。
どんな遊びが生まれるでしょうか…？

❖ ちょこっと破って

❖ クシャクシャ丸めて

クシャクシャに丸めてボールにしよう。
投げたり、転がしたり、キャッチしたり、的に当てたり…。

❖ ビリビリ破って

破るときの感覚や音を
楽しみましょう。

ポイント

片付け方も子どもと
相談してみましょう。
ポリ袋に入れて大玉
に、段ボールに入れ
てお風呂になど、まだ
まだ遊びは続きます。

❖ クルクル巻いて（4・5歳児と）

新聞紙の端から丁寧に巻いて棒を作り、手のひらや指に乗せて
バランスをとったり転がしたりしてみよう。

行事あそび

敬老の日

❤ ふれあいどっち？？

おじいちゃん・おばあちゃんが左右どちらかの手の中に花はじきを隠します。子どもは、どちらに入っているかを選びます。見事当たれば、「ふれあいアクション」（下記参照）を10回します。外れたら10回してもらいましょう。役割を交代しても良いでしょう。

準備物
花はじき

ポイント

「ど〜っちだ？？」の駆け引きは、大変楽しいものです。そんな楽しい時間を一緒に過ごすことができれば、おじいちゃん・おばあちゃんも子どももうれしいひと時になるでしょう。

【ふれあいアクション】

肩もみ	ほっぺさすり	ツンツンこちょこちょ

❤ 紙でっぽう

昔ながらの定番遊びです。おじいちゃん・おばあちゃんに折り方を教えてもらいながら作りましょう。うまく鳴らせるかな？

準備物

広告紙（B3サイズ）

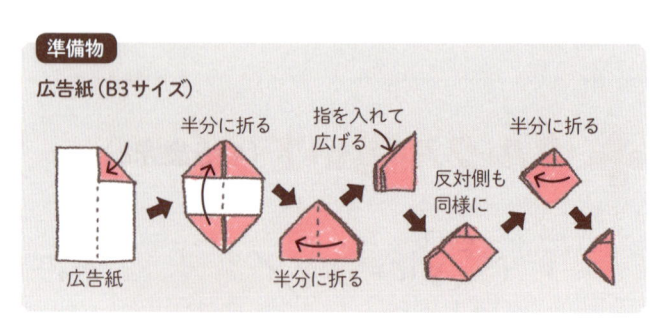

半分に折る　指を入れて広げる　半分に折る　反対側も同様に　広告紙　半分に折る

ポイント

おじいちゃん・おばあちゃんに教えてもらいながら、一緒に作って楽しみます。この紙でっぽう以外にも、いろいろな折り紙の折り方を教えてもらってもいいですね。

❤ ふれあいロケットゲーム

箱に向けてロケットを投げ、見事入れば、その内容を行ないます。
おじいちゃん・おばあちゃんと子どもが交互に行なって遊びましょう。

準備物

ペーパー芯、ボトルキャップ、セロハンテープ、油性ペン、段ボール箱、画用紙

〈ロケット〉縦に切って絞ったペーパー芯に、ボトルキャップをはめ、反対の端に切り込みを入れて折る。油性ペンで模様を描いてみよう。

〈的〉成形した段ボール箱に、「あくしゅ」「ほっぺすりすり」などと書いた画用紙を貼っておく。箱を装飾してもよい。

★アレンジ★

●箱に点数を書き、入れた箱の点数で勝負。

●紙に書いた的を壁に貼ってロケットを投げ、当たった内容を行なう。

ポイント

大好きなおじいちゃん・おばあちゃんとのふれあいを思い切り楽しめる遊びです。箱は大きめにし、近くに置いて入りやすいようにしましょう。

環境づくり

寒さの中でも体を十分に動かして遊んだり、季節の行事にふれたりするなど豊かな経験のできる季節です。また、言葉のやり取りが活発になり、ごっこ遊びを楽しむ姿も多くなります。体験から遊びにつながる環境を工夫しましょう。

あそび　かけっこを楽しみつつ、たこ揚げ体験を

　3歳児は4・5歳児のたこ揚げを見て、自分たちもやってみようと思い、始めることがあります。ビニール袋やスチロール皿に紙テープを付けた物をたこ糸につなげて持って走るなど、簡単な物でもたこに見立てて遊ぶことを楽しめます。かけっこを十分楽しみつつ、安全にも配慮し、ぶつからないように動線を考えることも大切です。

紙テープ
ビニール袋
たこ糸

あがった〜！

あそび　イメージを膨らませ、なり切ってごっこあそびを楽しめる環境

一人ひとりがお母さんになり切って

　「おかあさんになりたい！」という、子どもたちからの気持ちを受け止めて環境を整えましょう。三角柱にした牛乳パックと紙筒で掃除機を作ると掃除する動きを、ロープを一本張ると洗濯物や布団干しの動きを楽しめます。早速「いそがしい、いそがしい」と、何人ものお母さんが出現するでしょう。

お店などがイメージできる様々な素材を

　遊びの中で様々にイメージを膨らませたり、表現遊びを楽しんだりすることができるよう環境を工夫しましょう。段ボール板にカラークラフトテープなどで装飾し、囲まれた空間ができるようにしています。フラワーペーパーを丸めて空き容器に入れてケーキの具材に見立てると、たちまちケーキ屋さんが始まります。

おせんたくほさなくちゃ！

牛乳パック
紙筒

おそうじおそうじ、いそがしい…！

容器に入れた赤色のフラワーペーパーを丸めた物から、ケーキのトッピングを始めています。囲まれた空間で、集中して遊べます。

あそび / 行事　日常のごっこあそびから劇あそびへ

『オオカミと七匹の子ヤギ』など、知っているお話の音楽があれば、それを聞きながら、ストーリーに沿って役になりきって遊ぶことを楽しむ姿が見られるようになっていきます。そこから劇遊びや発表会につなげていきます。発表会のための練習をするのではなく日常のごっこ遊びから劇遊びにつながっていくよう、表現したくなる環境を用意していきましょう。

メーメーメー、
たのしいメー…

おかあさん
おかいものに
いっていらっしゃい

買い物カバン　　段ボール箱

買い物カバンや隠れる段ボール箱など、遊びの様子に合わせて一つひとつ増やしていきます。

あそび / 生活　生活体験から生まれたごっこあそびが楽しめる環境

園で行なった餅つきの体験から、餅つきごっこが始まります。きねや臼をペーパー芯や牛乳パックなど身近な物で作り、綿など柔らかい物を餅に見立て遊べる環境を用意すると、餅をついたり手返ししたりする動きが出てきます。生活体験の再現遊びは3歳児の大好きなごっこ遊びです。

たのしい〜！

よいしょ〜！

あそび　寒い冬、室内でも体を動かして楽しめるように

新しい素材を工夫したり、中型積み木と組み合わせたりして、室内で伸び伸び遊べる環境をつくることによって様々な動きを楽しめます。

新しい素材で
新しい動きを
工夫して

適当な長さの布芯を縦半分に切って、保育者が平行に並べたところ、子どもたちから並べ方を変えるアイディアが出て、違う遊びへと広がりました。

こんどは
こうやって
ならべよう

積み木と
組み合わせて

保育資料

おはなし

まりーちゃんの くりすます
文・絵：フランソワーズ
訳：与田準一
岩波書店

めがねうさぎの クリスマスったら クリスマス
作・絵：せな けいこ
ポプラ社

くまのこの としこし
作・絵：高橋和枝
講談社

十二支のはなし
構成：トマソン
企画：沼田かずみ
ポプラ社

ポカポカホテル
作：松岡 節
絵：いもとようこ
ひかりのくに

グリーンマントの ピーマンマン
作：さくら ともこ
絵：中村景児
岩崎書店

うた

- ●山の音楽家　訳詞：水田詩仙　ドイツ民謡
- ●うさぎ野原のクリスマス　作詞：新沢としひこ　作曲：中川ひろたか
- ●お正月　作詞：東 くめ　作曲：滝 廉太郎
- ●たこの歌　文部省唱歌
- ●ゆげのあさ　作詞：まど・みちお　作曲：宇賀神光利

手あそび・わらべうた・ふれあいあそび

- ●ヤッター！サンタがやってくる　作詞・作曲：中川ひろたか
- ●おでんぐつぐつ体操　作詞：新沢としひこ　作曲：中川ひろたか
- ●おもちゃのチャチャチャ　作詞：野坂昭如　補詞：吉岡 治
  作曲：越部信義
- ●ド・ス・コ・イ　作詞：森 麻美　作曲：新沢としひこ

自然

❀草花
- ●木の芽（サクラ、カエデ、モクレン　など）
- ●ポインセチア　●レンギョウ　●サザンカ
- ●ネコヤナギ

🍴食材
- ●春の七草（セリ、ナズナ、ゴギョウ、ハコベラ、ホトケノザ、スズシロ）
- ●ミズナ　●ネギ　●ハクサイ　●ホウレンソウ
- ●ミカン

子どもとつくる部屋飾り

雪だるまのお友達

準備物　●画用紙（正方形）　●色画用紙（八ツ切の半分程のサイズ）　●フェルトペン　●ハサミ　●のり

作り方

1 丸く切った2枚の画用紙で雪だるまを作る。
2 色画用紙で目や口、帽子、手袋などを作って貼る。またはペンで描く。

とんがっている所を切っていくとだんだん丸くなってくるよ！

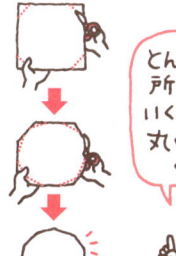

ポイント

丸を描いて線上を切るのではなく、フリーハンドで切ってみましょう。正方形の紙を使うと切りやすいですね。

壁面飾りに

プチプチシートや白のフラワーペーパー、オーロラシートなどを使って雪や氷の雰囲気で飾ります。オーロラシートは、もんで使うと乱反射して違った美しさも出ます。

+α アレンジ **紙袋に貼って持ち帰りバッグに**

白色のフラワーペーパーも付けてかわいさアップ！

ちょこっと遊ぼう

 ## にんじんジャガイモさつまいも

準備物
曲（CD、ピアノ　など）

野菜のポーズをして遊ぶ

「にんじんジャガイモさつまいも！」と言ってから音楽に合わせて歩きます。合図でポーズをし、できたら、再びスタートして繰り返し遊びます。

にんじん！

にんじん
まっすぐに立ち、手を上に伸ばして手のひらを合わせる。

ギュッ！

ジャガイモ
みんなで集まって、小さく円になる。

にんじん ジャガイモ さつまいも！

ゴロゴロ〜

さつまいも
床に寝てゴロゴロ転がる。

あそびのコツ
一人ひとりの動きを具体的に褒めよう！

あそびメモ　なりきって遊ぶ
よく知っている野菜になりきる遊びです。特徴を捉え、動きを付けてなりきることで、より楽しく体を動かすことができます。体をたくさん動かして、寒さを吹き飛ばしましょう。

 ## プレゼントちょうだい！

あそびのコツ
手遊びを繰り返し楽しんでから、追い掛けっこをしてもOK。

1 『サンタクロース』の歌で遊ぶ

子どもは円形に並び、中心に保育者が座ります。

❶ あかい　きものの

手をつないで揺らす。

❷ サン タク ロース
サン タク ロース
円の中心に向かって、3回ジャンプ。

2 追い掛けっこをする

保育者が、「プレゼントちょうだい！」と言うと、子どもたちは、自由に逃げ、保育者はオニ役になって追い掛けます。

プレゼントちょうだい！

❸ おおきなふくろを

腕を大きく外に回す。

❹ おもそにしょって

袋を担ぐまねをする。

❺ どこへいくの

後ろを向いて歩く。

あそびメモ　行事への期待感を膨らませて
まずは手遊びをみんなで楽しんでみましょう。遊びながらクリスマスまでの楽しみを増やしたり、ワクワクする気持ちを友達と共有したりできるようにしていきたいものですね。

『サンタクロース』（訳詞／水田詩仙　外国曲）

いっぱい遊ぼう

★ コーデ色オニ

1 子どもがオニになる

オニが2種類のサイコロを転がし、10秒数えている間に、出た目の物と色をオニ以外の子どもが探します。

準備物

サイコロ2種類（物、色）

●【物】のサイコロ…シャツ、ズボン、靴のイラストをそれぞれ2面ずつ描いた物
●【色】のサイコロ…赤、青、白、黒、緑、ピンクなど1面ずつ色を着けた物※

※色は例です。クラスに合わせましょう。

それ〜！

くつだよ！

あおいくつ、みつけた！

あそびのコツ

初めにサイコロを振って、出た目をみんなで探してみましょう。

初めはサイコロを転がして部屋にあるいろいろな色を子どもたちと見つけて遊びました！

※**1**を繰り返し遊び、じっくりみんなで探してみましょう。

2 保育者がオニになる

サイコロを転がし、10秒数えて見つけられていない子どもたちを追い掛けます。タッチされたら、初めから繰り返し遊んでみましょう。

※捕まえることがオニの目的ではなく、探すことができるように導く・配慮することが1番の目的です。

あそびメモ

遊びの楽しさと育つポイントが次の展開へと導く

【物】と【色】の2つを同時に考えて探さなければならないところにこの遊びの楽しさと育つポイントが含まれます。最初に探すことの楽しさを体験すれば、次の展開としてオニを登場させても、十分に楽しむことができます。

101

いっぱい遊ぼう

★ みんなでビュン!

マット、ドッジボール

1 ボールに当たらないように 反対側に逃げる

子どもは片方のマットに立ち、反対側に立った保育者がドッジボールを子どもの方に転がします。子どもたちはボールに当たらないように反対側のマットに逃げます。これを繰り返します。

にげろ〜!

あそびのコツ
子どもが状況を見て逃げられるように促すことが大切です。

2 「3・2・1・どっかーん!」

ボールに当たってしまったら、みんなで「3・2・1・どっかーん!」と言います。当たった子どもは、「どっかーん!」に合わせて手足を広げてジャンプします。最初からスタートします。

どっかーん!

3・2・1

「3・2・1・どっかーん!」が気に入り、ボールに当たってもうれしそうでした。

あそびメモ
俊敏さや判断力を身につける
ボール1つに集中することができれば、行ったり来たりと上手に逃げることができます。この年齢では、コロコロと優しい転がし方が望ましいです。その中で、俊敏さや判断力などが身につくよう促していきましょう。

⭐ ももオニごっこ

1 陣地で『桃太郎』の歌に合わせてオニを誘う

♪もも
パチパチ

手を2回たたく。

♪たろうさん
ドシーン ドシーン

両手を上げて両膝を曲げる（2回）。

※以下同じ動き

♪おこしにつけた
（パチ×2　ドシーン×2）

♪きびだんご
（パチ×2　ドシーン×2）

♪ひとつわたしに
（パチ×2　ドシーン×2）

♪くださいな
（パチ×2　ドシーン×2）

準備物

マット5〜6枚（陣地用：1枚、宝物用：1枚、保育者が2人なら通り抜け部分：4枚）、カラー標識、宝物（紅白玉　など）

●十分に遊べる広さを確保しましょう。通り抜け部分は、壁を利用してもいいでしょう。

『桃太郎』（作曲／岡野貞一　文部省唱歌）

2 オニに捕まらないように宝物を取りに行く

歌い終わったら子どもたちはマットの間を通り抜けて宝物を取りに行きます。保育者はオニになって子どもたちを追い掛けます。タッチされたらマットに座ります（時間が来たら戻ります）。

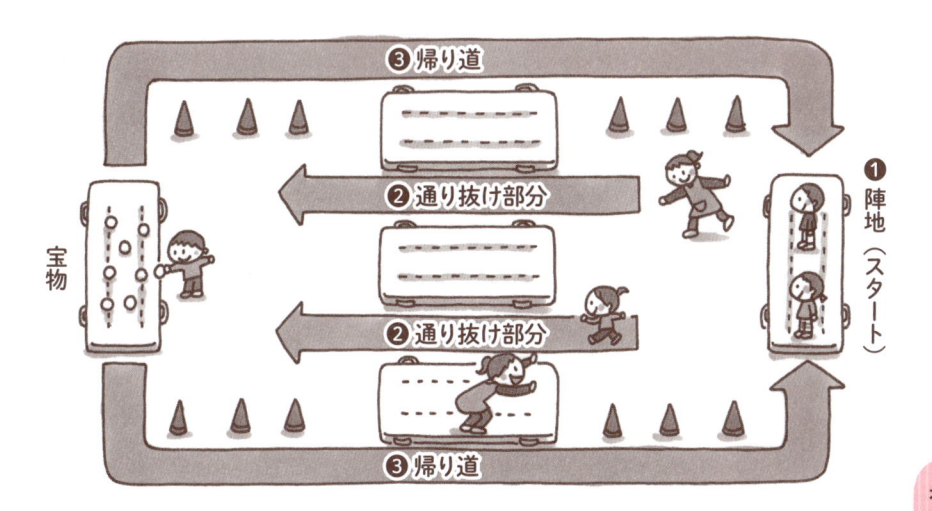

つかまえたっ！

きゃ〜！！

あそびのコツ
オニは、子どもが体をうまく動かして通り抜けられるように促しましょう。

3 宝物を陣地に置きに行く

通り抜けた子どもは、宝物を取って両端にある帰り道から逃げます。自分の陣地に宝物を置いたら、再スタート（時間制限1〜2分）。

あそびメモ

たくさん考えて活動する

簡単なルールですが、子どもは、目標物を認識してオニの動きを見ながら、自分の行くコースを考えて活動しています。同時にたくさんのことを考えて動いていることを保育者も確認しながら遊びを楽しみましょう。

じっくりゆったり遊ぼう
〜 長時間保育にもおすすめ 〜

言葉のやり取りを

保育者や友達と絵本を見たり、絵カードや人形で遊んだりして、言葉でやり取りする楽しさを味わいましょう。

❖ 当てっこ、まねっこ

親しみのある動物や果物などの名前を言ったり、鳴き声をまねたりして遊びます。

ポイント
同じカードを複数枚用意してどの子も取れるようにしておくのも、良いでしょう。

❖ お話手袋人形

子どもの手袋で人形を作って、手にはめてあげましょう。子どものペースに合わせて会話を楽しみます。

作り方

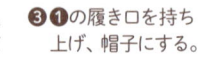

❶片方の手袋の半分を裏返す。

❷もう片方の手袋の中指、薬指で❶を半分絞って頭を作る。

❸❶の履き口を持ち上げ、帽子にする。

❹❸の親指を中に入れ込んだら出来上がり。

❖ やなぎのしたには（4・5歳児と）

❶♪やなぎの　したには　おばけが

最初の3小節は手合わせ4回（自分で打って相手と打つを交互に）。

❷♪う　う〜

両手を前に垂らしてお化けのまねをする。

❸♪おけ　おけ

❶を繰り返し、「おけおけ」で左腕を丸くしておけを作り、右手で底をたたく。

❹♪おけやさんの　〜えっへんぷ

❶を繰り返し、「えっへんぷ」で両手を胸の前で腕組みして威張るまねをする。

ポイント
3歳児だけのときは、保育者と向き合い手合わせを拍手に変えてもOK。『あぶくたった』もおすすめです。

❺♪おまわりさんの〜じゃんけんぽん

❶を繰り返し、「じゃんけんぽん」で相手とジャンケンをし、勝ったら「バンザイ」負けたらお辞儀、あいこはにらめっこをする。

『やなぎのしたには』（わらべうた）

やなぎの　したには　おばけが　うう　おばけの　あとから

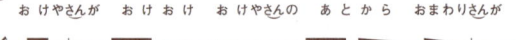
おけやさんが　おけ　おけ　おけやさんの　あとから　おまわりさんが

えっへんぷ　おまわりさんの　あとから　いたずらぼうずが　じゃんけんぽん

お手玉で

お手玉は自分から働き掛けないと動いてくれません。保育者と感触や音、重さなどを感じながら、じっくり、ゆったり遊びましょう。

✿ 投げてキャッチ

両手や片手でキャッチしてみよう。

握ってみよう
握って重さや感触、音を楽しみます。両手でポンポン弾ませてみましょう。

✿ 向かい合って

ポイント
大きさ、重さが様々なお手玉をたくさん用意しておきましょう。

✿ お手玉崩し

20〜30個くらいのお手玉で山を作り、中心に割り箸を立てます。割り箸を倒さないようにお手玉を1つずつ取っていきます。

ポイント
適度な緊張感をもちながら、全感覚を使って遊びます。保育者は仲間に入って、遊び方の工夫を伝えましょう。

✿ お手玉タッチ 『あんたがたどこさ』(4・5歳児と)

ポイント
最初はゆっくり歌いながら、リズムをつかみましょう。お手玉を右隣に回すなど遊び方を工夫しましょう。

数人で輪になって座り、1人1個のお手玉を左の手のひらに乗せます。『あんたがたどこさ』を歌いながら「さ」のところで右隣の人のお手玉にタッチします。

『あんたがたどこさ』(わらべうた)

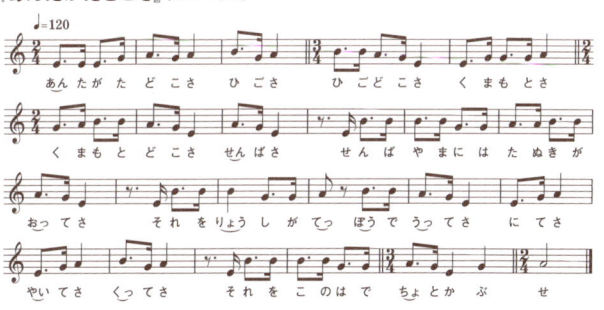

あんたがた どこさ　ひごさ　ひごどこさ　くまもとさ
くまもと どこさ　せんばさ　せんばやまには たぬきが
おってさ　それを りょうしが てっぽうで うってさ　にてさ
やいてさ　くってさ　それを このはで ちょと かぶ　せ

クリスマス

♥ まつぼっくりツリー

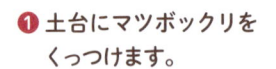

❶ 土台にマツボックリを
くっつけます。

❷ ❶に飾り付けをしていきます。
接着のりが乾けば出来上がり！

準備物

マツボックリ（かさが少し開いている物）、土台（立方体に切った発泡スチロール、段ボールでも可）、接着のり（木工用接着剤と水のりを混ぜた物）、ビーズ、ボンテン、スパンコール

ポイント

飾り付けに使う物は、小さすぎるとうまく扱えないので、子どもが指先で持ちやすい大きさで準備しておこう。

★アレンジ★

ガチャポンケースに入れてもかわいい！

♥ モザイクステンド

黒色画用紙の枠に、好きなカラーセロハンをテープで貼り付けます。色とりどりに、窓に貼り付けましょう。

準備物

黒色画用紙（10×10cmの正方形で、中を切り抜いておく）、カラーセロハン（赤・青・黄・緑）

ポイント

じっくり作って、部屋をみんなで飾っていきましょう。光を通した色の美しさにも注目です。

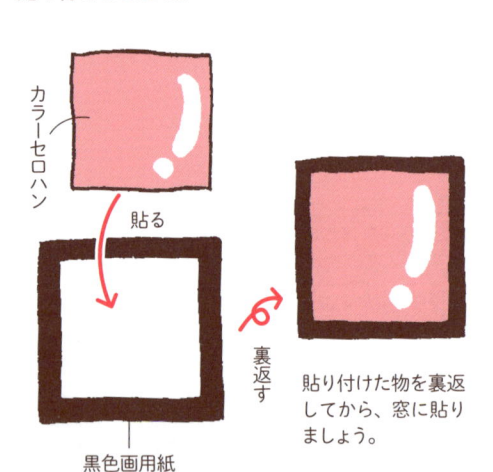

カラーセロハン

貼る

黒色画用紙

裏返す

貼り付けた物を裏返してから、窓に貼りましょう。

ここにはっていい？

いいよ

お正月

❤ プチプチだこ

プチプチシートとストローで作るこのたこは、とっても軽くてよく揚がります。
たこ糸をしっかり取り付けて、元気良く遊びましょう！

準備物
プチプチシート（A4サイズ）、セロハンテープ、ストロー、コピー用紙（A4サイズ）、油性ペン、たこ糸

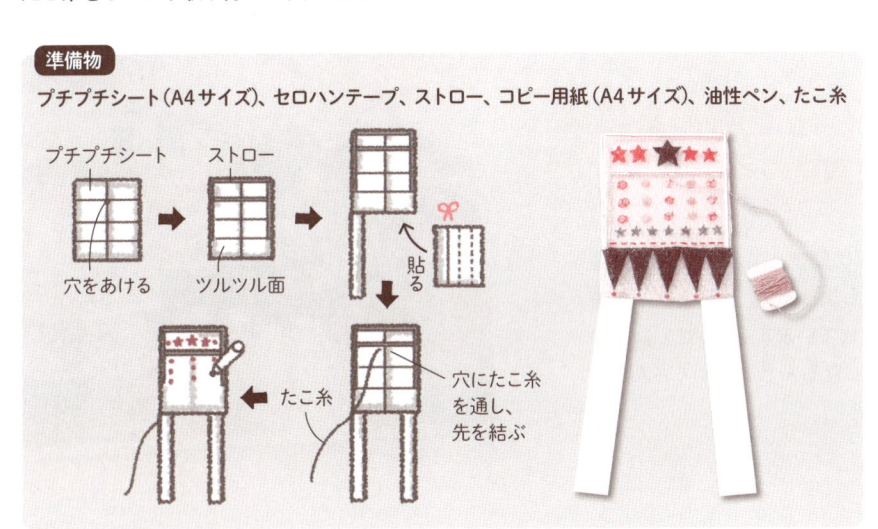

プチプチシート → ストロー
穴をあける　ツルツル面
貼る
穴にたこ糸を通し、先を結ぶ
たこ糸

> **ポイント**
> プチプチシートは軽い上に、ポリ袋と違って張りがあるので骨を付けなくても簡単にたこが作れます。好きな絵を描いたり、飾り付けたりして、作る過程も楽しみましょう。

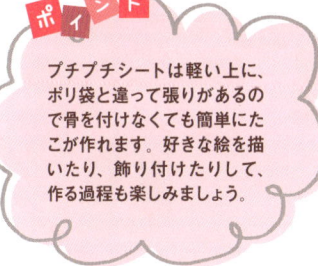

❤ わりバシッとクルッとこま

手のひらで割り箸を挟み、すり合わせて回します。回ったときの
模様の変化を楽しみましょう。

準備物
紙皿、ボトルキャップ、割り箸、ティッシュペーパー、ビニールテープ、両面テープ

ボトルキャップ
（穴をあけ、両面テープで貼る）
ティッシュペーパーで包み、ビニールテープを巻く
差す
紙皿（中心に穴をあける）

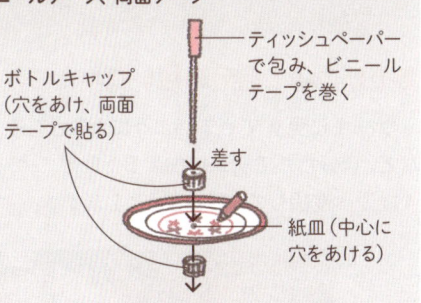

回すと…

> **ポイント**
> 紙皿に切り込みを入れたり、割り箸を差す長さを変えたりと工夫して作ってみましょう。ボトルキャップに穴をあけるときは、キリで下穴をあけてからドライバーなどで広げると簡単です。

環境づくり

ほとんどの子どもが4歳になり、言葉でのやり取りなど遊びが活発になる時期です。自分たちで場をつくったり、作った物を使って遊んだりできるようなウレタン積み木や空き箱・容器など、教材を増やしていきましょう。また、生活面では、砂場道具の片付けなどを通して、1年の終わりに向けて整理整頓をすることを知らせていきます。

あそび 同じ場で友達と楽しんで遊べる環境
~何人も運転士のいる電車~

ウレタン積み木を自由に使えるなど、同じ場に集まって友達と一緒に遊ぶことが楽しいと感じられるような環境を用意しましょう。三角積み木を運転台にするなど、保育者のアイディアも生かされています。「のせて」「いいよ」「ぼく、うんてんし」「わたしだってうんてんしだもん」「おきゃくさんはうしろでーす」など様々な会話が出てきます。

あそび 自分たちで作って遊べる楽しさを

あそびの中で自分の思い付いたことを表現する楽しさ

ケーキに見立てやすいように大きさをそろえた白い箱を用意するなど、自分たちで簡単に加えるだけで、「できた」という自信をもって4歳児へ進級していけるようにします。

音楽に合わせて鳴らし、踊っています。

作ったマラカスを使って

乳酸菌飲料の空き容器など、同じ形の容器を保護者の協力を得て集めておきます。同じ物がたくさんあることによってみんなで同じ物が作れます。友達と一緒に作ったマラカスを使って、音楽に合わせて踊ったり、簡単な合奏をしたりできます。4月から入園予定の未就園児に見せる機会をつくると自信をもつようになります。

わたし
イチゴかく！

おたんじょう
ケーキにしよう

 **あそび**　**行事**
その子らしさが出せるような ひな人形作りを楽しめるように

　3歳児なりに、自分でできたと思えて、かつ、その子らしさが出せるような教材を工夫しましょう。できるだけ顔などは大きめにして、それぞれの個性が出るようにしていきます。画一的になりやすいひな人形作りですが、基本の千代紙などの材料は決めておいて、背景などには花や星などを自由に貼れるようにしていきます。自由度の高い作品作りになるようにしたいものです。

体は千代紙を折って。色画用紙の台紙に花や星形の切り紙を貼り、金色紙でひな壇を。

生活
大掃除を通して、年度末を感じられるように
～砂場用具の大掃除、みんなできれいにしよう～

　3歳児なりに年度の終わりを感じていけるように、「みんなの使った砂場道具をきれいに洗って、次の年少さんが使えるようにしよう」と意欲を高めることばがけから、春の日ざしを浴びて水で洗うことも楽しくなります。この際、新年度に向けて、足りなくなっている物などの補充を計画し、分類や整理の再確認をします。

これはここ？

きれいに、きれいに

タライに水を入れて、砂場用具を洗っています。

異年齢　**あそび**
異年齢児との交流をもてるように

ZZZ…

一緒に遊ぶ中で5歳児への憧れを

　もうすぐお別れする5歳児が遊びに使っていた物を借りて、手をつないで一緒に踊っています。年上の子どもへの憧れを抱き、遊びの刺激となっていきます。

もりのようせいなの

うふふ

たのしい～

5歳児の発表会の衣装を借りて

　5歳児に白色のポリ袋で作った劇の衣装を着せてもらい、ウサギになり切って遊んでいます。絵本のストーリーを思い浮かべながら遊ぶ楽しさが、異年齢児同士で伝わっていきます。

保育資料

 おはなし

おにはそと

作・絵：せな けいこ
金の星社

へえーすごいんだね

作・絵：きたやま ようこ
偕成社

くすのきだんちは
10かいだて

作：武鹿悦子
絵：末崎茂樹
ひかりのくに

ぴょんぴょん
ガエルくん

作：岡田よしたか
ひかりのくに

そらはさくらいろ

作・絵：村上康成
ひかりのくに

おおきくなるって
いうことは

作：中川ひろたか
絵：村上康成
童心社

うた

- ●豆まき　作詞・作曲：日本教育音楽協会
- ●うれしいひなまつり　作詞：サトウハチロー　作曲：河村光陽
- ●春が来る　作詞：別所みよこ　作曲：渡辺 茂
- ●ポンポンポンと春が来た　作詞：梢 光　作曲：迫 新一郎
- ●元気でいてね　作詞：まきみのり　作曲：峯 陽

手あそび・わらべうた・ふれあいあそび

- ●おにのパンツ　訳詞：不詳　作曲：L.デンツァ
- ●コブタヌキツネコ　作詞・作曲：山本直純
- ●ネコのトラック　作詞・作曲：新沢としひこ
- ●スキップ　作詞：新沢としひこ　作曲：中川ひろたか

 自然

🦋虫・小動物
- ●メジロ　●ウグイス
- ●テントウムシ　●チョウチョウ

❀草花
- ●チューリップ　●サクラ　●クロッカス
- ●ヒイラギ　●ウメ　●ヒヤシンス
- ●モモ

🍴食材
- ●イワシ
- ●シュンギク
- ●キャベツ

壁掛けおひなさま

作り方

1 色画用紙でおひなさまを作る（顔を描いたり、千代紙で服を飾ったりする）。
2 1を紙皿に貼る。
3 フラワーペーパーで周りを飾る。

準備物
● 紙皿　● 色画用紙　● 千代紙
● フラワーペーパー　● リボン
● フェルトペン　● ハサミ　● のり　● 穴あけパンチ

はっすいせい
撥水性のある紙皿には、木工用接着剤または両面テープで貼りましょう。

ポイント
『おひなさま』の絵本を読むなどして、子どもたちがイメージしやすいようにしましょう。

壁面飾りに

最後に保育者が穴あけパンチを使い、リボンを通しましょう。

+α アレンジ ラッピングしてお持ち帰り♪

透明のビニール袋に入れて、リボンを結びましょう。

金・銀色の丸シールや、色画用紙で作ったモモの花を一緒に飾りましょう。壁面を通して、行事により興味がもてるようにしたいですね。

⭐ ころころガッチャ〜ン！！

準備物
ドッジボール

ボールが外に出ないようにして遊ぶ

子どもたちは、手をつないで円になります。保育者は中央でボールを持って立ち、「ころころガッチャ〜ン　ヨーイドン！」の掛け声で、円の外へボールを転がします。子どもたちは、ボールを出さないように足を閉じたり体を寄せたりします。外に出すことができれば保育者の勝ち、見事防げば子どもたちの勝ちです。

ころころガッチャーン
ヨーイドン！

あそびメモ

友達と体を寄せ合って、集中して遊ぶ
おしくらまんじゅうと同様に、体を寄せるという動きで遊びます。隣の友達と体を寄せ合って、ボールが出るのを防ぐことに夢中になって遊べると良いですね。みんなで一球ずつ、集中してできるようにしましょう。

あそびのコツ
投げるごとに勝ち負けを決めてもOK！

⭐ かもつれっしゃで入れ替えあそび

準備物
カラー帽

1 2人組で、後ろの子どもが入れ替わる

2人組で、帽子を【色】【白】にして並びます。『かもつれっしゃ』の歌に合わせて進み、「がっちゃ〜ん」で、他の2人組と後ろの子ども同士が入れ替わります。これを繰り返して遊びます。

2 並び順を替えて、繰り返す

前後を入れ替えて、繰り返し遊びます。

しゅっぱつ！

がっちゃーん

あそびのコツ
どの組も同じ色順に並んでいます。周りを見て確かめてみよう！

あそびメモ

ルールのあるあそび
進級に期待や自信をもつ姿が見られます。ルールのある、少し難しい遊びをしてみましょう。よく見て、よく聞いて、友達と言葉のやり取りをしながら繰り返し遊びましょう。様々な友達とたくさん遊べるといいですね。

『かもつれっしゃ』(作詞／山川啓介　作曲／若松正司)

★ 1・2・3・4リフトでGO！

1 2チームに分かれ、玉を手繰り寄せる

白玉・赤玉チームに分かれ、向かい合って並びます。白玉チームの先頭の子どもが、白玉を5つバケツに入れます。赤玉チームの先頭の子どもは短縄を引き、手繰り寄せます。

準備物

とび箱の1段目、紅白玉、バケツ、短縄

●短縄を跳び箱の持ち手に結び、反対側も同様に。とび箱を逆さにし、バケツを入れる。

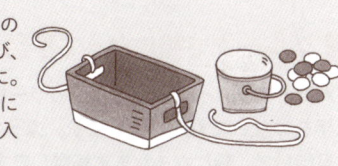

赤玉チーム　がんばれ〜！　ヨイショ ヨイショ

白玉チーム　がんばれ〜！　いけ〜！

2 玉を入れ替え、見届ける

玉が片側まで来たら、白玉を取って、赤玉5つを入れ、次の人に替わります。今度は白玉チームの先頭の子どもが玉を手繰り寄せるのを見届けます。これを繰り返して遊びます。

つぎ、わたした　5つ入れてね　い〜ち…　がんばるぞ

あそびのコツ
一人ひとりに手順を伝えていこう！

あそびメモ　力いっぱい手繰り寄せる

手を入れ替えながら、腕の力を使って遠い物を自分の手元まで手繰り寄せるということは、生活の中であまりない動きです。手繰り寄せるのに加えて玉を入れ替える、見届けるという3つの手順も、大切にしていきましょう。

★ まんまるオニ

1 グループで輪になって移動する

4人ほどのグループになって、カラー標識を中心に手をつないで輪をつくります。違うカラー標識を目指して、輪になったまま移動します。

何度も遊んでいるうちに「こっちにいこう」や 色を言い合う姿がありました！

準備物

カラー標識、フープ

●カラー標識をある程度余裕をもって広い範囲に置く。

2 保育者がオニになり、フープをかぶせに行く

保育者はフープを持ってオニになり、移動している子どもたちの所へ行き、フープをかぶせようとします。

にげろー！

キャーッ

あれにしよう！

あそびのコツ
子どもが手をつないだまま力を合わせて移動できるようにしましょう。

3 手をつないだまま、座る

移動したグループは、手をつないだまま、カラー標識を中心にしゃがみます。これを繰り返して遊びます。

あそびのコツ
次につながるようなことばがけをして、繰り返し遊んでみよう。

※慣れてきたら、フープをもう1個増やす、オニを増やすなどしてもおもしろいです。
※カラー標識同士を離してスペースを広くとってもいいでしょう。

あそびメモ
友達と協力し、関係性を深める
オニから逃げる、手をつないで移動する、移動する場所を決めるなど、たくさんのことを考え、判断し、行動する必要があります。その中で友達と協力し、関係性を深めていくことの大切さを知ることができます。

★ フワフワふうせん

準備物

園児用イス　●イスを並べて、少し大きめの円を
　　　　　　　つくる（1つ置き間隔程度）。

1 歌に合わせて座っている子どもの所へ、手で風船をつくった保育者が移動する

**❶ フワフワふうせん
　おちました「ポヨン！」〜**

子どもは中を向いて座ります。保育者が手で風船をつくり、『ごんべさんのあかちゃん』の替え歌に合わせて、ランダムに移動します。子どもの頭上に風船が来たら、子どもは「ポヨン！」と言いながら手ではじきます。これを3回繰り返します。

**❷ おちたところでわれました！
　「パチン！」**

子どもが「パチン！」と言いながら両手をたたきます。

> 割るたびに「ふくらませないと！」と風船を膨らませる姿がありました！

2 子どもと手をつなぎ、繰り返す

今度はその子どもと手をつなぎ、座っている子どもの頭上を回っていきます（子どもは内、保育者は外）。繰り返して、割れた場所の子どもと交代します。

あそびのコツ
風船をはじいたり、割ったりするしぐさを楽しめるように。

※子ども同士の風船にしたり、風船の数を多くしたりしてもいいでしょう。

あそびメモ　想像力を引き出す

一人ひとりが思い描く風船をみんなではじいたり割ったりすることは、一緒になって遊びに取り組んでいるということです。楽しい雰囲気の中で子どもたちの想像力を引き出してみましょう。

『ごんべさんの赤ちゃん』（作詞／不詳　アメリカ民謡）のメロディーで　作詞／小倉和人

フワフワ ふうせん　おちました（ポヨン！）フワフワ ふうせん　おちました（ポヨン！）フワフワ ふうせん　おちました（ポヨン！）おち　たところで われました！（パチン！）

じっくりゆったり遊ぼう
～ 長時間保育にもおすすめ ～

こまを回して

5歳児がこまを回す姿を、3歳児は憧れのまなざしで見ています。簡単なこまを作って遊び、満足感を味わいましょう。

♣ 色こま

厚紙や牛乳パック、段ボールなど、固い紙は保育者が切っておきます。子どもは、色を塗ったり模様を描いたりします。つまようじを刺して回してみましょう。

ポイント

厚紙、牛乳パックなど身近な物で作れます。

♣ 吹きごま

折り紙（7.5×7.5cm）を折ってこまを作り、上から吹いて回します。

ポイント

うまく回すには、息の調整がポイント。フーよりホーッの感じで、こまの中心に息を吹き掛けます。

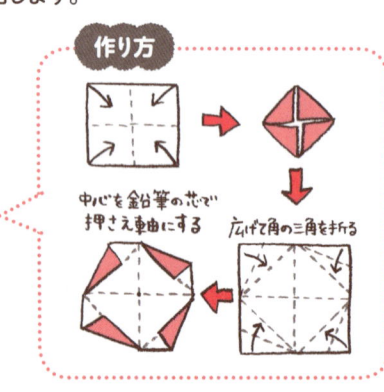

作り方

中心を鉛筆の芯で押さえ軸にする

広げて角の三角を折る

♣ 十字こま

十字にした割り箸に丸めた紙粘土を付けて回します。誰でも無理なく回せるこまです。
※粘土は1日おくと乾きます。乾いたら一度抜いて、木工用接着剤でしっかり留めましょう。

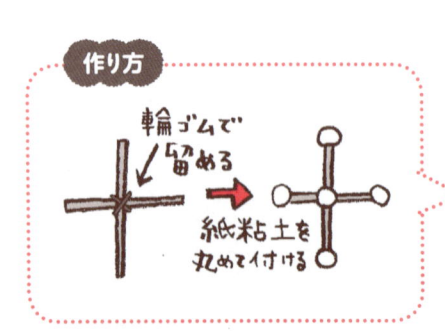

作り方

輪ゴムで留める

紙粘土を丸めて付ける

風を感じて

暖かい風に春の訪れを実感します。成長した子どもたちと風を感じながら伸びやかに遊びましょう。

♣ うずまきへびでたこあげ

くるくる回る「うずまきへび」の動きから、風を目一杯感じましょう。

ポイント
太さで動き方が微妙に違います。ユーモラスな動きを楽しみましょう。

①保育者が描いておいた渦巻きに、子どもがパスやフェルトペンで色を塗ったり模様を描いたりした後、渦をハサミで切る。

②渦の中心に穴をあけてたこ糸を通して丸結びし、テープで留める（保育者）。

♣ ロケット　はっしゃ!

三角の方から指を3本入れ、斜め上に押し出すように放します。

作り方

❶ 色紙を4回上へ折る。

❷ 裏返して色の付いているほうに好きな絵を描く。

❸ 筒になるよう丸めて端と端をテープで留めると出来上がり。

♣ うえからしたから

歌に合わせて両手を上下に動かします。「こい、こい、こい！」の後で、おおかぜ、そよかぜ、つむじかぜなど、布をいろいろ動かして表現してみましょう。

『うえからしたから』(わらべうた)

うえから　したから　おお かぜ こい　　こいこい　こい！

節分

💗 かぞえてガオ〜!!

保育者はオニになり、フープの中で、ゆ〜っくりと10秒数えます。子どもたちはマットの上からスタートし、オニが数えている間にもう1つのマットまでオニの宝物（紅白玉）を取って戻ってきます。オニは10秒数え終わったら子どもたちを追い掛けます。子どもの人数よりも半数以上の宝物を取っていれば、子どもたちの勝ちです。

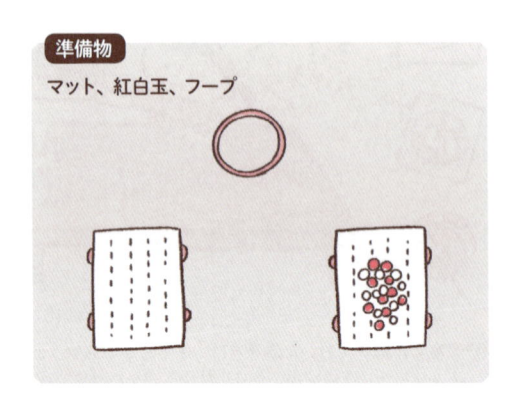

準備物

マット、紅白玉、フープ

ポイント

子どもがオニの様子を見ながら、一生懸命宝を取ろうとします。保育者はゆっくりと数えて子どもの姿や気配をうかがいましょう。

めやす

20名クラスでは…
- 11個以上取れれば子どもの勝ち
- 10個は引き分け
- 9個以下だとオニの勝ち

ひな祭り

♥ そめがみびな

① コーヒーフィルターを3回折って、中心、中ほど、口の部分に絵の具を着け、色を染めていきます。

準備物
コーヒーフィルター（白色）、絵の具、広告紙、色画用紙、色紙など

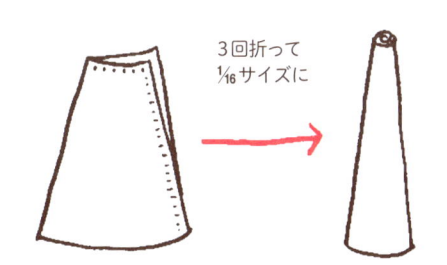

3回折って
1/16サイズに

そ〜っと…　きれいー!!

② ①を広げて乾かし、広告紙を丸めて中に入れます。

③ 色画用紙や色紙で、顔や装飾品などを貼り付けて出来上がり。

すわるところもつくろう

ポイント

染色の不思議さを楽しみましょう。平面ではなく、少し立体にでき、着物の柔らかさを表現できます。それぞれにひな飾りを作ってみましょう。

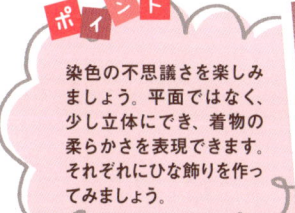

環境とあそびは何度も見て
たくさん活用してね♪

さあ次は、

12か月分の指導計画を
チェック！

指導計画

年の計画と、4月から3月まで
12か月分の月・週・日の計画を掲載！
これで、立案・作成はバッチリ！

※4〜7月は園生活の経験差が特に大きいことに配慮し、
「保育園・認定こども園」「幼稚園・認定こども園」に分けた
計画を、8月以降は共通化した計画を掲載しています。

● 年の計画、月・週・日の計画
執筆／『保育とカリキュラム』東京 3歳児研究グループ
〈チーフ〉齋藤惠子（貞静学園短期大学准教授）、佐藤暁子（東京家政大学教授）

公立保育園第1グループ、公立保育園第2グループ、公立保育園第3グループ、公立保育園第4グループ、公立保育園第5グループ、市川市・柏井保育園グループ、公立幼稚園グループ、公立幼稚園・向南幼稚園グループ、東京家政大学附属みどりヶ丘幼稚園・新倉学園神山幼稚園グループ

● 今月の保育、月の計画 要領・指針につながるポイント
執筆／齋藤惠子（貞静学園短期大学准教授）、佐藤暁子（東京家政大学教授）

※50音順、所属は2017年12月現在

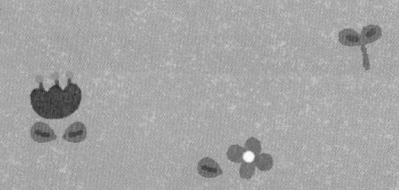

※本書掲載の指導計画は、『月刊 保育とカリキュラム』2017年度の掲載分に加筆・修正を加えたものです。

3歳児の年の計画

● 園生活の流れや生活の仕方が分かり、自分の身の回りのことをしようとする。
● 体を十分に動かしていろいろな動きのある遊びを楽しみ、心地良さを味わう。

子どもの姿と育てたい側面	● 新しい生活に喜んで参加する子もいるが、緊張や不安を抱き、泣く子ども、保護者と離れにくい子ども、不安な表情の子どもなどがいる。保育者に温かく受け入れられることで安心して徐々に活動範囲を広げられるようにしていく。 ● 園生活の流れが分かり、園生活のリズムに次第に慣れていき、自分から動き始めて遊んだり、身の回りのことを自	分で少しずつできたりするようにしていく。 ● 初めは一人で遊ぶことが多いが、次第にそばにいる友達と同じ動きをしたり友達の遊びにも関心をもったりする。他児と一緒に遊ぶ楽しさを保育者が仲立ちとなって知らせていく。 ● 保育者や友達と一緒に遊ぶことを楽しむ。
期	**Ⅰ期（4〜5月）**	
ねらい	● 喜んで登園し、保育者に親しみをもつ。 ● 園生活の流れを知り、園の生活リズムに慣れる。 ● 園の遊具や玩具に興味をもち、自分から遊ぼうとする。	
指導内容の視点 心と体の健康 人との関わり 環境との関わり 言葉の育ち 表現する力	● 園における食事、排せつ、手洗い・うがい、着脱、所持品の始末などの基本的な生活の仕方を知り、保育者に手伝ってもらいながらも自分でしようとする。 ● 弁当や給食、おやつなどを、友達や保育者と楽しく食べられるようになる。 ● 安定した雰囲気の中で一人ひとりに応じた休息を十分にとる。 ● 室内や戸外で安心して遊具や玩具を使って遊ぶ。 ● 戸外で体を十分に動かして遊ぶ。 ● 自分のクラスが分かり、担任や友達を覚え、親しみをもって生活や遊びをする。 ● 保育者との関わりの中で気持ち良く挨拶をしたり、親しみをもってふれあったりする。 ● 自分の持ち物をしまっておく場所が分かり、簡単な身の回りの始末を保育者に手伝ってもらいながらも自分でしよう	とする。 ● したいこと、してほしいことを保育者に動作や言葉で伝えようとする。 ● みんなで一緒に保育者の話や絵本などを見たり、聞いたりする。 ● 飼育物や草花を見たり、触れたりしながら興味や関心をもつ。 ● みんなと一緒に、知っている歌や手遊びをしたり、体を動かして遊んだりする。 ● 土、砂、粘土、小麦粉粘土などで遊ぶことを通して、感触を味わう。 ● 積み木、ブロック、ままごとなどに興味をもち、触れて楽しんで遊ぶ。 ● 誕生会や身体計測、避難訓練などの行事に3歳児なりの取り組み方で参加する。
環境構成の要点	● 生活の仕方は一人ひとりに応じて援助していき、5歳児の活動を見たり手伝ったりしながら、自分でしようとする気持ちを育てる。 ● 靴箱、ロッカーなどにその子のマークを付け、食事、排せつ、持ち物の整理などは繰り返し行ない、安心して身につけられるようにする。	● 保育者が戸外の遊具や砂場を安全で清潔に環境を整備し、子どもたちが伸び伸びと使えるようにする。 ● 室内の遊び場所は、家庭的な雰囲気をつくり、安心して好きな遊びができるように配慮する。
☆保育者の関わり・援助 （養護含む）	★ 一人ひとりを温かく受け入れ、どの子どもも安心感をもてるように心掛けて、小さなサインも見逃さないように配慮する。	★ 好きな遊びを見つけられるように、一緒に遊んだり、興味をもてるような誘い掛けをしたりする。 ★ 新しい環境の中で活動範囲が広がってくるので安全に過ごせるように配慮する。
家庭や地域との連携 （保育園・幼稚園・小学校との連携も含む）	● 子どもを初めて集団生活に入れる保護者の思いや不安な気持ちを受け止め、子育ての大切さや喜びなどに共感し、信頼関係を築いていく。 ● 保護者に安心してもらえるよう、園での様子を話したり、家庭の様子を聞いたりする機会をもつ。また、保護者会、クラス便りやホワイトボードなどで発信することを通して、	園での姿を具体的に伝えていく。 ● 入園当初の健康状態を把握し、保護者との連絡を密にしていく。 ● 保護者会で緊急時の避難マニュアルを説明し、連絡先の確認や、緊急時の引き取り方法などを、具体的に確認しておく。
園生活の自立に向けての配慮点	● 新しい環境の中で一人ひとりが自分なりのペースで少しずつ安心して過ごせるように、状況に応じて配慮していく。	● 困ったことや分からないことは、保育者に聞いたり手伝ってもらったりするようにし、保育者が心のよりどころになるようにする。

- 保育者や友達に親しみをもち、友達とふれあいながら、安心して自分のしたい遊びに取り組む。
- 自分の興味・関心・思いを自分なりの方法で表現する。
- 遊びや生活の中で、簡単な決まりや約束事があることを知って、守ろうとする。

※保育園・幼稚園・認定こども園で参考にして
いただけるよう、検討・立案しています。

- 保育者に親しみ、安定するにつれて、新しい活動にも自分から取り組み、遊びの場（行動範囲）を広げていく。
- 園の遊具や玩具に興味を示し、友達とふれあいながら、自分の好きな遊びに楽しんで取り組めるようになっていく。
- 様々なことに好奇心をもつようになり、自分でいろいろ試してみる姿が見られるので、生活や遊びの中で見たり触れたり試したりする喜びを味わえるようにしていく。
- 一人ひとりが自己主張するようになり、物の取り合いなど、友達とトラブルになることが多くなってくる。そうした機会を通して友達の気持ちに気付き、様々な関わり方があることを知らせていく。

II期（6〜8月）

- 園での生活の仕方が分かり、簡単な身の回りの始末を自分でしようとする。
- 遊びや生活を通して約束や決まりがあることを知っていく。
- 保育者や友達と一緒に生活することに慣れ、安心して活動できるようになる。
- 自分の好きな遊びを十分に楽しみながら、友達のしていることにも興味を示す。
- プール遊びの時期には、全身で水に触れ、解放感を味わう。
- 友達とふれあいながら、いろいろな遊びを楽しむ。
- 水や砂の感触を楽しみながら興味をもって遊び、感触を楽しむ。

- 食事、排せつ、手洗い・うがい、着脱、所持品の始末など、ひとりでしようとしたり、できないことを保育者に伝えながら自分でしようとしたりする。
- みんなと一緒に食事をすることを楽しむ。
- 追いかけっこや固定遊具の遊びなど、保育者や友達と関わって遊ぶ楽しさを味わう。
- 自分の好きな遊びに喜んで取り組む。
- 物の取り合いなど友達とのトラブルの中で、保育者の仲立ちで自分の思いを表現しようとしたり、相手の気持ちを知ったりする。
- 気の合う友達とふれあって遊ぶことを楽しむ。
- 友達のすることを見たり、まねたりしながら、一緒に遊ぼうとする。
- 身近な教材や用具などの使い方を知り、興味をもって使おうとする。
- 水遊び、砂遊び、泥遊び、プール遊びなど、解放感が味わえる遊びを十分に楽しむ。
- 自分の経験したことや思いを、保育者や友達に伝えようとする。
- 梅雨時の自然の変化に興味や関心をもつ。
- 夏野菜の生長の様子に気付き、収穫を楽しみにする。
- いろいろなものになったり表現したりして遊ぶことを楽しむ。
- 音楽に合わせて体をリズミカルに動かしたり、簡単な身体表現をしたりして楽しむ。
- 新しい歌を覚えて友達と一緒にうたったり、いろいろな音のする物に触れたりする。
- フィンガーペインティングや絵の具などで伸び伸びと描く楽しさを味わう。

- 遊具や用具の種類や形に合わせて、箱や棚を用意し、分類や整理がしやすいようにマークを付け、片付けやすい環境をつくる。
- 子どもの興味を捉えて楽しめるような材料や用具、やりたいときにできる時間や場、遊具の数を用意する。
- 着替えや手洗いなどは自分からしたくなるように場を整え、手順が分かるように絵やカードなどを使い、示しておく。
- 気温に合わせて水遊びやプール遊びができるように、場や遊具などを整えて使えるようにしておく。
- 一人ひとりの健康状態に留意し、快適な環境のもとで生活できるようにする。
- 友達と同じものを持ったり身に着けたりできるよう、遊具などの数や置き場などに配慮する。

- ★ 子どもの言葉や表情から思いを受け止めたり、共感したりしながら関わっていく。
- ★ 一人ひとりのペースを大切にし、「おもしろそう」「やってみたい」という気持ちがもてるような雰囲気を心掛ける。
- ★ 物の取り合いなどのトラブルが出てくるので、互いの気持ちを受け止めたり、代弁したりして、状況に応じて対応していく。
- ★ 暑さを考慮し、適度な水分補給と、休息を十分にとれるような配慮をする。

- 園生活の中で、自分の力で努力している姿を具体的に伝え、家庭でも自分でしたがることは時間的な余裕をもって行なえるようにしていく。
- 一人ひとりの健康状態を、健康カードや連絡帳で知らせ合い、家庭との連携を密にしていく。
- 体の清潔や、着脱しやすい衣服の準備などに配慮しながら、夏の健康に関心をもてるよう連絡を深める。
- 夏の生活の仕方について保護者会を開いて知らせ、食事・睡眠・体調管理などの問題や、直接体験の大切さを伝えていく。

- 「自分で」という意欲的な姿が遊びや生活の様々な場面で見られるようになってきたことを受け止め、生活習慣が身につき、一人ひとりが自信をもって行動したり話したりするように援助する。
- 一人ひとりの自分でしようとする気持ちを大切にし、遊んだ後の片付けや身の回りの始末、水遊びの着替えなど、必要に応じて自分なりに取り組めるように援助し、できた喜びや自信がもてるようにしていく。

姿と側面	●園生活を楽しみにし、自分のしたい遊びに夢中になる子どもがいる反面、休み明けで不安定な子どももいる。個々の様子を把握しながら、一人ひとりが十分に楽しめるように援助していく。 ●身の回りの始末や排せつなどの基本的生活習慣を自分でしようとするが、まだ個人差が大きい。自分から取り組み自分でできる喜びを味わえるようにする。 ●友達と一緒に動く楽しさを味わえるようになる。保育者の合図を聞いて行動したり、投げ掛けや環境によって行動したりする楽し	さを味わえるようにする。 ●友達と一緒に同じ遊びをする楽しさを感じ、友達との関わりが深まるようにする。そのため、自分の思いや考えを通そうとして、トラブルが起こることもある。その中で相手の気持ちにも徐々に気付くようにしていく。 ●自分のイメージを、言葉や動き、造形遊びなどで自由に表現することを楽しむようになるので、自分の思いを伸び伸びと表現する喜びを感じられるようにしていく。

| **期** | **Ⅲ期（9〜12月）** ||

ねらい	●伸び伸びと体を動かして遊ぶ楽しさを味わう。 ●保育者や友達と一緒に生活することを楽しみ、話したり聞いたり、会話を楽しんだりする。	●経験したこと、感じたこと、想像したことなどを、様々な方法で表現する。 ●クラスの友達と一緒に運動遊びをする楽しさを味わう。 ●日常生活の中で自分でできることは進んでしようとする。
指導内容	●季節の移り変わりに伴う生活の仕方が分かり、身の回りのことを自分でしようとする。 ●友達と簡単なルールのある鬼ごっこなどをし、みんなと一緒に遊ぶことを喜ぶ。 ●自分のしたい遊びが見つかり、その遊びに必要な遊び道具や材料などを自分で選べるようになる。 ●自分の好きな物を描いたり作ったり使ったりして遊ぶ。 ●好きな遊びを繰り返し楽しむことで、遊び方が次第に巧みになる。 ●友達や保育者と走ったり、思い切り体を動かしたりする心地良さを体験する。 ●行事を通して4歳児や5歳児とふれあい、楽しさを共に感じたり、5歳児に対する憧れを感じたりする。 ●木の葉、木の実、小石などを集め、それらを使って、いろいろな遊びをする。 ●身近な物の色・形・大小などの違いに気付く。 ●5歳児や保育者が虫や小動物の世話をするのを見たり触れたりして興味をもつ。	●巧技台、マット、ボールなどを使って遊びながら、遊具の安全な使い方や置き方を知る。 ●散歩など園外に出たときは、友達や保育者と一緒に安全に気を付けて行動しようとする。 ●自分の気持ちや困っていること、してほしいことなどを、保育者に自分なりの言葉や方法で伝えようとする。 ●遊びの中で、友達とのやり取りを楽しみながら、生活に必要な言葉を知っていく。 ●リズムに合わせて体を動かしたり、身近な動物や乗り物の動きを体で表現したりして楽しむ。 ●身近な素材で好きな物を作り、それを使って遊ぶことを楽しむ。 ●絵本や紙芝居などを保育者に何度も読んでもらったりしながら、絵本の世界を楽しむ。 ●積み木などで遊びの場（乗り物、家など）を、友達や保育者と一緒に作って遊ぶ。 ●活動や運動量に食事の開始時間や量など、時期に応じて調理員と連携をとり進めていく。
環境	●いろいろな行事などに、無理なく参加できるような取り組み方を工夫する。 ●一人ひとりの興味や関心に合わせて遊びに使う物を自由に使えるように、いろいろな遊具や材料を用意する。 ●自然の中で自分たちで見つけた物（石、枝、木の実、木の葉など）や身近な材料などを利用して造形遊びが楽しめるようにしておく。	●運動会がきっかけとなって、異年齢児のまねをしたり、ゲームを繰り返し楽しんだりして遊べるように、必要な道具や材料を身近に置いておく。 ●全身を使った遊びが繰り返し楽しめるような遊具や用具など環境の工夫を心掛ける。
援助	★一人ひとりの子どもの表情や身振りや言葉など、表現している子どもの気持ちを感じ取り、必要に応じた援助をする。 ★子どもの思いや見立てなどを受け止めたり、いろいろな遊び方を知らせたりして、遊びを楽しめるようにする。 ★園の内外で自然にふれられる場や機会を設け、楽しめるようにする。	★友達との遊具の取り合いなどのトラブルでは一人ひとりの気持ちを受け止め、相手の気持ちにも気付けるように援助する。 ★行動範囲が広がっていくので、十分な時間の確保や環境の整備を行なうとともに、遊びが充実するようにしていく。
連携	●親子で行事に参加して楽しみながら子どもの成長に気付いたり、親子のふれあいの大切さを感じ取ったりしてもらう。 ●運動会や園外保育などでは、一緒に参加しながら、自分の子どもだけではなくクラスの友達や他の年齢の子どもたちの様子も見な	がら、3歳児の成長を理解してもらう。 ●寒さに向かっての健康管理の大切さや、生活習慣（生活リズムを守る、衣服の調節、手洗い・うがいの励行　など）を定着させるための方法を保護者会やお便りなどで具体的に伝える。
園生活の自立	●生活に必要な言葉遣いや語彙、行動力が豊かになってくる時期を捉えて、一人ひとりの楽しさやおもしろさなどに共感し、意欲的に遊びに取り組めるように、活動内容や環境構成に配慮していく。 ●自分からやってみようという気持ちを認めて励ましたり、難しい	ときには手を貸したりしながらも、子ども自身のやる気を引き出し、満足感が味わえるように関わる。

- 身の回りのことや生活に必要なことなど、自分でしようとする気持ちを大切にし、できた喜びを味わえるようにする。
- 安定した気持ちで園生活を送るようになり、仲の良い友達と遊んだり、友達や保育者の手伝いをしたり、異年齢児とふれあったりして行動範囲が広がってくる。
- 遊びに必要な物を描いたり切ったりしながら、友達と一緒に楽しめるようになるので、様々な表現活動を楽しめるようにしていく。

- 体験したことや想像したことを自分なりに話し、言葉での表現が豊かになってくる。
- 曲に合わせて歌ったり踊ったりする姿が見られるようになるので、それぞれの表現を認めながら、様々な表現活動を楽しめるようにしていく。
- この1年間で成長したことを共に喜び、進級を楽しみにしていけるようにする。

IV期（1～3月）

- 基本的生活習慣が身につき、自信をもって伸び伸びと行動する。
- 友達と遊んだり話したり歌ったりすることを喜び、一緒に活動しようとする。

- 様々な造形遊びで意欲的に取り組み、自分なりに表現する楽しさを味わう。
- 大きくなる喜びと進級に対する期待をもって生活する。

- 手洗い・うがい、着脱、排せつなどの手順や意味を理解し、見通しをもって自分からしようとする。
- 全身を使った遊びを十分にして、寒くても活動的に元気良く過ごそうとする。
- 4・5歳児の遊びに参加したり、年下の子どもたちとふれあったりして楽しむ。
- クラスのみんなで一緒に行動したり活動したりする楽しさを感じる。
- 友達が困ったり泣いたりすると、慰めたり保育者に伝えたりするなど、相手の身になって手助けをしようとする気持ちが出てくる。
- 順番や交代することが分かり、並んで待ったり交代で遊具を使ったりする。
- 伝統的な正月遊びや行事にふれて遊ぶ。
- 霜柱、雪、氷など、冬の自然を見たりふれたり体で感じたりする。
- 公共物や共有する物を大切に扱おうとする気持ちがもてるようになる。
- 物や場所の安全な使い方が分かり、自分から気を付けて遊ぼうとする。
- 遊んだ後、片付けをするときれいになる心地良さが感じられるようになる。
- 遊びの中で感じたことや考えたことを言葉に出して表現する。

- 絵本や紙芝居などをみんなで楽しみ、好きな登場人物になり切って遊ぶ。
- 描いた物や作った物を、保育者と一緒に飾ったり使って遊んだりする。
- 好きな絵本や紙芝居などを使って、ごっこ遊びやお話遊び、表現遊びをする。
- 音楽に合わせて様々な楽器を友達同士で自由に鳴らして遊ぶ。
- 季節や発達に応じて行事に参加し、いろいろなことを表現する喜びを味わったり、友達の表現を見て楽しんだりする。
- ごっこ遊びを通して、言葉のやり取りを楽しんだり、必要な物を作ったりして遊ぶ。

- 5歳児と遊ぶ場を構成して、5歳児の優しさや頼もしさにふれるようにする。
- 暖房・換気・寒さへの対応をするなど、安全・健康な環境に留意する。
- 好きな友達と一緒に遊ぶ場や、見立てたりつもりになったりして遊べるような玩具や用具などを用意しておく。
- 4歳児クラスの保育室へ行くなどして、進級に期待をもてるようにする。

- 様々な遊びが発展し、継続していくように遊具や材料の準備や置き方に配慮し、積極的に取り組みたくなるような空間づくりを心掛ける。

- ★ 基本的生活習慣が身についたか確認し、一人ひとりの自立へ向けて援助していく。
- ★ 子ども同士で一緒に遊べるような環境を用意したり、保育者も一緒に仲間に入りながら必要に応じ言葉を掛けるようにしたりする。

- ★ 園生活や家庭内の生活で、3歳児なりに公共心や役割をもって手伝うことの大切さを伝える。

- 自己主張や自立心が強くなるが、まだ甘えたい気持ちもあることを理解して、温かく受け止めるよう家庭と園での連携を取り合う。
- 発表会などで発表する内容やそのプロセス、目的などを、事前に園便りなどで伝え、保護者から子どもにその成長を共に喜ぶ言葉を掛けてもらうようにする。
- 個人面談で1年間の歩みを保護者と共に振り返り、子どもの成長を喜び合うなど、進級に向けて有意義な機会にする。

- 一人ひとりの子どもが、自分なりに伸び伸びと充実した園生活が送れているか把握し、個々の成長を認め、自信がもてるようにする。

年の計画をよりどころにして
月・週・日の計画を
考えていこう！

4月

一人ひとりが安心して園生活が送れるように

保育園児は進級・入園、幼稚園児は初めての園生活です。進級・入園を喜んでいる子どももいれば、新しい環境にちょっぴり不安な様子の子どももいます。保育者は子ども一人ひとりの気持ちを受け止め、スキンシップを多くとったり、身の回りのことを一緒にしたりなどして安心して園生活が送れるようにしていきましょう。また、家庭や園での様子を互いに伝え合い、子どもの心身の状態に配慮しながら保育を進めていきたいですね。音楽をかけたり、使い慣れた玩具を用意したりして、親しみのある環境づくりを心掛けていきましょう。

▲▼▲▼▲▼▲▼▲▼▲▼ 保育のポイント ▲▼▲▼▲▼▲▼▲▼▲▼

生活

子どものペースに合わせて

　3歳児クラスになり、トイレや午睡の場など、様々な環境が変わってきます。入園した子どもは家庭との違いに戸惑う場面もあるでしょう。ロッカーやトイレの使い方など、保育者が知らせたり、手伝ったりして丁寧に伝えていきたいですね。時間にゆとりをもち、子ども一人ひとりのペースで進めていけるようにしていきましょう。

興味・関心

春の自然にふれて

　暖かな日差しの中、園庭の草花を見るなどして春を感じたり、体を動かして遊ぶ気持ちの良さを体感したりするなど春の自然にふれる機会をつくっていきたいですね。身近な草花や虫などを保育環境に取り入れていきましょう。

友達や保育者との関わり

保育者や友達に親しみがもてるように

　保育者と一緒に生活していく中で、少しずつ緊張した心もほぐれ、好きな遊びを楽しめるようになってきます。子どもの名前を呼んだり、触れ合って遊んだりしながら親しみがもてるようにしていきましょう。また、朝や食事の前の挨拶など、保育者が率先して手本を見せ、生活に必要な言葉を伝えていきましょう。その折には家庭にも協力をお願いし、園・家庭双方で実践できるようにしていきたいですね。

保育園・認定こども園

4月の計画

クラス作り

進級・入園した喜びや不安な気持ちを受け止めながら、一人ひとりに丁寧に関わり安心して過ごせるようにしていきたい。また、戸外で春の自然にふれたり、保育室で興味をもった玩具で遊んだりして、好きな遊びを楽しめるようにしたい。

	今月初めの幼児の姿	ねらい	幼児の経験する内容(指導内容)
生活	●進級・入園したことを喜んでいる子もいるが、不安そうにしている子もいる。 ●着替えや片付けなど、簡単な身の回りのことを保育者と一緒にしようとしている。	●喜んで登園し、保育者に親しみをもつ。	●保育者と触れ合ったり、一緒に遊んだりする。 ●挨拶をしたり、名前を呼んでもらったりして保育者に親しみ、園での生活を楽しみに登園する。
興味・関心	●戸外で体を動かして遊ぶことや砂遊びを楽しんでいる。 ●新しい玩具や固定遊具で遊ぶことを楽しんでいる。	●新しい生活の仕方を知り安心して過ごす。	●自分のロッカーや靴箱などの場所を知り、保育者と一緒に身の回りのことをしようとする。 ●手洗い、食事、排せつ、衣服の着脱などの生活の仕方を知り、保育者に手伝ってもらいながらしようとする。 ●保育者や友達と一緒に食事をする。
友達や保育者との関わり	●気の合う友達と遊ぶ姿が見られるが、玩具の取り合いも見られる。 ●保育者とボールで遊んだり追い掛けっこをしたりしている。	●好きな玩具、場所を見つけて遊ぶことを楽しむ。 ●身近な春の自然に親しむ。	●園庭や固定遊具での安全な遊び方を知る。 ●興味を持った玩具、場所で繰り返し遊ぶ。 ●保育者や友達と一緒に、春の歌をうたったり、手遊びをしたりする。 ●園庭で草花を摘んだり、虫を見つけたりして遊ぶ。

家庭・地域との連携

■登降園時や連絡帳などで家庭の様子を聞いたり、園での姿を伝えたりして保護者が安心できるようにする。
■園便り・クラス便りの他、日中の様子をコメントを添えた写真で紹介するなど、園での様子をより具体的に伝えるようにする。

■保護者会では、子どもの成長の見通しを伝えるとともに、1年間の行事や活動予定を知らせていく。また、ふだん会うことのない保護者同士の親睦を図り、情報交換の場となるようにする。

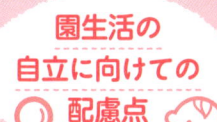

園生活の自立に向けての配慮点

●は健康・食育・安全、
★は長時間にわたる保育への配慮、
♥は保育者間のチームワークについて記載しています。

● 園庭や固定遊具の遊び方や約束を子どもたちに知らせ、安全に遊べるようにする。
● 一人ひとりの適量を把握し、給食の量を調節しながら、楽しく食事できるようにする。
★ 親しんでいる玩具を用意したり、ゆったりできるスペースを用意したりして、落ち着いた雰囲気の中で過ごせるようにする。
♥ 一人ひとりの健康状態、アレルギーの有無、対応の仕方など、全職員で情報を共有する。

指導計画　4月の計画 保 こ

要領・指針につながるポイント

✳ 明るく伸び伸びと行動し充実感を味わう

子どもが、伸び伸びと生活をする中で自分から環境に関わり自己を発揮できるようになるには、様々な場面で受け入れられているという安心感や安定感をもてる生活があることが大切です。まずは、一人ひとりの子どもの気持ちを受け止め、援助をしていきましょう。（参考：領域「健康」）

環境と援助・配慮

安心して過ごせるように

● 登園時には、一人ひとりの名前を呼び掛けて笑顔で挨拶し、丁寧に受け入れをする。
● 手をつないで触れ合ったり、一緒に遊んだりして保育者に親しみがもてるようにする。
● 不安そうな子や、元気そうに見えても我慢している子もいるので、一人ひとりの表情やしぐさを見逃さないようにする。
● 園生活が楽しい雰囲気になるよう、室内を装飾する。

新しい生活に慣れるように

● ロッカー、靴箱、タオル掛けの場所には個人のマークを付け、自分の場所が分かるようにする。
● 朝の支度やトイレの使い方などが分かるよう、個々の状態に合わせ丁寧に知らせる。
● 朝や帰りの支度は保育者に手伝ってもらったり見守ってもらったりする中で、子どもが自分のペースで行なえるよう時間の余裕をもつ。
● 落ち着いて食事できるように食事の場所を決めたり、一人ひとりの食事量を調節したりする。

好きな遊びが見つけられるように

● 子どもたちの興味や発達に合った玩具や遊具をいつも同じ場所に用意しておく。
● 子どもの視線や動線を考慮して、落ち着いて遊べるコーナー（ままごと、絵本 など）を設置する。
● 保育者も一緒に遊びながら、一人ひとりの興味を捉え、それぞれが好きな遊びを見つけられるようにする。

春の自然に親しんで

● 戸外で一緒に遊びながら子どもが発見したものに共感したり、それを遊びに取り入れたりして、春の自然に親しんでいく。
● サクラの花びらが舞う様子やこいのぼりが風に泳ぐ様子を捉え、春の風の心地良さが感じられるようにする。

反省・評価のポイント（自己評価にもつながる）

★ 好きな玩具や遊びを見つけて、遊ぶことができたか。
★ 春の自然に親しむことができたか。
★ 新しい環境や保育者に慣れ、安心して過ごせるような援助ができたか。

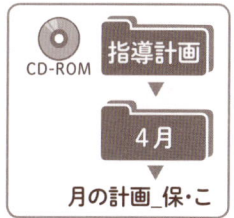

CD-ROM　指導計画 ▶ 4月 ▶ 月の計画_保・こ

幼稚園・認定こども園

4月の計画

クラス作り

園生活を楽しみにして、元気にスタートできる子どももいれば、不安や緊張から、慣れるまでに時間のかかる子どももいる。初めての出会いを大切に、一人ひとりと丁寧に向き合い、温かな雰囲気になるよう心掛けたい。また、子どもたちが、新しい環境で安心して過ごせるようにしていきたい。

	今月初めの幼児の姿	ねらい	幼児の経験する内容(指導内容)
生活	●張り切って登園する子ども、不安で泣いて保護者から離れられない子ども、緊張した表情で過ごす子どもなど、様々な姿が見られる。	●喜んで登園し、友達や保育者に親しみをもって園生活を楽しむ。	●自分のクラスの名前や担任保育者の名前を知る。 ●保育者に親しみをもち、一緒に遊ぶ。
興味・関心	●身の回りのことを、自分でしようとする子どもや、保育者にやってもらおうとする子どもなど、個人差が大きい。 ●ままごとやブロックなど家庭にある物と同じ玩具で遊んだり、初めて見る玩具や遊具に興味をもち、使ってみようとしたりしている。	●園生活の仕方が分かり、安心して過ごす。	●保育者や手伝い役の5歳児と共に、靴やカバンなどを、自分のマークの付いた場所にしまう。 ●靴の履き替え、排せつ、手洗い場の使い方など、簡単な身の回りの生活の仕方を知る。 ●遊具の安全な使い方を知る。
友達や保育者との関わり	●保育者のする紙芝居や、うたう歌などを、楽しそうに見たり、聞いたりしている。	●好きな玩具や遊具、場所などを見つけて、遊ぼうとする。	●気に入った場所や玩具で遊ぶ。 ●砂や粘土などの感触を楽しみながら遊ぶ。 ●保育者や友達と一緒に、歌をうたったり、絵本や紙芝居などを見たりする。
		●身近な生き物や、春の自然に親しむ。	●園庭の春の草花や虫を見つける。 ●園で飼っている小動物を、保育者と一緒に見たり、エサをやったりする。

家庭・地域との連携

■ 一人ひとりの子どもの様子を、登降園時の話や連絡帳などで伝えたり、家庭での様子を聞いたりする。
■ 排せつに関しては、紙パンツの子どもや洋式トイレしか経験のない子どもへの配慮と対応を、保護者と伝え合う。

■ クラス懇談会やクラス便りなどでは、子どもたちの楽しそうな様子が保護者に伝わるように、具体的なエピソードを交えながら話したり書いたりする。また、担任や保護者同士も自己紹介をするなどし、保護者が安心し、園への信頼感をもってもらえるようにしていく。

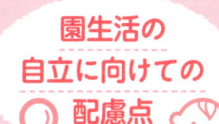

園生活の自立に向けての配慮点

●は健康・食育・安全、
★は長時間にわたる保育への配慮、
♥は保育者間のチームワークについて記載しています。

♥ 健康面（体質、アレルギー など）や個々の特性で配慮を必要とする子どもについては、保育者全員で情報を共有しておく。

● トイレでの排せつがスムーズにできない子どもには、様子を見ながら援助していく。

★ 入園直後の長時間保育では、個人差を配慮しながら、少人数で落ち着いて過ごせる場や、休息できる場などを用意し、家庭のように安心して過ごせる雰囲気をつくる。

要領・指針につながるポイント

✿ 園生活を楽しみ、自分の力で行動することの充実感を味わう

初めての幼稚園生活が始まり、先生や友達、新しい玩具や園庭など、様々な環境にふれ、わくわくする気持ちと、ちょっぴり不安な気持ちがあることでしょう。楽しく遊んだり、先生と触れ合って安心して過ごしたりしながら「あーおもしろかった」、「幼稚園大好き」と思えるようにしていきましょう。（参考：領域「人間関係」）

環境と援助・配慮

楽しみに登園できるように

● 保育者に親しみをもち、明るい気持ちで登園できるように、一人ひとりの名前を呼びながら、笑顔で挨拶をしたり、スキンシップをとったりする。

● 家庭で遊び慣れている玩具や、興味をもちそうなぬいぐるみや絵本などを用意し、新しい環境でも安心して過ごせるようにする。

園生活の仕方が分かるように

● 身の回りのことや排せつに関しては、個人差があるので、保育者全員で連携を取り合い、個々のペースに寄り添って援助していくようにする。

● 靴箱やロッカーなどには、分かりやすい個人のマークを付けておき、自分の場所がすぐに分かるようにしておく。

● 園生活の仕方や約束事、園庭の遊具の安全な使い方などは、具体的な場面を捉えて声を掛けたり、ペープサートやパペットなどを使って分かりやすく説明したりしながら、繰り返し伝えていく。

好きな遊びが見つけられるように

● 好きな遊びを見つけやすいように、玩具を使いやすく置いておく。また、同じ玩具を使いたい子同士でトラブルにならないように、数を多めに用意しておく。

● 砂や粘土などに触れ、感触を楽しみながら遊べるようにする。

● 園で飼っているウサギやモルモットなどを、保育者と一緒に見たり、エサをやったりすることで、子どもが和やかな気持ちで過ごせるようにする。

● 絵本や紙芝居を見たり、親しみやすい手遊びなどを保育者と一緒にしたりすることで、園で友達と一緒に過ごす時間が楽しいと感じられるようにしていく。

春の自然に親しんで

● 園庭に咲いている草花を保育者と一緒に見たり、小さな虫を見つけたりしながら、春の自然にふれて楽しめるようにしていく。

自己評価にもつながる

反省・評価のポイント

★ 園生活を楽しみにして、元気に登園することができたか。
★ 保育者や友達に親しみをもち、安心して過ごしていたか。
★ 好きな遊びを見つけて、楽しんでいたか。

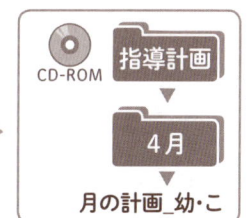

CD-ROM 　指導計画　▼　4月　▼　月の計画_幼・こ

今週の予定

● 春の全国交通安全運動

週の初めの幼児の姿

● 進級を喜び、新しい保育室で遊んだり生活を楽しんだりしているが、中には不安な気持ちの子どももいる。
● 新しい保育者と楽しく遊んでいる。
● 戸外で体を動かして遊ぶことを楽しんでいる。

ねらい（●）と内容（・）

● 新しい場所や生活に慣れる。
● 保育者と触れ合いながら、親しみをもつ。
● 保育室の玩具や遊具に興味をもった遊びを楽しむ。
・ 保育者に援助されながら、新しい保育室の生活に少しずつ慣れる。
・ 担任保育者に親しみをもち、名前を覚えたり、一緒に遊んだりする。
・ 保育者と一緒に遊んだり、興味をもった遊びを楽しんだりする。

具体的な環境（◆）と保育者の援助（＊）

◆ ロッカー、靴箱、タオル掛けに個人のマークを貼り、子どもにも保護者にも分かりやすくする。
＊ 登園時に一人ひとりに声を掛け、安心して入室し生活できるようにする。
＊ 保育者と一緒に行ないながら、登園時の支度や生活の仕方を知らせていく。
＊ 不安そうな子どもや緊張している子どもには優しく声を掛けたり、手をつないだり、抱っこしたりするなどのスキンシップを図りながら安心できるようにする。
◆ 2歳児クラスのときに親しんでいた玩具なども手に取りやすいように置いておく。
＊ 保育者が一緒に遊んだり話し掛けたり、時には見守ったりして、遊びを楽しめるようにする。
＊ 新しい玩具への興味から片付けずに次々と出す姿が見られるので、保育者が玩具を整理するなどして好きな遊びが見つけられるようにしていく。
＊ 子どもの親しんでいる歌を楽しくうたう。
（♪：『せんせいとおともだち』『チューリップ』）
◆ 食事の席を決め、落ち着いて食べられるようにする。
＊ 食事の量の調整をしながら、無理なく食べられるようにする。

○○くんのマークのところね

◆ 幼児クラスのトイレは、ドアが付いたり便座の大きさが変わったり、サンダルを使用したりすることもあるので、その都度使い方を説明したり、不安にならないようにそばに付いて見守ったりしていく。
＊ 生活の範囲が広がるので、他クラスの保育者と連携を取りながら安全に過ごせるようにする。
◆ 天気の良い日はなるべく外に出て遊ぶようにする。
◆ 戸外で遊び、開放感を味わう。

自己評価にもつながる

反省・評価のポイント

★ 保育者に親しみをもって過ごしていたか。
★ 自分の好きな遊びを見つけて遊んでいたか。
★ 一人ひとりのペースで新しい生活や環境に少しずつ慣れていけるような援助ができたか。

4月 2週の計画

4/10(月)～15(土)

今週の予定
● 進級・入園祝い会

前週の幼児の姿

● 進級や入園を喜ぶ子どもが多いが、登園時に泣いている子どももいる。
● 新しい玩具やコーナーで遊ぶことに少しずつ慣れてきている。
● 興味から保育室を出ていろいろな所に行く子どもも見られる。

● 保育者と一緒に遊びながら、親しみをもつ。
● 友達と好きな遊びを楽しむ。
● 園庭などで遊びながら、春の自然にふれる。
・ 新しい環境や保育者に親しみながら遊ぶ。
・ 少しずつ友達と一緒に遊んだりする。
・ 春の草花に触れたり、虫を見つけたりする。

＊ 登園時は一人ひとりと笑顔で挨拶し、同じ目線で話し掛け、安心できるようにする。
＊ 不安が見られる子には、スキンシップを図りながら、気持ちを落ち着かせていく。
＊ 自分で身の回りのことをしようとしている気持ちを大切にしながら、褒めたり、できないところは手伝ったりする。
＊ トイレの使い方などを繰り返し伝えていく。失敗してしまったときには、保育者がスムーズに対応できるようにしておく。

＊ 固定遊具(すべり台、ジャングルジム、砂場 など)の使い方を知らせ、安全に遊べるようにそばにつき見守る。
◆ 身近な草花に一緒に触れてみたり、サクラの花びらを砂遊びのときに使ったり、また花吹雪を見たりして楽しむ。
＊ 花壇や園庭で一緒にダンゴムシやアリ探しをして、発見に喜んだり、驚いたりして共感していく。
＊ 安全に遊べるように遊具の置いてある場所や使い方を知らせる。できるだけ、数も豊富に準備しておく。

◆ 好きな遊びが十分に楽しめるように、興味をもっている遊びのコーナーをつくり、玩具などを取り出しやすくしておく。(ままごと、ブロック、描画 など)
＊ 落ち着いて遊べるように見守りながら、遊びが見つけられない子には誘い、一緒に遊ぶ。
＊ ままごとを一緒にしたり、絵本を読んだりして、保育者に親しみをもてるようにしていく。
＊ 進級・入園祝い会に参加し、知っている歌をうたったり、手遊びを楽しんだりする。
(♪:『せんせいとおともだち』『あくしゅでこんにちは』『キャベツの中から』)

反省・評価のポイント

自己評価にもつながる

★ 新しい環境や保育者に親しみ遊んでいたか。
★ 友達と好きな遊びを楽しめるような援助はできたか。
★ 春の自然にふれ、楽しんでいたか。

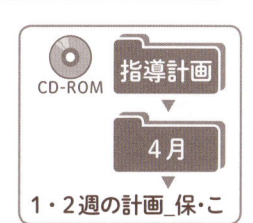

CD-ROM　指導計画　▼　4月　▼
1・2週の計画_保・こ

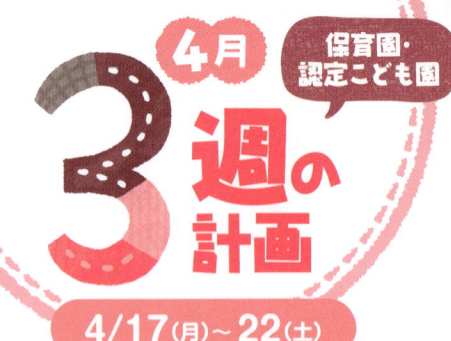

3 週の計画

4月 保育園・認定こども園

4/17(月)〜22(土)

今週の予定
- 保護者会、身体計測、避難訓練

前週の幼児の姿

- 園庭で固定遊具や砂遊びを楽しんでいる。
- 新しい環境にも慣れてきて、少しずつ身の回りのことができるようになってきている。
- 春の自然にふれながら好きな遊びを楽しんでいる。

ねらい（●）と内容（・）

- 新しい環境や保育者に慣れ、安心して過ごす。
- こいのぼりを見るなどして、こどもの日に興味をもつ。
- 戸外で遊んだり、春の自然にふれたりすることを楽しむ。
- 生活に慣れ、保育者と一緒に遊んだり身支度をしたりする。
- こいのぼりを見たり、こいのぼりの歌をうたったりする。
- 園庭を探索したり、虫や草花に触れて遊んだりする。

具体的な環境（◆）と保育者の援助（＊）

- ＊ 身の回りのことを自分でしようとする気持ちを大切にしながら、生活に見通しがもてるようなことばがけをする。
- ＊ 食事の量や苦手な食材を調節しながら、楽しい雰囲気で食べられるようにする。
- ◆ 園庭に飾られたこいのぼりを見たり、歌をうたったり、こどもの日のことを話したりする。
- ＊ 風に泳ぐこいのぼりを見つけ、吹く風の心地良さを感じたり、こいのぼりの大きさの違いに興味をもったり気付いたりできるようなことばがけをする。
- ◆ ゴザを敷いてコーナー作りをしたり、砂場の遊具や用具をそろえたりして楽しめるようにしておく。
- ◆ 室内では、遊ぶ場所や子どもたちが取り出しやすい位置に遊具を置き、楽しめるようにする。
- ＊ 戸外では、虫を見つけたり、花を触ったりして春の自然に親しめるようにする。
- ＊ 砂遊びでは、一緒に山を作ったり、型抜きで楽しんだりする。
- ＊ 砂の感触が苦手な子には無理をさせず、好きな遊びができるようにする。

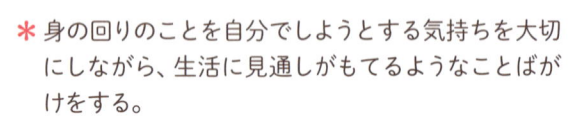

おいしそう

- ＊ 保育者が鬼になり、追いかけっこをして体を動かして遊ぶ。
- ◆ 火事、地震のときは非常ベルが鳴ることを伝え、怖がらないようにしていく。ベルが鳴ったら、保育者の所に集まることを伝える。
- ＊ 地震のときに頭を守るダンゴムシのポーズや、「おかしも」（おさない、かけない、しゃべらない、もどらない）の約束を知らせていく。

反省・評価のポイント

自己評価にもつながる

- ★ 簡単な身の回りのことを保育者と一緒にして、安心して過ごしていたか。
- ★ 草花に触れ、遊びを楽しんでいたか。
- ★ こどもの日に興味がもてるような援助ができたか。

4月 保育園・認定こども園 4週の計画

4/24(月)〜29(土)

今週の予定
● 誕生会、昭和の日

前週の幼児の姿
● 好きな玩具や遊びを見つけて遊ぶ姿が多くなっているが、疲れが出始めて保育者と離れられなくなる姿も見られる。
● 園に飾ってあるこいのぼりやかぶとを保育者と一緒に見て喜んでいる。

● 生活の仕方や流れがある程度分かり、安心して過ごす。
● 戸外で体を動かして遊んだり春の自然にふれたりすることを楽しむ。
● こいのぼり作りを楽しむ。
・ 保育者に見守られながら、簡単な身の回りのことを自分でやろうとする。
・ 固定遊具や追いかけっこで体を動かしたり、草花や虫を見つけたりする。
・ 保育者や友達と一緒に、思い思いにこいのぼりを作る。

✳ 園生活に慣れてくる一方で、心身の疲れが出てくる時期なので、家庭での様子を聞きながら子どもの様子を把握する。
✳ 簡単な身の回りのことを自分でしようとする気持ちを受け止めて見守ったり、できた喜びに共感したり、難しいところはさりげなく手伝ったりする。
✳ 困ったことやしてほしいことなどの子どもたちからのサインをしっかりと受け止め、安心して自分の思いを出せるようにする。
◆ 自由に使える草花を確認しておく。
✳ 園庭で草花を使っての見立て遊びを保育者も一緒に楽しむ。
✳ 固定遊具の使い方は、その都度丁寧に知らせ安全に遊べるようにする。
✳ 戸外では保育者と追いかけっこをしたり固定遊具で繰り返し遊んだりする中で、体を動かして遊ぶことが楽しいと思えるようにする。
◆ あらかじめ保育者が作ったこいのぼりを保育室に飾っておき、製作に期待がもてるようにする。

◆ こいのぼりの形に切った障子紙・水性フェルトペン・筆など製作に必要な物を準備する。障子紙は人数分より多めに用意しておく。
✳ 水性フェルトペンやのりの使い方は、保育者が見本を見せ丁寧に知らせていく。
✳ できあがったこいのぼりにひも（スズランテープ、麻ひも）を通して保育室に飾り、できあがった喜びが感じられるようにする。
（♪:『こいのぼり』、手遊び:『木登りコアラ』、📖:『とべとべこいのぼり』）

順番にね

反省・評価のポイント

自己評価にもつながる

★ 生活の仕方や流れがある程度分かり、安心して過ごせるような援助ができたか。
★ 戸外で体を動かしたり、春の自然にふれたりすることを楽しんでいたか。
★ こいのぼり作りを楽しめるような環境構成や製作の準備ができたか。

CD-ROM → 指導計画 → 4月 → 3・4週の計画_保・こ

4月 1週の計画

4/1（土）〜 8（土）

今週の予定

● 入園式、春の全国交通安全運動

週の初めの幼児の姿

● 園生活を楽しみにしてくる子ども、不安で泣く子ども、保護者から離れることを嫌がる子どもなど様々な姿が見られ、個人差が大きい。

● 園にある遊具や玩具に興味をもち喜んで遊ぼうとする子どもと、周りの様子を見ている子どもがいる。

ねらい（●）と内容（・）

● 園生活を楽しみに登園する。

● 自分のクラスや担任、保育者の名前、自分の個人マークを知り、安心して過ごす。

・ 自分の好きな玩具や遊具で遊ぶ。

・ 保育者と一緒に歌をうたったり手遊びをしたりする。

・ 自分のクラスやマーク、担任保育者の名前を知る。

具体的な環境（◆）と保育者の援助（＊）

入園前の準備

＊ 入園願書などの書類を見て、健康面（体質・アレルギー など）や個々の特性で配慮を必要とする子どもなど、担当する子どものことを一人ひとりまとめておく。また、園全体で把握し、安全に過ごせるようにする。

＊ 遊具の使い方について、職員間で確認し合い、時期に応じて安全に遊べるように打ち合わせしておく。

◆ 靴箱、ロッカーなどに親しみやすい個人のマークを付けておき自分の場所が分かるようにする。

＊ 笑顔で声を掛けながら親しみやすい雰囲気を心掛け、子どもと保護者を受け入れる。「○○組の○○先生です。困ったことがあったら教えてね」など親しみを込めて自己紹介をしたり、「○○くん、よろしくね」と言いながら名札を付けたりして、担任保育者に親しみがもてるようにする。

◆ 入園式に安心して参加できるように温かい雰囲気をつくり、また、知っている歌や手遊びを取り入れるなどして楽しく参加できるようにする。
（♪：『グーチョキパーでなにつくろう』『チューリップ』）

◆ 保護者と離れることを嫌がる子どもには、保護者に保育室内の後ろの方でイスに座ってもらい、安心して参加できるようにする。

＊ 不安で泣く子どもには、気持ちを受け止めたり、スキンシップをとったりして安心感がもてるようにする。

＊ 一人ひとりに声を掛けたり一緒に支度をしたりしながら、園生活の仕方を知らせていく。

◆ 保育室にはブロック、人形、ままごと、電車などを、数を多めに用意し、すぐに遊び出せるようにしておく。

＊ 一人ひとりの好きな物や興味のある物、安心する物や場所を一緒に遊びながら把握し、園生活に期待がもてるようにする。また、それぞれのありのままの姿やしていることを受け止めることで信頼関係づくりに努める。

反省・評価のポイント

自己評価にもつながる

★ 喜んで登園し安心して過ごしていたか。

★ 保育者に親しみを感じ、園生活を始められたか。

4月 2週の計画

幼稚園・認定こども園

4/10(月)〜15(土)

今週の予定

● 進級・入園祝い会

前週の幼児の姿

● 入園式を終え、園生活を楽しみに登園してくる子ども、まだ少し不安そうな表情の子ども、受け入れ時に保護者となかなか離れられない子どももいる。

● 自分の好きな玩具や遊具を見つけて遊ぶ子ども、周りの様子を見ている子ども、遊びが見つけられない子どもがいる。

● 保育者に親しみをもち、安心して過ごす。

● 園生活の仕方を知り、保育者に手伝ってもらいながら一緒に行なおうとする。

・保育者と一緒に遊んだり、話をしたりする。

・保育者や5歳児と一緒に身の回りのことをしながら園生活の仕方を知る。

・好きな玩具や遊具、安心する場所などを見つけて遊ぶ。

＊ 登園時、一人ひとりに笑顔で挨拶をして迎え、優しく声を掛けたりスキンシップを取ったりしながら安心感がもてるようにする。

＊ 保護者となかなか離れられないときには、無理に離さず、一緒に身支度をしてもらったり、安心して遊べるように室内の後ろの方で座って見ていてもらったりする。また、様子を見て声を掛け、徐々に安心して離れられるようにしていく。

◆ 身の回りの手順が分かりやすいようにイラストやパペットなどで示し、保育者や5歳児と一緒に取り組みながら自分でもやってみようという気持ちがもてるようにする。

＊ 「○○ちゃんはゾウのマークだね」など声を掛けながら、かばんやタオル、ロッカーなど、自分の持ち物を置く場所が分かるようにする。

◆ 身支度を終えた子どもからすぐに遊び出せるように、ブロックやままごとなどを出しておき、楽しい雰囲気の環境を構成しておく。

◆ なかなか遊びが見つけられない子どもには、興味のありそうな絵本や玩具を近くに置いたり、「ウサギさんにエサをあげようか」と声を掛けたりしながら遊びのきっかけをつくる。

＊ 排せつに関しては、遊びの途中や集まりの前など、保育者が時間を見て全体や一人ひとりに声を掛けて誘い、トイレの使い方に慣れていくようにする。
（また、紙パンツの子どももいるので、保護者と話し合いながら徐々にパンツに移行できるように連携していく）

＊ 降園前は、子どもが親しみをもてる手遊びや歌をうたったり、絵本を読んだりして、保育者と過ごすことを楽しみにできるようにする。
（♪：『まあるいたまご』『はじまるよ はじまるよ』『ぞうさん』、📖：『たまごのあかちゃん』『ぞうくんのさんぽ』）

◆ 進級・入園祝い会では、4歳児クラスや5歳児クラスと一緒に、知っている歌や手遊びをしたり、保育者が簡単な寸劇で園生活の仕方を知らせたりするなど、興味をもち楽しく参加できるようにする。

反省・評価のポイント

自己評価にもつながる

★ 保育者に親しみをもち、一緒に遊んだり触れ合ったりして安心して過ごせていたか。

★ 自分の身の回りのことや排せつの仕方を知り、保育者や5歳児と一緒に行なおうとしていたか。

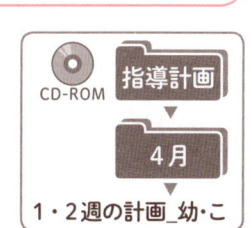

CD-ROM　指導計画 ▶ 4月 ▶ 1・2週の計画_幼・こ

今週の予定

● 保護者会、身体計測、避難訓練

前週の幼児の姿

● 身支度や手洗い・うがいなど身の回りのことを保育者に手伝ってもらいながら行なっている。

● 園生活が日ごとに楽しくなってきて、気に入った遊びを繰り返し楽しんでいる。

● ウサギやモルモットの様子を見て楽しんでいる。

ねらい（●）と内容（・）

● 簡単な身の回りのことを保育者と一緒に行なおうとする。

● 好きな遊びや玩具、場などを見つけて、安心して過ごす。

・ 保育者と一緒に身支度や手洗い・うがい、排せつなどをする。

・ 保育者と一緒に電車遊びやままごとなどをして遊ぶ。

・ 保育者や友達と一緒に歌をうたったり絵本を見たりする。

具体的な環境（◆）と保育者の援助（＊）

＊ 朝や帰りの身支度の際に、手洗い・うがいの様子を見ながら、一人ひとりに応じて手伝ったり、褒めたりして、自分でしようとする気持ちをもてるようにする。

◆ 視覚的にも分かりやすいように、並び方や手洗い・うがいの仕方などをイラストにして水回りの所に貼ったり、ビニールテープを貼って並ぶ位置を示しておいたりする。

＊ みんなで電車のようにつながったり、歌をうたったりするなどして、トイレに行く時間が安心で楽しい雰囲気になるように工夫をする。

＊ 事前に避難訓練があることやサイレンが鳴ることを知らせ、どのようなことをするのかを伝え、みんなで防災ずきんをかぶったり机の下に入ったりして、不安をあまり感じないようにする。

◆ 初めての身体計測では、脱いだ衣服をまとめられるようにかごを準備したり、興味がもてるように計測器具で保育者が測るまねをして見せたりする。

◆ ままごとの場所には人形や食べ物を、線路を描いた大きな紙の上には玩具の電車を置くなどして、遊び始めやすいようにしておく。

＊ 天気の良い日には砂場に誘い、穴を掘ったりカップに砂を入れたりして感触の心地良さを感じられるようにする。

◆ 汚れた手を洗えるように手洗い用バケツやタオル、雑巾などを準備しておく。

◆ 人形やおんぶひも、電車、砂場用玩具など、子どもが手に取りそうな物を想定して多めに用意しておく。

＊ 一人ひとりの様子を把握し、興味をもちそうな遊びや玩具に誘ったり、一緒に遊んだりして子どもが「楽しいな、また遊びたい！」と感じられるようにする。（📖：『でんしゃにのって』、♪：『とんとんとんとんひげじいさん』『チューリップ』『グーチョキパーでなにつくろう』）

反省・評価のポイント

自己評価にもつながる

★ 身支度の仕方や生活の流れなどがおおよそ分かり、保育者と一緒に行なおうとしていたか。

★ 好きな遊びや場を見つけて、安心して過ごしていたか。

4月 4週の計画

4/24(月)～29(土)

今週の予定
● 誕生会、昭和の日

前週の幼児の姿
● 好きな遊びや玩具などを見つけて遊ぼうとする子どもが増えている一方、保育者のそばにいることで安心して過ごす子どももいる。
● 気に入った手遊びや歌を繰り返しうたうことを喜んでいる。
● 園庭に揚がったこいのぼりを見て喜んでいる。

● 保育者に手伝ってもらいながら簡単な身の回りのことを行なおうとする。
● 好きな遊びや玩具などを見つけて楽しむ。
● 戸外で虫を見つけたり草花を見たりして、身近な自然に親しむ。
・ 保育者に手伝ってもらいながら身支度や排せつなどをしようとする。
・ ままごとや砂遊び、ブロックなど好きな遊びや玩具を見つけて遊ぶ。
・ 保育者と一緒にダンゴムシを見つけたり、園庭の草花を見たりして楽しむ。

＊ 身の回りのことや排せつなどを自分でしようとする姿を認めたり褒めたりしながら励まし、意欲につなげていくようにする。また個々に応じて手伝うなどする。

＊ 一人ひとりの動きや様子を丁寧に見て、遊びに誘ったりスキンシップを図ったりし、信頼関係を築くようにする。

◆ 粘土やクレヨン、絵を描く紙など遊びの場や教材、玩具の種類などを少しずつ増やし、使い方を知らせながら子どもの好きな遊びが広がるようにする。

＊ 初めての誕生会が楽しみになるように、誕生児の名前を呼んだり、歌をうたって聞かせたり、会の流れを簡単に話したりする。

◆ こいのぼりを作る材料（こいのぼりの形に切った紙、シール、クレヨン など）を出しておき、自分のこいのぼりを作ることに興味がもてるようにする。

＊ できあがったこいのぼりはひもに通して園庭で泳がせ、その様子を子どもが見られるようにする。または、紙を丸めた棒に付けて、子どもが持って遊べるようにしたり、壁に飾ったりする。

◆ 入園当初の3歳児の探索行動の広がりを想定して、園内外の遊具の安全確認を行なう。また4・5歳児の力も借りながら、安全な楽しみ方を繰り返し伝えていく。

＊ 戸外の遊びにも興味がもてるように、4・5歳児が見つけたアリやダンゴムシ、オタマジャクシを見たり、自分たちでも探してみようと探検したりする。
（□：『タンタンのぼうし』、♪：『こいのぼり』『たんぽぽぽ』）

自己評価にもつながる

反省・評価のポイント
★ 保育者に手伝ってもらいながら簡単な身の回りのことをしていたか。
★ 気に入った遊びや場が見つかり、楽しく過ごしていたか。
★ 虫や花など身の回りの生き物や自然物に触れて楽しんでいたか。

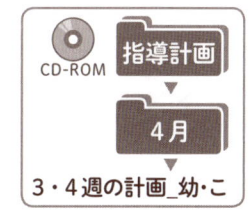

CD-ROM

指導計画
▼
4月
▼
3・4週の計画_幼・こ

4月 日の計画

保育園・認定こども園

4/25(火)

ねらい
- 好きな遊びを楽しみにして、登園する。
- こいのぼり作りを楽しむ。

内容
- 自分の好きな遊びをする。
- 思い思いの模様を描き、水でにじませ、色や形が変わることを楽しむ。

指導計画
4月 日の計画 保 こ

環境を構成するポイント	予想される幼児の活動	保育者の援助
● 登園したら、好きな遊びが楽しめるように、玩具や絵本を準備しておく。 ● 障子紙をこいのぼりの形に切っておく。水性フェルトペン、筆と水を入れた容器を準備する。目玉用に丸のシールを準備する。 ● 棚に新聞紙を敷き、乾かしやすいように準備しておく。 ● できあがった障子紙を半分に折りしっぽ型に切り仕上げる。 ● 画用紙を丸めて芯にし、障子紙の間に入れ立体的にする。 ● こいのぼりの芯の輪のところにひもやリボンを通して仕上げて飾る。	● 登園する。 ● 朝の支度をする。 （連絡帳を出したり、タオルやカバンを掛けたりする） ● 好きな遊びをする。 （ままごと、ブロック、描画 など） ● 片付けをして集まる。 ● みんなで園庭のこいのぼりを見る。 ● 部屋に入ってこいのぼりを作る。 ● 障子紙に水性フェルトペンで好きな模様を描く。描いたペンの上を水を含ませた筆でなぞり、にじんでいろいろな形に変化するのを楽しむ。 ● 十分に乾いたら、丸シールで目玉を貼り、仕上げる。 ● 手洗い・排せつをして園庭に出て好きな遊びをする。 ● 片付けて入室し、手洗い、うがいをする。 ● 昼食をとる。 ● 午睡をする。 ● 排せつ・手洗いをしておやつを食べる。 ● できあがったこいのぼりを互いに見合う。 ● 降園準備をする。 ● 好きな遊びをする。 ● 降園する。	● 声を掛けながら受け入れ、健康観察や連絡帳の確認をする。 ● 自分でやろうとする気持ちを大切にし、できないところはさりげなく援助していく。戸惑っている子には声を掛け、一緒にする。 ● 保育者と一緒に遊びながら、楽しむ。 ● 園庭のこいのぼりを見て「みんなもこいのぼりを作ろうか」と誘いながら、興味をもって参加できるようにする。 ● イメージが湧くように、見本を作っておく。 ● 4〜5人を順に誘いながら少人数で製作する。やっていない子どもには静的な遊びを設定しておき、好きな遊びをして楽しめるようにしておく。 ● トイレには必ずついて行き、使い方を知らせたり見守ったりする。 ● 食事の量に注意し、食べ切れた満足感を味わえるように調節する。 ● 午睡中にこいのぼりにリボンを通して仕上げ、部屋に飾っておく。 ● できあがったこいのぼりを見て喜びを共感する。

反省・評価のポイント

自己評価にもつながる

★ 好きな遊びを思い思いに楽しんでいたか。
★ こいのぼりに興味をもって作ることを楽しめたか。
★ こいのぼりに興味をもち、製作を楽しめるような援助ができたか。

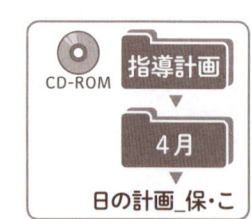

CD-ROM　指導計画 ▼ 4月 ▼ 日の計画_保・こ

5月

今月の保育

園生活が楽しいものとなるように

子どもたちの多くは保育者や友達と遊ぶことを楽しみに登園してくる姿が見られますが、連休明けは登園を渋ったり、不安になったりする子どももいます。一人ひとりを温かく見守り、遊び慣れた玩具を子どもの取り出しやすい場所に置いたり、数をそろえたりして好きな遊びを十分に楽しめるようにしていきましょう。連休中の出来事の話を聞いたり、戸外で元気に遊んだり、保育者や友達とふれあいながら園生活を楽しいものにしていきたいですね。

保育のポイント

生活

時間にゆとりをもって

園生活の仕方や流れにも徐々に慣れ、保育者に手伝ってもらいながら簡単な身の回りの始末をしたり、遊びを楽しんでいたりする姿が見られます。連休明けには1日の生活リズムを取り戻せるように、時間にゆとりをもち、活動が変わるときには前もって知らせるなどして、安心して生活が送れるようにしていきたいですね。

興味・関心

草花や砂・虫などに親しみをもてるように

吹く風が爽やかで、戸外活動が気持ちの良い季節です。積極的に戸外へ出て、生き物や草花を見たり、触れたりしながら興味・関心をもてるようにしていきましょう。砂や土・粘土など遊びを通して感触を味わっていきたいですね。

友達や保育者との関わり

保育者や友達とふれあう楽しさを感じられるように

自分の遊びたい場や好きな遊具で遊び始めています。保育者が仲立ちとなって、同じ場所や同じ玩具で遊ぶ環境を整え、友達とふれあって遊ぶ楽しさを味わえるようにしていきたいですね。また、給食や弁当が始まるときには、事前に食事の量や食べやすさの工夫を心掛け、保育者や友達と一緒に食べる楽しさを感じられるようにしていきましょう。

5月の計画

保育園・認定こども園

クラス作り

新しい環境や生活の流れに慣れてきている。自分でしようとする気持ちを大切に受け止めていきたい。子ども同士の関わりも見られるようになり、好きな遊びを楽しんでいる。戸外では吹く風が心地良くなってきているので、園庭や園外へ出て保育者や友達と遊びを楽しんでいきたい。

前月末の幼児の姿	ねらい	幼児の経験する内容(指導内容)
生活 ●新しい環境や生活に少しずつ慣れ、保育者に親しみをもち過ごしている。 ●簡単な身の回りのことを、保育者と一緒にしようとする姿が見られる。	●簡単な身の回りのことを自分でやってみようとする。	●保育者に手伝ってもらいながら、朝や帰りの支度、衣服の着脱やその始末を自分でしようとする。 ●手洗いやうがいを保育者と一緒にやってみる。 ●保育者や友達と楽しく食事をする。 ●安心して休息(午睡)をする。
興味・関心 ●保育室や園庭で、自分の好きな遊びを楽しんでいる。また、保育者のそばにいることで安心する子どももいる。 ●こいのぼりを見たり、草花や虫を見つけたりして、春の自然に親しんでいる。	●保育者や友達と戸外で体を動かしたり好きな遊びをしたりすることを楽しむ。	●保育者や友達と戸外へ出掛けることを喜び、しっぽ取りなどをして体を動かすことを楽しむ。 ●5歳児と手をつないで歩く中で親しみをもつ。 ●気に入った玩具や遊具、場を見つけ保育者や友達と繰り返し遊ぶ。
友達や保育者との関わり ●保育者と遊ぶことを楽しんでいる。 ●好きな遊びを友達と楽しんでいる。新しい友達の名前を覚えた子どもも多い。 ●まだしたいことやしてほしいことをうまく表現できない子どももいる。	●身近な自然に興味をもって親しむ。 ●自分の思いを保育者や友達に伝えようとする。	●戸外で草花や虫に触れたり、空を見上げたりして初夏の訪れを感じる。 ●のりを使ったチョウの製作を楽しむ。 ●自分のしたいことやしてほしいことを保育者や友達に動作や言葉で伝えようとする。

家庭・地域との連携

■ 連休明けには、登園時に不安になったり、生活リズムの乱れから不機嫌になったりする子どももいるので、日中の様子を連絡帳や降園時に伝え、保護者が安心できるよう連携をとる。

■ 汗ばむ陽気の日もあるので、気温に合った服を用意してもらえるよう、便りや掲示で分かりやすく伝える。
■ 散歩の様子など、写真を掲示するなどして、子どもの経験した内容を視覚的に伝え、園での様子がより分かるよう発信していく。

園生活の自立に向けての配慮点

●は健康・食育・安全、★は長時間にわたる保育への配慮、♥は保育者間のチームワークについて記載しています。

- ● 気温の高い日はこまめな水分補給を心掛け、汗をかいたら着替えるよう声を掛けていく。
- ● 散歩の下見で、道順や危険箇所の他、トイレの場所や数、和式か洋式かを確認する。
- ★ 夕方から保育室が変わるので、ゆったりと過ごせるように、絵本やパズル、紙やクレヨンなどを用意しておく。
- ♥ 子ども同士の関係を把握しておき、5歳児との交流を担任を中心に計画する。

要領・指針につながるポイント

※ **自分の気持ちを言葉で表現する楽しさを味わう**

子どもは人との関わりを通して次第に言葉を獲得していきます。自分の気持ちを言葉やしぐさで表現し、相手に応答してもらったうれしさが、言葉で表現する源となります。保育者は聞き上手になったり、話したくなるような環境の工夫を心掛けたりしていきましょう。（参考：領域「言葉」）

環境と援助・配慮

自分でしようとする気持ちを大切に

- ● 1日の生活の仕方が分かってきたので、朝や帰りの支度、着替えなど自分でできそうな部分は見守り、必要に応じて声を掛けたり手伝ったりしていく。
- ● 戸外遊び後は、活動内容によっては足を洗ったり、丁寧な手洗いが必要になったりしてくるため、一緒に洗ったり方法を伝えたりしながら、きれいになった気持ち良さを感じられるようにしていく。

戸外遊びを楽しめるように

- ● 天気の良い日は戸外へ出て、体を動かしたり固定遊具や玩具を使ったりして好きな場所で遊べるようにする。
- ● 保育者や友達と追い掛けっこなどをして体を動かして、遊ぶ楽しさを味わえるようにする。
- ● 公園では広い場所で体を動かす開放感や、日常とは違う自然との関わりを共感できるよう、かけっこやしっぽ取りなど楽しむ。行き帰りの道中での子どもの発見に共感するなどしていく。

身近な自然に興味をもち、親しめるように

- ● 戸外で草花や虫に触れたり、空を仰いで雲の白さや太陽のまぶしさを発見したりする子どもの気付きに共感しながら、身近な自然に親しみをもてるようにする。
- ● 砂や泥で遊ぶときは、保育者も一緒に遊びに入り、感触を楽しめるようにする。
- ● 4・5歳児が植えた夏野菜の生長の様子を、保育者が伝えながら興味をもつきっかけをつくっていく。

自分の思いを表せるように

- ● 生活の中で困っている様子が感じられたときは、優しく声を掛け、どうしたいか話しやすい雰囲気をつくっていく。
- ● うれしかったこと、楽しかったことを伝えようとしているときは、子どもの気持ちを受け止め共感していく。
- ● 子どもが興味をもっている玩具は、数を多めに用意しトラブルが起きないように準備する。
- ● 子ども同士の思いがぶつかりトラブルになったときは、互いの気持ちを受け止め、分かりやすく代弁していく。

反省・評価のポイント

自己評価にもつながる

- ★ 簡単な身の回りのことを、保育者に手伝ってもらいながら自分でしようとしていたか。
- ★ 初夏の自然に親しみながら、保育者や友達と一緒に戸外で体を動かして遊ぶことを楽しめたか。
- ★ 保育者や友達に自分の思いを出せるような雰囲気づくりができたか。

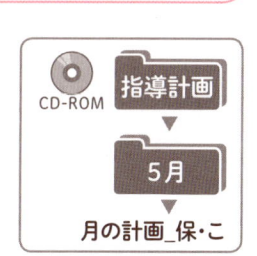

CD-ROM → 指導計画 → 5月 → 月の計画_保・こ

5月の計画

クラス作り

連休明けに保護者から離れることに不安をもつ姿も見られるので、子どもの心をしっかり受け止めながら、一人ひとりが安心して園生活を過ごせるようにしていきたい。また、玩具の取り合いなどで手が出てしまいトラブルになることもあるので、一人ひとりの状態に応じてこまやかに関わっていきたい。

	前月末の幼児の姿	ねらい	幼児の経験する内容(指導内容)
生活	●保育者の顔が見えると喜んで保育室に入る子どもが増えてくる。 ●身の回りのことを保育者の手を借りながら、自分でしようとしている。	●園生活の仕方を知り、安心して過ごす。	●身の回りのことを保育者に手伝ってもらいながら自分でしようとする。 ●自分の安心できる場所や気に入った遊具を見つけて遊ぶ。 ●保育者や友達と一緒に昼食をとる。
興味・関心	●友達と一緒に紙芝居を見たり、手遊びをしたりすることを喜ぶ子どもが多い。 ●気に入った玩具で遊び始める子どももいるが、保育者のそばを離れない子どももいる。	●保育者や友達に親しみをもち、ふれあいを楽しむ。	●保育者や友達がしている遊びに興味をもち、同じ場で遊んだり、まねたりしようとする。 ●自分がしたいことやしてほしいことを動作や表情・しぐさなどで伝えようとする。 ●身近な素材を使って、描いたり、作ったりする。
友達や保育者との関わり	●同じ遊具や場で遊ぶことで、友達を覚え、親しみを感じ始めている子どももいる。 ●玩具を取ったり、ぶったりして友達とトラブルになることもある。	●身近な自然にふれながら、戸外で遊ぶ心地良さを味わう。	●園庭や広い場所で体を動かして遊ぶことを楽しむ。 ●園庭の草花やダンゴムシ、アリなどに興味をもち、見たり、触れたりする。 ●砂や水などの感触を味わいながら遊ぶ。

家庭・地域との連携

■連休明けから保護者と離れることを渋ったり、泣いたりする姿が見られることもあるので、家庭との連絡を密に取りながら、成長過程の一つであることを伝え、保護者が大きな不安を抱かないように配慮していく。
■友達への興味が増すと同時に、ぶったり、かみついたりするトラブルも増えるので、保護者にはその経緯や対応について丁寧に説明し、双方の保護者との信頼関係を大切にする。
■弁当は無理なく楽しく食べられることを大切にしていることを伝え、食べやすい大きさや量に配慮してもらう。

園生活の自立に向けての配慮点

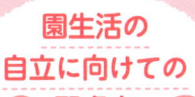

●は健康・食育・安全、
★は長時間にわたる保育への配慮、
♥は保育者間のチームワークについて記載しています。

- 弁当や給食が始まり、保育時間が長くなるので、各自の体調を見ながら午睡できるようにし、ゆったりと過ごせるようにする。
- 気温に応じて衣服の調整や水分補給を促す。
- ★ 疲れが出て夕方に眠くなる子どももいるので、体を休める場を用意しておく。
- ♥ 固定遊具の安全な遊び方を知らせ、けがのないように細心の注意を払いながら、保育者間で連絡を密にしていく。

要領・指針につながるポイント

✿ **園生活を楽しみ、自分の力で行動することの充実感を味わう**

連休をゆっくりと過ごし元気に登園してきた子どもと、保護者と離れて過ごす不安が少し残っている子どもがいます。園での過ごし方や生活面で困ったことやできないことは、保育者が手伝うなど安心して過ごせる配慮をするとともに、園で遊ぶ楽しさやうれしさを味わえるようにしましょう。（参考：領域「人間関係」）

環境と援助・配慮

園生活に慣れ、安心して過ごせるように

- "先生はいつもそばにいてくれる存在"であることが伝わるよう、一人ひとりをしっかりと受け止め、安心感がもてるようにする。
- 身の回りのことを自分でやろうとする気持ちを受け止めながら、一人でできず困っているときには、さりげなく手伝ったり、やり方を知らせたりして、安心して取り組めるようにする。
- 昼食の時間を楽しみにし、友達と一緒に食べる楽しさを感じられるように、和やかな雰囲気づくりを大切にする。また、一人ひとりのペースに合わせ、安心して食べられるように十分な時間を設ける。

保育者や友達に親しみを感じながら、関わりを楽しめるように

- 遊びに必要な玩具や用具を分類したり取り出しやすい場所に置いたりして、いつでも遊び出せるように構成しておく。
- 自分の思いが伝えられず手が出たり、物を取ったりしてトラブルが生じたときには、保育者が代弁して互いの気持ちが伝わるようにする。
- それぞれの遊びの場面を通して、徐々に自分のしたいことやしてほしいことを動作や表情・しぐさで伝えていけるように促しながら、関わりを楽しめるようにしていく。
- 遊びが見つけられない子どもには、安心できるように言葉を掛けたり、保育者が一緒に遊びに誘い掛けたりしながら、その楽しさに興味がもてるようにする。

身近な自然に親しめるように

- 爽やかな季節なので、親子遠足や散歩を計画し、身近な自然にふれながら、戸外で遊ぶ心地良さや楽しさが感じられるようにする。
- 園庭の草花や生き物を見たり、触れたりして親しんでいるところを見逃さず、子どもの発見や驚きに共感していく。
- 砂や水などに触れ、それぞれの感触を味わう機会を、遊びに取り入れていくようにする。

反省・評価のポイント

自己評価にもつながる

- ★ 一人ひとりが園生活に慣れ、安心して生活することができていたか。
- ★ 保育者や友達に親しみを感じながら、関わって遊べるような環境を構成できたか。
- ★ 身近な自然にふれることを喜んでいたか。

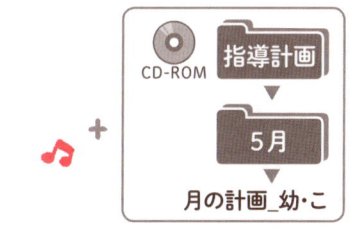

今週の予定

● 憲法記念日、みどりの日、こどもの日の集会

前週の幼児の姿

● 生活の仕方や流れがある程度分かり、安心して過ごしている。

● 戸外で保育者や友達と一緒に体を動かしたり、春の自然にふれたりして楽しんでいる。

● こいのぼり作りを楽しみ、保育室に飾ってあるこいのぼりを見て喜んでいる。

ねらい（●）と内容（・）

● 園生活の仕方が分かってきて、安心して過ごす。

● 好きな遊びを見つけ、保育者や友達と一緒に遊ぶ楽しさを味わう。

● こどもの日を楽しみにして、集会に参加する。

・ 簡単な身の回りのことを保育者に手伝ってもらいながらしようとする。

・ 好きな玩具や興味のある遊びを見つけ、保育者や友達と一緒に遊ぶ。

・ こどもの日の集会に参加し、由来を聞いたり、歌をうたったりする。

具体的な環境（◆）と保育者の援助（＊）

＊ 朝や帰りの支度、衣類の着脱、トイレの使い方など、保育者が見守ったり手伝ったりしながら、やり方を知らせていく。自分でしようとする気持ちを受け止め、褒めたり励ましたりして次につなげていく。

＊ 汗をかいたら着替えをしたり、こまめに水分補給をしたりできるように一緒に行なっていく。

◆ なかなか寝つけない子どもや不安そうにしている子どもには入眠するまでそばに付くようにするなどして、安心して休息（午睡）ができるようにしていく。

◆ 登園後から降園するまでの遊びの続きがすぐに楽しめるよう、ブロックで作った作品など、飾って置けるスペースをつくる。

＊ 連休に入るので、休み前に部屋に飾ってあるこいのぼりを持って帰れるように準備しておく。

◆ 晴れた日には園庭へ出て、体を動かす遊びに誘っていく。

◆ それぞれが好きな遊びを楽しめるように、外遊び用の玩具を用意しておく。（三輪車、シャベル、バケツなど）

＊ 一緒に遊んだり、子どものしていることを言葉に表したりして、一人ひとりの遊びを認め、安心して遊べるようにする。

◆ こどもの日の集会では、紙芝居やペープサートで分かりやすく由来を伝えたり、製作したこいのぼりを紹介し合ったりして、楽しく参加できるようにする。（♪：『こいのぼり』、紙芝居：『まいごのこいのぼり』）

反省・評価のポイント

自己評価にもつながる

★ 園生活の仕方が分かり、安心して過ごしていたか。

★ 保育者や友達と一緒に好きな遊びを楽しむことができたか。

★ こどもの日の集会に楽しんで参加できるような準備や援助ができたか。

5月 2週の計画

保育園・認定こども園

週の計画

5/8(月)〜13(土)

今週の予定

● 母の日

前週の幼児の姿

● 安心して過ごす中で、簡単な身の回りのことを自分からやってみようとしている。
● 保育者や友達と好きな遊びを見つけ、楽しんでいる。
● こどもの日の集会に楽しんで参加した。

● 身の回りのことを保育者に手伝ってもらいながら、できることは自分でしようとする。
● 戸外や室内で、保育者や友達と好きな遊びを見つけ、楽しむ。
● 保育者や友達と一緒に、身近な自然をテーマにした製作を楽しむ。
・ 汗をかいたり体が汚れたりした日には、保育者に手伝ってもらいながら着替えや足洗いをする。
・ 園庭や戸外で、保育者や友達と一緒に遊ぶ。
・ のりを使ってチョウの製作をする。

＊ 連休明けなので、不安そうにしている子どもや、登園時にぐずる子どももいるので、笑顔で声を掛けたり、気持ちに共感しながら安心して過ごせるようにしていく。
＊ 連休中の楽しかった出来事を話す子どもに耳を傾け、思いに共感しながら言葉のやり取りを楽しむ。
＊ 身の回りのことを自分でやってみて、できることが増えていくことに喜びを感じられるように繰り返し関わる。

＊ 天気の良い日には、園庭遊びや戸外遊びに誘い、虫を探したり草花を見つけたりして自然とのふれあいを楽しめるようにする。
◆ 戸外遊びをして汗をかいた日には、外で足洗いができるように、タライや足拭きタオルを準備しておく。
＊ 足洗いのときには、ズボンをまくる、洗った足を拭くなど援助をする。「水がかからないようにめくろうね」など分かりやすくことばがけをしながら行なう。

◆ 製作するチョウは、先に保育者が幾つか作り、壁に飾っておき、子どもの関心がしぜんと向くようにする。
◆ コーナー遊びの一つに製作のコーナーを設定し、興味をもった子から順に4〜5人ずつで製作が行なえるようにする。

＊ チョウの形に切った画用紙に、クラフトパンチであけたいろいろな色や形の色紙を、のりで貼り付ける。
◆ 子どもたちが好きな色や形の紙を選べるように、準備しておく。選んだ物を入れる皿、手拭きタオルなども出しておく。
＊ のりの扱い方や適度な量を知らせていく。のりの感触を嫌がる子どもには、保育者がのり付けをしたり、一緒に行なうなどしたりして、無理なく楽しめるようにする。
◆ 子どもたちの作品は、室内の壁面にして、部屋が明るく楽しい雰囲気になるようにする。また、散歩先で「チョウが見つかるかな?」と話題にする。

反省・評価のポイント

自己評価にもつながる

★ 簡単な身の回りのことを、自分でしようとしていたか。
★ 戸外での好きな遊びを楽しめるよう、環境を整えられたか。
★ 戸外遊びやチョウの製作を楽しんでいたか。

CD-ROM 指導計画 ▼ 5月 ▼
1・2週の計画_保・こ

3 5月
週の計画

保育園・認定こども園

5/15(月)〜20(土)

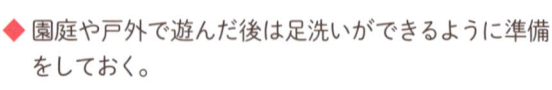

今週の予定
● 身体計測

前週の幼児の姿

● 身の回りのことを保育者に手伝ってもらいながら自分でしようとしている。

● 戸外で自然にふれて遊ぶことを楽しんでいる。

● チョウの製作をして、保育室に壁面装飾として飾ってあるのを見て喜んでいる。

ねらい（●）と内容（・）

● 身の回りのできることを、保育者に見守られながら自分でやろうとする。

● 戸外で体を動かして遊ぶことを楽しむ。

● 自分の思いを保育者や友達に動作や言葉で伝えようとする。

・ 簡単な身の回りのことは、自分でしようとしたり、保育者に手伝ってもらったりして行なう。

・ 保育者や友達と一緒に、戸外で体を動かして遊ぶ。

・ 自分の思いやしてほしいことを、保育者や友達に動作や言葉で伝える。

具体的な環境（◆）と保育者の援助（＊）

◆ 園庭や戸外で遊んだ後は足洗いができるように準備をしておく。

◆ 着替えをするために必要な時間を長めにとり、グループに分かれて行なうなど工夫して、丁寧にやり方を知らせていく。

＊ 自分でやろうとする姿を認め、褒めることで自信につなげていく。

＊ 天気の良い日には園庭に出て、砂場や三輪車、虫探しなど、好きな遊びを十分に楽しめるようにする。

＊ 保育者が鬼になる鬼ごっこに誘い、一緒に遊ぶ楽しさを感じられるようにする。

＊ アリやダンゴムシ探しでは、虫の動きのおもしろさや不思議さなど、子どもの気付きに共感していく。また、タンポポやシロツメクサを見つけたら、指輪や花冠を作ってみせたり、砂場のままごとなどの遊びに取り入れるよう促したりして楽しむ。

＊ 遊びの中でトラブルになってしまったときには、保育者が仲立ちし、それぞれの気持ちを代弁する。また「かしてね」「ありがとう」など適切な言葉の使い方を知らせていく。

＊ 5歳児と手をつなぎ、園庭の短い距離や、園周辺を一緒に歩いてみる。5歳児と手をつなぐことで不安になる子どもは、保育者が一緒に手をつなぎ安心して歩けるようにする。

＊ 来週散歩で行く先はどんな所か話をしたり、壁面で作ったようなチョウがいるか探してみよう、と話題にしたりすることで、散歩が楽しみになるようにする。

◆ 室内の絵本コーナーは、その時季に合った物などが出ているように整理する。虫や花に関する絵本を見て、散歩先で見つけることに期待がもてるようにする。
（📖：『ちょうちょのしろちゃん』『はらぺこあおむし』）

反省・評価のポイント

自己評価にもつながる

★ 保育者に見守られながら、安心して簡単な身の回りのことを自分でしようとしていたか。

★ 戸外で体を動かして遊ぶことを楽しめたか。

★ 自分の思いを保育者や友達に動作や言葉で伝えられるような援助ができたか。

5月 4週の計画

保育園・認定こども園

5/22(月)〜31(水)

今週の予定

● 誕生会

前週の幼児の姿

● 保育者に見守られながら、自分のことは自分でやろうとしている。

● 保育者や友達と一緒に、園庭や戸外で鬼ごっこやしっぽ取りを楽しんでいる。

● 5歳児と手をつないで短い距離を歩き、散歩に期待をもっている。

● 簡単な身の回りのことを、できるところは自分からやってみようとする。

● 砂や泥に触れて、感触を味わう。

● 5歳児と一緒に散歩を楽しむ。

・ 簡単な身の回りのことは、自分でしようとしたり、保育者に手伝ってもらったりして行なう。

・ 砂場で砂や泥に触れて遊ぶ。

・ 5歳児と手をつないで散歩に行く。

◆ 手の砂や泥の汚れを落とすことができるように、バケツの水を用意したりタオルで拭いたりできるようにする。また、必要に応じて足洗い用のタライやタオルを用意しておく。

◆ 砂遊びを一人ひとりが十分に楽しめるように、バケツやシャベル、カップなどの玩具を用意しておく。

＊ 気温や遊びの展開によっては、はだしになり、砂や泥の感触を味わえるようにする。

＊ 砂や泥の感触に抵抗のある子どもには無理強いをせず、興味がもてるように保育者や友達が作ったものを見たり遊んだりして、楽しい雰囲気を味わえるようにする。

◆ 散歩で行く公園の下見をして、トイレの場所や危険な場所を調べ、担任間で共有しておく。

＊ 5歳児との手つなぎに抵抗のある子どもは、保育者も一緒につなぎ、安心して歩けるようにする。

◆ 散歩先では遊び方が違うので、危険のないように場所を分けたり、注意したりして見守る。

＊ 散歩先での子どもの気付きに耳を傾け、子どもの発見や思いに共感していく。

＊ 5歳児の夏野菜の生長を見せてもらい、興味をもてるようにする。

◆ 気温が上がり暑さで疲れやすくなる子どももいるので、午後は室内にゴザを敷くなどして、ゆったりと過ごせるよう工夫していく。

＊ 遊びの中で玩具や場所の取り合いになったときは、保育者が仲立ちして互いの気持ちを代弁していく。

反省・評価のポイント

自己評価にもつながる

★ 簡単な身の回りのことを、自分からしようとしていたか。

★ 砂や泥の感触を楽しめたか。

★ 5歳児との散歩を楽しめるように援助や安全などの環境を整えることができたか。

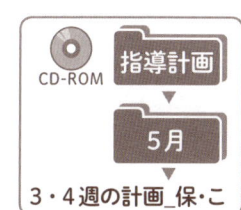

CD-ROM
指導計画 ▼ 5月 ▼ 3・4週の計画_保・こ

5月 1週の計画

5/1(月)〜6(土)

今週の予定
● 憲法記念日、みどりの日、こどもの日

前週の幼児の姿

● 安心感をもって保育者と一緒に遊んだり身の回りのことをしようとしたりする子どもが増えてきた。
● 自分で作ったこいのぼりをうれしそうに見たり持って遊んだりしていた。
● 遊びの場や興味が広がり、園庭へ出て遊ぶことも増えてきた。

ねらい（●）と内容（・）

● 好きな遊びを見つけて遊び、保育者やそばにいる友達に親しみの気持ちをもつ。
● みんなと一緒に昼食を食べることを楽しむ。
● 戸外で遊ぶ楽しさを感じる。
・ 自分の好きな場所や遊びを見つけたり、自分が作ったこいのぼりを持って保育者や友達と関わったりする。
・ 保育者に手伝ってもらいながら昼食の準備をしたり喜んで食事をしたりする。
・ 戸外で自然物に触れたり、園庭の遊具で遊んだりする。

具体的な環境（◆）と保育者の援助（＊）

◆ 好きな遊びがすぐに始められるように、ブロック、粘土、ウレタン積み木、エプロン、ままごと用具などを手に取りやすいように置いておく。
＊ 一人ひとりのしていることを保育者が十分に受け止め、同じように動いたり言葉を掛けたりすることで、うれしさや楽しさを感じられるようにする。
◆ 一人ひとりの遊びたい気持ちが満足できるように、玩具や遊具の数を十分に用意しておく。
＊ 遊具の取り合いなどのトラブルが起きたときには、それぞれの気持ちを十分に受け止めながら、気持ちを切り替えたり解決したりしていくようにする。
＊ 紙芝居や絵などを使って、昼食時の準備、食事の前のトイレ、手洗い、うがい、必要な物の並べ方などを分かりやすく伝える。
◆ 昼食準備の時間に余裕をもち、食事中は親しみのもてる音楽を流すなど、落ち着いて楽しく食事ができる雰囲気をつくる。
＊ みんなで園庭を散歩する時間をつくり、チョウやダンゴムシを見つけたことを話題にしたり、ツツジの花などをままごとのごちそうにするなど遊びの中に自然物を取り入れたりする。

◆ 散歩で見つけた花やダンゴムシなどを入れて集められるプリンカップなどを多く準備しておく。
◆ 砂の感触を味わいながら砂遊びを楽しめるように、扱いやすいカップ類や型抜きの道具、小さいスコップなどを十分な数準備しておき、保育者も一緒に遊びながら使い方を知らせたり、楽しさに共感したりする。
（♪：『こいのぼり』『おはながわらった』、体操：『だんごむしたいそう』）

反省・評価のポイント

自己評価にもつながる

★ 好きな遊びや場を見つけたり、保育者や友達と関わったりして過ごすことができたか。
★ 昼食に期待をもち、みんなと一緒に楽しんで食べられるよう配慮できたか。

5月 2週の計画

幼稚園・認定こども園

5/8(月)〜13(土)

今週の予定

- 徒歩遠足、愛鳥週間、母の日

前週の幼児の姿

- 好きな場所や遊具を見つけて安心して楽しんでいる。
- 戸外で遊ぶことを喜ぶ子どもが増えてきた。
- 連休の疲れや家庭で甘えて過ごしたことなどから保護者と離れにくい子どももいる。
- 昼食時の準備を自分なりにしようとする子どもがいる。

- 好きな遊びを見つけて楽しんだり、友達と一緒に過ごすことを喜んだりする。
- 戸外で遊ぶ心地良さを味わったり、身近な自然にふれたりする。
- 昼食の支度や片付けなどを自分でやってみようとする。
- 自分の気に入った場所で安心して遊んだり、保育者や同じ場にいる友達と楽しんだりする。
- 戸外で虫や草花を見たり触れたりして遊ぶ。また、砂や土に触れて感触を楽しむ。
- 自分で準備ができたうれしさやみんなで食事をする楽しさを感じながら昼食をとる。

- ＊ 連休明けは一人ひとりの様子をよく見ながら一人ひとりを迎え、園での過ごし方や身支度の仕方などを思い出せるように声を掛けたり一緒に行なったりする。
- ◆ 前日に楽しんだ遊びがすぐに始められるように牛乳パックの仕切りなどを使って場を用意しておいたり、身に着けられるエプロンや動物のお面などを用意してその気持ちになって遊べるようにしたりする。
- ＊ 気持ちが不安定で遊びを見つけられない子どももいるので、保育者も共に遊んだり、共感の言葉を掛けたりして寄り添うことを大切にする。
- ＊ 徒歩遠足では、「おにいさん、おねえさんが手をつないでくれてうれしいね」などと、5歳児に親しみの気持ちをもったり、「虫がいるかな」「広場で走ろうね」など、期待を高める言葉を掛けたりする。
- ＊ 昼食は、準備や片付けを自分でできた喜びに共感しながら、楽しい雰囲気の中で保育者と一緒に繰り返し手順を確認して進めていくようにする。
- ◆ 手順を示したイラストなどを目に触れる場所に貼っておく。
- ＊ みんなで食事をすることが楽しいと思えるよう、一人ひとりの状況に配慮していく。

- ＊ 母の日の活動内容については、家庭状況などを考慮して園としての取り組み方を共通にしておく。
- ◆ プレゼント作りを行なう場合は、母親への親しみの気持ちに共感しながら、子どもの描いた絵にお母さんの好きな色を聞いて台紙やリボンを飾り、プレゼントにする。
（♪：『おかあさん』『おつかいありさん』『ことりのうた』、ふれあい遊び：『せんせいとおともだち』）

反省・評価のポイント

自己評価にもつながる

- ★ 自分の好きな遊びを楽しんだり、保育者や友達に親しみをもったりしていたか。
- ★ 戸外で体を動かしたり自然にふれて遊んだりすることを楽しめるような環境構成ができたか。
- ★ 身の回りのこと保育者に手伝ってもらいながら一緒にしようとしていたか。

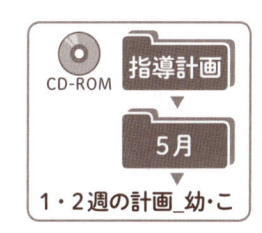

CD-ROM → 指導計画 → 5月 → 1・2週の計画_幼・こ

3週の計画

5月

幼稚園・認定こども園

5/15(月)〜20(土)

前週の幼児の姿

● 気に入った場所で安心して遊んだり、保育者や同じ場にいる友達と楽しんだりしている。

● 戸外で砂や土に触れて感触を楽しんだり、身近な草花や虫に親しんだりしている。

● 自分で準備ができたうれしさや、みんなで食事をする楽しさを感じている。

ねらい（●）と内容（・）

● 保育者や友達と一緒に過ごすことを喜び、気に入った場や遊具を見つけ進んで遊ぼうとする。

● 戸外で、砂や土に触れることを楽しんだり、身近な草花に触れたりすることに、興味をもつ。

・ 好きな遊具や場を見つけ、友達や保育者と関わって遊ぶ。

・ 土作りや苗植えの様子を見たり、種を植えたりする。

・ 避難訓練に簡単な約束が分かって参加する。

具体的な環境（◆）と保育者の援助（＊）

◆ お面やスカートなどを身に着けて遊ぶことを楽しんでいるので、星やハート、花など、いろいろな形に切った紙を用意しておく。クレヨンで色を塗ったものをお面や紙を丸めた棒に付けることで、身に着けて遊ぶことを楽しめるようにする。

＊ 友達と同じ物を持ったり、着けたりすることで、親しみの気持ちをもったり、一緒にいるうれしさを感じられるようにする。また、「○○ちゃんと一緒で楽しいね」など声を掛け、うれしい気持ちに共感する。

＊ 戸外では体を動かして遊ぶことを楽しめるように保育者が一緒に動いて遊ぶ。ビニールのバッグなどを持ち、園庭で見つけた葉や花びらなどを集めて遊ぶことを楽しめるようにする。

＊ プランターの土に肥料を混ぜたり、穴を掘ってトマトの苗を植えたりする様子を見せる。またインゲンやアサガオの種を土に埋めることを楽しめるように、やって見せたり、一緒に行なったりする。毎日一緒に様子を見ながら「おおきくなあれ」など丁寧に声を掛け、生長を楽しみにできるようにする。

◆ 子どもたちが水をやりたい気持ちが満たされ、水の量の加減もできるように、小さなカップやじょうろを用意する。

＊ 避難訓練では、紙芝居や絵本を使って約束事などを知らせ、安心して取り組めるようにする。また、訓練の後に防災頭巾をかぶったり取ったりを繰り返しやってみる機会をつくり、扱い方に慣れるようにする。

反省・評価のポイント

自己評価にもつながる

★ 気に入った場や遊具を見つけ、保育者や友達と一緒に遊ぶことを楽しんだか。

★ 土の感触や身近な草花に親しみをもっていたか。

5月
幼稚園・認定こども園

4 週の計画

5/22(月)〜**31**(水)

今週の予定

● 誕生会

前週の幼児の姿

● 好きな遊具や場を見つけ、友達や保育者と関わって遊ぶことを楽しんでいる。

● お面やステッキなどを身に着けて、つもり遊びをしている。

● 土作りや苗植え、種植えに興味をもっている。

● 避難訓練では、ほとんどの子どもが保育者の話を聞いて参加した。

● 友達と同じ物を持ったり、身に着けたりして遊ぶことを楽しむ。

● 保育者や友達と一緒に遊んだり生活したりすることを楽しむ。

● 戸外で体を動かして遊んだり、身近な自然物に興味をもったりする。

・ 保育者や友達と同じ物を持ったり身に着けたりして遊ぶ。

・ 保育者や友達と一緒に体を動かして遊ぶ。

・ 誕生会に喜んで参加する。

◆ 様々な形に切った紙やお面用のベルト、小さい空き箱やペーパー芯、ビニールテープ（あらかじめ小さく切ってボードに貼っておく）などを用意しておく。

＊ 描いたり貼ったりすることで、ステッキやお面、携帯電話、バッグ、望遠鏡などに見立てられるように準備しておき、子どもたちの楽しんでいることに合わせて、保育者が一緒に作ったり動いたりして遊ぶ。

◆ フープやボールなどの遊具は、手に取りやすく片付けやすい場に用意しておく。場合によっては3歳児クラス用を別に用意し数や置き場などを工夫して、片付けやすいようにする。

＊ 戸外では、地面に並べたフープを跳んで渡ったり、転がしたボールやフープを追い掛けたりして遊ぶこと楽しんでいる姿を見守りながら一緒に行なう。

＊ ビニールシートやゴザを用意し、木陰でゆったりとできる場もつくり、一休みしたりままごとを楽しんだりしながら、戸外で過ごす時間を楽しめるようにする。

＊ 昼食の準備を自分でしようとする姿を十分に認めながら、みんなで元気に「いただきます」の挨拶をし、声がそろう心地良さを感じられるようにする。また、「みんなで食べるとおいしいね」「先生のお弁当にも同じ物が入っているよ」など声を掛け、楽しい雰囲気の中で食事ができるようにする。

＊ 誕生会の歌をうたったり、手作りの誕生表を見たりしながら、誕生会を楽しみにできるようにする。また、誕生会などみんなが一堂に会する場では、緊張したり興奮したりする子どももいるので、座る場などを配慮し、保育者が状況を伝えたり寄り添ったりすることで安心して参加できるようにする。
（♪：『お誕生日おめでとう』『拍手をプレゼント』など
手遊び：『キャベツの中から』『まあるいたまご』など）

反省・評価のポイント

自己評価にもつながる

★ 身近な素材を使った、簡単な製作や、作った物で遊ぶことを楽しんでいたか。

★ クラスや園の集会に一人ひとりが安心して楽しんで参加できるような構成や援助ができたか。

★ 戸外で伸び伸びと体を動かして遊ぶことを楽しんでいたか。

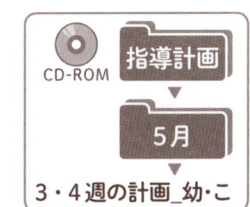

CD-ROM　指導計画　5月

3・4週の計画_幼・こ

5月 日の計画

幼稚園・認定こども園

5/11(木)

ねらい	●5歳児と一緒に徒歩遠足に行くことを楽しむ。 ●草花や生き物に触れ、身近な春の自然に親しむ。
内容	●5歳児と手をつなぎ、安心した気持ちで散歩をしたり遊んだりする。 ●身近な自然を感じながら、草花や生き物を見たり触れたりする。

環境を構成するポイント	予想される幼児の活動	保育者の援助
●事前に徒歩遠足のルートを下見して、自然が多く散策を楽しめる場所や、安全に歩けるルートを調べておく。また、トイレの場所や個室の数なども見ておく。 ●救急箱や子どもの着替えなどの持ち物を事前に確認しておく。 ●登園して来た子どもが自分のしたい遊びに関われるように、前日に楽しんでいた遊びや好きな遊びのコーナーを幾つか用意しておく。 ●好きな遊びが十分に楽しめるよう時間にゆとりをもたせておく。 ●散歩の途中で子どもが採集したものを持ち帰れるように、人数分の袋を用意しておく。 ●日差しが強いときには、日陰を選んで歩くようにし、熱中症を予防する。 ●遊んだ後は、水分補給ができるよう、麦茶や水などを準備しておく。 ●天候が悪い場合に備えて、室内遊びの用意をしておく。	●登園する。 ・挨拶をする。 ・身支度をする。 ●好きな遊びをする。 （ままごと、ウレタン積み木、ブロックなど） ●片付けをする。 ●排せつをして、園庭に集まる。 ●5歳児と一緒に徒歩遠足に行く。 ・車や歩行者、自転車に気を付けながら散歩をする。 ・公園で花や草を見たり触れたりする。 ・5歳児と一緒に『あぶくたった』をして遊ぶ。 ●園に戻り、昼食の準備をする。 ●昼食をとる。 ●休息をとる。 ●好きな遊びをする。 ●片付けをして降園準備をする。 ●集まる。 ●絵本を見る。 （📖:『へびくんのおさんぽ』） ●降園する。	●笑顔で挨拶をし、健康状態を把握する。 ●身の回りのことは、保育者に手伝ってもらいながらも自分でやろうとする姿を大切にする。 ●友達や保育者がしている遊びに興味をもち、同じ場所で遊べるようきっかけをつくっていく。 ●5歳児と手をつないで徒歩遠足に行けるよう、ペアをつくれるようにする。不安がる子どもは保育者と手をつなぎ、安心して出発できるように配慮する。 ●道路を歩く際は、3歳児の歩くペースを考え、行き交う歩行者や自転車への安全を十分に配慮する。 ●春の自然を見つけたり、気候の心地良さを味わったりできるように声を掛けていく。 ●遊んだ後は、水分補給ができるようにする。 ●採集した草花を他児も見たり触れたりできるように紹介する場を設ける。 ●徒歩遠足に行った楽しい気持ちに共感しながら、1日を振り返る。

反省・評価の
ポイント

自己評価にもつながる

★ 友達や保育者と一緒に徒歩遠足を楽しめるような援助ができたか。
★ 身近な春の自然にふれて親しんでいたか。
★ 安全に配慮し、散歩が楽しめるような準備・援助はできたか。

CD-ROM ▸ 指導計画 ▸ 5月 ▸ 日の計画_幼・こ

6月

今月の保育

遊びの工夫を心掛けて

1日の生活の流れが分かり、自分の好きな場所や玩具で遊ぶなど、安心して園生活を楽しめるようになって、園内を探索する行動も見られるようになりました。4・5歳児の遊びを見に行ったり、遊びに誘ってもらったりして、周囲の様々なことに目を向けるなど、3歳児の生活に少しずつゆとりが見られるようになってきました。子どもたちの気持ちを受け止めながら安全に配慮し、見守ったり一緒に遊んだりして遊びを広げていきましょう。梅雨期は室内で過ごす時間も多くなってきます。リズム遊びや簡単なゲームなど動きのある遊びを取り入れたり、雨上がりに水たまりを見つけに行ったりなど、遊びを工夫していきましょう。

保育のポイント

生活

自分でしようとする気持ちを大切に

うがい、手洗い、着脱など、身の回りのことを保育者に見守られながら、自分でしようとする気持ちを大切に、できた喜びにつなげていきたいですね。日々の生活の中で園生活の仕方を丁寧に知らせていくことが大切です。

汗をかいたね

興味・関心

子どもの興味・関心を捉えて

行動範囲も広がってきて、園庭でカタツムリやダンゴムシを見つけたり、遊戯室などでいろいろな遊びを見つけるなど、3歳児なりに興味・関心のアンテナを張っています。このときを捉えて、クラスのみんなで新しい素材に触れたり、様々な集団遊びを紹介したりしながら、遊具の使い方や散歩、遊びのルールなども分かりやすく伝えていきたいですね。

友達や保育者との関わり

一人ひとりの気持ちを受け止めて

友達が遊ぶ姿に興味をもったり、一緒に試したりと友達との関わりも増えてきます。時には、トラブルになることもありますが、成長過程での大切な一場面と捉え、気持ちを受け止め仲立ちをしていきましょう。

保育者に欲求を伝え、一人ひとりが好きな遊びを見つけ楽しめるように援助していきましょう。

6月の計画

保育園・認定こども園

クラス作り

少しずつ園生活の流れが分かってきたので、身の回りのことを自分でしようとする姿を認め、意欲を引き出していきたい。友達と一緒に遊ぶ場面も増えていくが、その反面気持ちのぶつかり合いも生じてくるので、保育者が間に入って、互いの気持ちを代弁したり必要な言葉を知らせたりしていきたい。

前月末の幼児の姿	ねらい	幼児の経験する内容（指導内容）
生活 ●園生活の流れが分かってきて簡単な身の回りのことが少しずつできるようになってきている。	●保育者に見守られながら生活に必要な身の回りのことを自分でしようとする。	●保育者や保護者に見守られながら、朝や帰りの支度を自分でしようとする。 ●手洗いやうがい、戸外遊び後の足洗いなどを保育者と一緒にする。 ●汗をかいたり汚れたりした衣服を手伝ってもらいながら着替えようとする。
興味・関心 ●自分の好きな遊びを繰り返し楽しんだり、友達や保育者と戸外遊びを楽しんだりしている。 ●アリやダンゴムシ、草花に興味をもって見たり触ったりして遊んでいる。	●保育者や友達と親しみ、一緒に遊ぶことを楽しむ。	●ままごと、ブロック、パズルなど自分の好きな遊びをする。 ●保育者や気の合う友達と室内や戸外で一緒に遊ぶ。 ●友達に気持ちを伝えるために必要な言葉を知る。 ●戸外や室内で体を動かしたり簡単なルールのある遊びをしたりする。
友達や保育者との関わり ●気の合う友達と同じ遊びをするようになるが、それぞれの思いがぶつかり合うこともある。 ●気付いたことや自分の思いを言葉で伝えようとしている。	●いろいろな遊具や素材に興味・関心をもち遊ぶことを楽しむ。 ●梅雨期の自然を見たり触れたりして興味をもつ。	●水・砂・土の感触を楽しみながら遊ぶ。 ●リズムに合わせ体を動かしたり、歌をうたったりする。 ●身近な素材を使って、切ったり貼ったりして季節の製作をする。 ●カタツムリやダンゴムシ、カエルなどの小動物を見たりアジサイなどを見たり触ったりする。 ●雨の様子を窓から見たり、雨上がりに外に出て散歩をしたりする。 ●夏野菜を植える。

家庭・地域との連携

■歯科検診や健康診断の結果を知らせ、歯磨きの習慣と仕上げ磨きの大切さを知らせる。
■汗をかいたり、砂遊びなどで着替えをすることが多くなることを伝え、衣服の補充をお願いする。
■プール遊びが始まることをきっかけに、早寝早起きなど生活リズムの大切さを伝える。また、健康カードの記入や必要な物を準備してもらうようお願いする。
■感染症（手足口病・ヘルパンギーナ・りんご病（伝染性紅斑）など）にかかりやすくなる時季であることを伝え、健康状態に気を付けてもらう。

園生活の自立に向けての配慮点

●は健康・食育・安全、
★は長時間にわたる保育への配慮、
♥は保育者間のチームワークについて記載しています。

● 歯科検診をきっかけに歯磨きや食後のうがいの大切さを伝えていく。
● 高温多湿の季節になるので、衣服の調節や水分補給、室内換気に配慮する。
★ 季節の変わり目で体調を崩したり、疲れやすいので、一人ひとりの体調を把握して無理なく過ごせるようにしていく。
♥ プール遊びに向けて、時間の配分や約束事、手順などを確認する。

要領・指針につながるポイント

★ 生活の中でイメージを豊かにし、様々な表現活動を楽しむ

遊びの中で、様々な素材に触れ親しむことで、その素材の特性に気付いたり、使い方を知ったりしていきます。多様な表現活動の経験は子どものイメージを豊かにします。水や砂・空き箱などの素材や音楽などに触れたり、楽しんだりする機会をつくっていきましょう。(参考:領域「表現」)

環境と援助・配慮

自分でしようとする気持ちがもてるように

● プールや水遊びでの着替えの手順やタオルの置き場所など、分かりやすく絵で表示する。
● 汗をかいたときは、タオルで拭いたり着替えたりすると気持ち良いことを伝えていく。
● 一人でする姿を見守りながら、できたことを十分に認め、自信につなげていく。また、困っていたり難しかったりする部分は一緒に行ない、やり方を知らせていく。

いろいろな遊具や素材に触れて遊びを楽しめるように

● 保育者も一緒に水や砂などに触れて遊び、感触の心地良さや楽しさを共有していく。
● 友達と一緒に体を動かして遊んだり、リズム遊びをしたりして、友達と遊ぶ楽しさを味わえるようにしていく。
● 体を動かして遊べる簡単なゲームや体操などを取り入れ楽しめるようにしていく。
● ハサミの扱い方やのりの使い方を丁寧に知らせ、季節の製作を楽しめるようにする。

友達や保育者と一緒に遊べるように

● ままごと、ブロック、パズルなどでじっくり遊べるような場所を確保したり、コーナーを設けたりして、好きな遊びが楽しめるようにしていく。
● 好きな遊びをする中で、友達との関わりも増えてくるがその一方で気持ちのぶつかり合いが起こることもあるので、互いの気持ちを十分に受け止め、保育者が仲立ちになって気持ちを代弁したり順番に使うことなど必要なことを知らせたりしていく。

梅雨期の自然を楽しめるように

● 雨上がりに戸外に出て水たまりを見つけたり、雨にぬれた草花の様子を見たりして、梅雨期の自然を感じられるようにする。
● カタツムリやダンゴムシなどの小動物がいそうな場所をあらかじめ探しておき、子どもが発見したときの感動や驚きに保育者も共感することで、興味がもてるようにしていく。
● 3歳児でも育てやすいオクラやピーマンをプランターに植えて、野菜の生長や水やりをすることを楽しみにできるような言葉を掛けていく。

反省・評価のポイント

自己評価にもつながる

★ 生活に必要な身の回りのことを自分でしようとしていたか。
★ いろいろな遊びを通して保育者や友達と楽しく遊ぶことができるような工夫ができたか。
★ 梅雨期ならではの自然を見たり、それにふれたりして興味がもてたか。

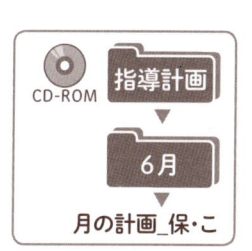

CD-ROM
指導計画
▼
6月
▼
月の計画_保・こ

6月の計画

クラス作り

園生活にも慣れ、いろいろな遊びに興味を示すようになる。"自分も遊びたい"という子どもの気持ちを受け止めながら、一人ひとりが満足できるように援助し、様々な遊びの楽しさを感じられるようにしていきたい。同じ場にいる友達と過ごしながら自分のしたいことを十分に楽しめるようにしていきたい。

前月末の幼児の姿	ねらい	幼児の経験する内容(指導内容)
生活 ●やり方が分かってきた身の回りの始末や片付けを、保育者に見守られながら自分でもしようとする子どもが増えている。	●園での生活の仕方が分かり、簡単な身の回りの始末を自分でしようとする。	●所持品の始末、手洗い・うがい、降園準備などの仕方が分かる。 ●遊んだ後の道具の片付けや水遊び時の着替えなど、自分でできることは自分でしようとする。
興味・関心 ●いろいろな遊びに興味を示し、気に入った遊びや動きを繰り返し楽しんでいる。 ●保育者に親しみを感じ、自分のしたいことや欲しい物を伝えている。	●保育者や友達と過ごす中で、自分のしたい遊びを十分に楽しむ。 ●いろいろな素材や道具に触れたり使ったりして遊ぶことを楽しむ。	●興味のある遊具や場で、自分のしたい遊びをする。 ●自分のしたい遊びや欲しい物、困ったことなどを保育者や友達に言葉やしぐさで伝えようとする。 ●保育者や友達と同じような物を身に着けたり、同じように動いたりする。 ●保育者と一緒に遊びながら、いろいろな素材や遊びに興味をもち、使い方や遊び方を知る。 ●水・砂・泥などの感触を楽しみながら遊ぶ。
友達や保育者との関わり ●好きな友達ができて、一緒に同じことをして楽しんでいる。 ●保育者や友達と戸外で体を動かして遊ぶことを楽しんでいる。	●梅雨期ならではの自然に興味をもち、見たり触ったりして楽しむ。	●戸外を散策し、アジサイ、カタツムリ、水たまりや滴などを見たり、触れたりする。 ●雨の様子を窓から見たり、雨上がりに戸外に出て散歩をしたりする。

家庭・地域との連携

■保育参観や懇談会などで、様々なエピソードを通して、この時期の遊びや、遊びの中での思い通りにならないことを経験していく大切さを伝えていく。

■プールでの遊びが始まるので、プールバッグの用意や健康状態をよく観察すること、流行しやすい感染症やその予防法、感染した際の連絡の仕方などを、お便りや掲示板などで伝えていく。

■汗をかいたり、水・砂・泥遊びで汚れたりすることが増えるので、着替えの補充についてお便りや掲示板などで伝えていく。

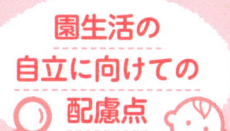

園生活の自立に向けての配慮点

●は健康・食育・安全、
★は長時間にわたる保育への配慮、
♥は保育者間のチームワークについて記載しています。

- 高温多湿の日が続くため、保育室の室温・湿度や衣服の調節、水分補給などに十分に注意する。
- 「歯と口の健康週間」を通して、うがいや歯磨きの必要性を伝えていく。
- 気温の変化により疲れが出やすい時季なので、休息がとれるような場を工夫する。
- ♥★ 雨の日が続くと1日室内で過ごすことが多くなるため、広い室内で体を動かして遊べるよう調節をする。

要領・指針につながるポイント

✿ 身近な環境に親しみ（略）
様々な事象に興味や関心をもつ。

　すっかり幼稚園生活にも慣れてきて、朝の支度が済むと園庭に出て、大好きな三輪車に乗ったり、砂場やすべり台で遊んだりなど探索行動が始まります。先生が温かく見ていてくれる安心感のもとで、夢中になって遊び始められるように、環境に配慮しましょう。（参考：領域「環境」）

指導計画 6月の計画 幼 こ

環境と援助・配慮

生活の仕方が分かり自分でしようと思えるように

- 自分でしようとしている姿を認め、時間が掛かっても見守り、できた喜びに共感する。
- 気温に応じて衣服の調節や着替えをしたり、汗を拭いたりし、水分を十分にとることを伝え、一緒に行なっていく。
- 水遊びやプール遊びでは着替えなどの準備や後始末の手順が分かりやすいように、保育者が一緒に行なったり、絵の表示などで知らせたりしていく。

自分のしたい遊びが十分に楽しめるように

- できた喜びがすぐに味わえる素材や道具を準備するとともに、興味をもったことを繰り返し遊べるように、十分な遊びの場を構成する。
- 同じ物を作ったり、同じ場で遊んだりすることで、保育者や友達と一緒に遊ぶ楽しさが味わえるように、同じような物を用意したり、遊びに入るきっかけをつくったりする。
- してほしいことや思っていることを受け止めたり、代弁したりする。
- 雨の日にも体を動かして遊べるような広い場や遊びを設ける。

いろいろな素材や道具に触れたり、使ったりして遊ぶことを楽しめるように

- 丸めるなどの活動が繰り返し楽しめるように、紙テープなどの素材を用意する。
- のりやセロハンテープなどの用具の安全な使い方を伝えていく。
- 寒天ゼリーや小麦粉粘土を用意し、感触や匂いを楽しめる、いろいろな素材に触れながら遊ぶ楽しさを味わえるようにする。またアレルギーや誤飲などに十分留意していく。
- 保育者も一緒に遊びながら、水・砂・泥などに触れて遊ぶ楽しさや気持ち良さに共感していく。

身近な自然に興味がもてるように

- 雨上がりに戸外へ出て、水たまりや水にぬれた草木に触れながら、梅雨期の自然を感じられるようにする。
- カタツムリやダンゴムシなどの生き物に興味がもてるように、保育者も一緒に見たり触れたりする。
- トマトやアサガオの水やりの世話をしながら、生長に興味がもてるようにする。

 反省・評価のポイント

自己評価にもつながる

- ★ 簡単な身の回りの始末を自分でしようとしていたか。
- ★ 自分のしたい遊びを十分に楽しめたか。
- ★ いろいろな素材や道具に触れたり使ったりして遊べるような環境の構成に配慮できたか。

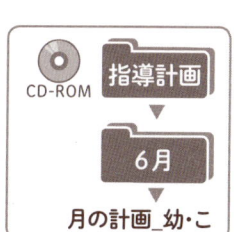
CD-ROM 指導計画 ▼ 6月 ▼ 月の計画_幼・こ

今週の予定

● 衣替え、
歯と口の健康週間、
歯科検診、
時の記念日

前週の幼児の姿

● 身の回りのことを自分でしようとしている。
● 5歳児と一緒に散歩を楽しんでいた。
● 砂遊びや泥遊びを楽しんでいる。

ねらい（●）と内容（・）

● 保育者に見守られながら簡単な身の回りのことを自分でしてみる。
● 身近な素材を使った製作で友達と一緒に遊ぶ楽しさを味わう。
● 夏野菜に興味をもち、苗植えを楽しむ。
・ 保育者に見守られながら手洗い・うがい・衣服の着脱などを自分でしてみようとする。
・ 時計の製作をしたり砂遊びをしたりする。
・ オクラやピーマンの苗を植える。

具体的な環境（◆）と保育者の援助（＊）

◆ 戸外で遊んだ後は、手足や衣服の汚れを落としたり着替えたりするなど、始末の仕方を必要に応じて伝える。
＊ 着替えるときなど難しいところは保育者が声を掛けたり手伝ったりしながら、自分でできたときには十分に褒め、できた喜びに共感していく。
◆ 遊びたい物をすぐに見つけ、繰り返し遊べるように、玩具などは取り出しやすい場所に用意しておく。
＊ 砂や土の感触を十分に楽しめるように保育者も一緒に遊び、子どもの発見などに共感していく。
＊ 友達と一緒に遊んでいく中で、自分の気持ちをうまく伝えられないこともあるので、保育者が仲立ちとなって「いれて」「かして」など遊びに必要な言葉を知らせるようにする。
＊ 苗や土に触れたり保育者と一緒に水やりをしたりすることで、野菜の苗植えに、興味や関心がもてるようにする。
＊ 苗植えは保育者が手本を見せたり、子どもと一緒に植えたりしていく。
＊ 生長したオクラやピーマンを見たり触れたりして、夏野菜に興味をもち生長を楽しみにできるようにしていく。

◆ 歯と口の健康週間をきっかけに、歯科検診や歯磨きの大切さを知らせる。
＊ 「ぶくぶくうがい」や歯の磨き方をポスターやペープサートなどで視覚を通して伝え、興味をもてるようにする。
◆ 時計の製作活動に必要な素材（紙皿・たんぽ・スタンプ台 など）を用意しておく。
＊ たんぽするとき、色を混ぜないように伝えながら「何色から使う？」「きれいね」「すてきね」などと言葉を掛け、できあがった満足感をもてるようにする。
＊ たんぽができた紙皿に、保育者が画用紙で作った長針と短針を付け、回して遊べるようにする。
＊ 作品を壁面に飾り、季節感を感じられるようにする。

反省・評価のポイント

 自己評価にもつながる

★ 身の回りのことを保育者に手伝ってもらったり見守られたりしながら自分でしていたか。
★ 時計の製作や友達と遊ぶ楽しさを味わっていたか。
★ オクラやピーマンなどの夏野菜に興味をもち、苗植えを楽しめるような援助ができたか。

6月
保育園・認定こども園
2週の計画

6/12（月）〜 17（土）

今週の予定
● 保育参観

前週の幼児の姿
● 身の回りのことを手伝ってもらいながらも自分でしている。
● 晴れた日には砂遊びや戸外遊びを楽しんでいる。

● 園生活に必要なことが分かってきて、簡単な身の回りのできることを自分でしようとする。
● 室内で音楽やリズムに合わせたり、体を動かしたりして遊ぶことを楽しむ。
● 戸外で保育者や友達と関わって好きな遊びを楽しむ。
・園生活に必要なことが分かってきて自分でできることをしようとする。
・音楽に合わせリズム遊びをしたり体を動かしたりして遊ぶ。
・保育者や友達といろいろな玩具や遊具を使って遊ぶ。

◆ 戸外から部屋に入るときの手順（足洗い→手洗い→着替え→衣服の始末）を繰り返し伝える。

＊「汗をかいたね」「汚れているよ」など衣服の汚れに気付くことができるように具体的に声を掛け、着替えると気持ちが良いことを伝える。

＊ 汗で衣服が脱ぎづらいときや、困ったことがあるときは保育者が手伝ってくれるという安心感がもてるように援助をしたり、自分でできたときは十分に褒めたりする。

◆ 雨の日でも体を動かして遊べるスペースを構成する。

＊ 友達と一緒に音楽に合わせリズム遊びをしたり、模倣遊びをしたりして、楽しみながら体を動かせるようにする。（体操：『おばけのバケちゃま』『がんばれパチパチマン』）

＊ 保育者も一緒にマットで転がったり、巧技台から跳び降りたりして、体を動かす楽しさを知らせる。

＊ 他クラスと連携をとり、時間を見て場所の交代をするなど工夫する。

◆ 室内遊びが増えるので、ままごとやブロックなど好きな遊びが十分に楽しめるようにコーナーをつくる。

◆ 玩具は他クラスと貸し借りをして使えるようにする。

＊ 使ったことのない玩具などは使い方を知らせ、また取り合いになることもあるので、順番に使うことも同時に知らせていく。

＊ 遊んでいる中で友達のしていることに興味や関心を示す様子が見られたときは、保育者が仲立ちとなり関わるきっかけをつくるようにする。

◆ 梅雨の晴れ間には戸外で思い切り遊べるように、水たまりがないか、遊具がぬれていないかなどの安全点検をする。

＊ 固定遊具で遊ぶときは、順番を守る、押さないことなどを伝え、安全に遊べるようにそばに付いて見守る。

どうぞ
わー おいしそう
がんばって〜

反省・評価のポイント

自己評価にもつながる
★ 生活に必要なことが分かってきて、身の回りのできることは自分でしていたか。
★ 保育者や友達と一緒に玩具や遊具で遊べるような環境を構成できたか。
★ 音楽に合わせてリズム遊びをしたり体を動かしたりして遊んでいたか。

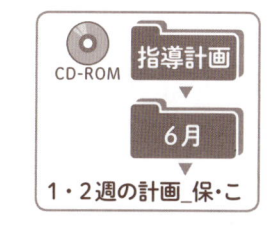

CD-ROM
指導計画
▼
6月
▼
1・2週の計画_保・こ

6月 3週の計画

保育園・認定こども園

6/19(月)〜24(土)

前週の幼児の姿

● 簡単な身の回りの仕方が分かり、自分なりにしようとしている。
● 雨の日でも室内で体を動かして遊ぶことを楽しんでいる。

ねらい（●）と内容（・）

● 梅雨ならではの自然の様子に興味をもつ。
● 色の変化やおもしろさに興味をもち、保育者や友達と一緒に遊ぶことを楽しむ。
● 保育者や友達と簡単なルールのある遊びを楽しむ。
・ 雨の降る様子を見たり、雨上がりの園庭で自然にふれる。
・ 色水を使って保育者や友達と一緒にごっこ遊びをする。
・ 室内で簡単なルールのある遊びやゲームをする。

みずがジュースになった！

具体的な環境（◆）と保育者の援助（＊）

◆ 雨上がりの木の葉や草花の様子、水たまりに映った空の様子など、梅雨期にしか味わえない自然を見たり触ったりできる場所を見つけておく。

◆ 雨の降る様子を窓から見たり、雨上がりに散歩をしたりできるようにする。

＊ 季節に合った歌をうたったり手遊びをしたりして、梅雨の自然に興味がもてるようにする。
（♪:『かたつむり』『かえるのうた』など
📖:『ぞうくんのあめふりさんぽ』『ちいさいモモちゃん（3）あめこんこん』など）

＊ カタツムリやカエルを探したり、アジサイなどの草花の様子を見たりできるよう言葉を掛けながら、子どもの発見に共感していく。

＊ 月初めに植えたオクラやピーマン、5歳児が育てている夏野菜を見に行き、生長に興味がもてるようにする。

◆ ペットボトルの蓋に絵の具を付けておき、水を入れて振って遊べるように準備しておく。

＊ ペットボトルを子どもの手に取りやすい所に用意し、振ると水の色が変わることを楽しめるようにしていく。

＊ 水が変化する不思議さや子どもの発見に共感する。

＊ できた色水を使ってジュース屋さんごっこができるように透明なコップなどを用意し、保育者が水を移し替えるなどして子ども同士のやり取りの橋渡しをしていく。

◆ 雨の日でも楽しく過ごせるように、室内でもできる簡単なルールのある遊びを準備する。
（『かごめかごめ』『フルーツバスケット』など）

＊ ゲームに必要なくだものカードに自分で色を塗ったり、イスを並べたりして期待がもてるようにする。

＊ 保育者も一緒に遊びに入り、子ども同士が互いに関わるきっかけをつくれるようにする。

反省・評価のポイント

自己評価にもつながる

★ 梅雨期ならではの自然に興味がもてるような援助ができたか。
★ 色の変化に気付いたり、色水で保育者や友達とごっこ遊びを楽しめたか。
★ 室内で簡単なルールのある遊びやゲームを楽しめたか。

6月 4週の計画

保育園・認定こども園

週の計画

6/26(月)〜30(金)

今週の予定

● プール開き、避難訓練

前週の幼児の姿

● 梅雨期の自然を感じながら遊んでいる。
● いろいろな素材を使って遊ぶことを楽しんでいる。
● 室内で簡単なルールのある遊びを楽しんでいる。

● 身支度や約束事を知り、保育者や友達と一緒に水に触れて遊ぶことを楽しむ。
● 身近な素材に興味をもって、切ったり貼ったりすることを楽しむ。
・ 水着の着替えや後始末を保育者と一緒にする。
・ 水に触れ、感触や心地良さを感じる。
・ 身近な素材でハサミやのりを使って傘の製作物を作る。

◆ 水遊びやプール遊びの際の手順（水着の着脱、脱いだ服の置き方、終わった後の水着やタオルの始末の仕方 など）を分かりやすくイラストなどを使い表示する。

＊ 一つずつ丁寧に伝えていき、子どもが自分でできるところは見守りながら必要に応じて手伝うようにする。

◆ 水に慣れることに重点を置き、始めはプールの水量を少なめにして、子どもの様子に応じて調節する。

◆ 水遊びが楽しめるように空き容器、じょうろ、バケツなどを用意しておく。

＊ プール開きの集会で約束事（プールの周りを走らない、プールの中でふざけない、保育者の話を聞く）などを分かりやすく知らせ、安全に遊べるようにする。

＊ 顔に水が掛かることに抵抗がある子どももいるので、個人差に配慮し無理のないようにする。

＊ 水遊びやプール遊びをした後はパズルや描画など、ゆったりした活動をして、体を休められるように配慮する。

◆ 子どもが扱いやすいサイズの色紙・傘の形に切った画用紙を用意する。

◆ のりを使う際の適量（指の先に少しだけ付ける）を見せて示す。手拭きタオルを用意し、のりの付いた指をすぐ拭けるようにしておく。

プールの周りを走るとどうなる？

＊ ハサミを使うときは正しい持ち方を知らせ、危険のないように見守る。一人ひとりの様子に合わせ、必要に応じて手を添えて一緒に切るようにする。

＊ 好きな色の色紙が使えるようにして、自分で切ったり貼ったりして仕上がっていく過程を一人ひとりが楽しめるよう言葉を掛けていく。

反省・評価のポイント

自己評価にもつながる

★ 水に触れて感触や心地良さを味わっていたか。
★ 水の感触を楽しみながら水遊びやプール遊びを楽しめたか。
★ 身近な素材を使って切ったり貼ったりすることを楽しめるような準備や援助ができたか。

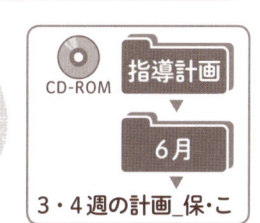

CD-ROM → 指導計画 ▼ 6月 ▼ 3・4週の計画_保・こ

6月 1週の計画

6/1(木)〜10(土)

今週の予定
● 衣替え、歯と口の健康週間、時の記念日、入梅

前週の幼児の姿
● 保育者や友達と遊びに必要なものを持ったり身に着けたりすることを楽しんでいる。
● フープやボールなどを使い、戸外での遊びに喜んで参加している。
● 身近な素材を使って、描くことや貼ることを楽しんでいる。

ねらい(●)と内容(・)
● 園生活に必要な身の回りのことを、自分でしようとする。
● したい遊びに繰り返し取り組み、十分に楽しむ。
● 身近な自然物を見たり触れたりして親しみの気持ちをもつ。
・ 登降園時の身支度や昼食の準備を自分でしようとする。
・ 園の遊具に自分から関わり、繰り返し遊ぶ。
・ 栽培物や生き物に興味や関心をもって関わる。

はやくたべたいニャー

きょうはごちそうだニャー

具体的な環境(◆)と保育者の援助(＊)

◆ タオルを掛ける、手洗いやうがいをするなど、毎日取り組む身支度を自分で進めることができるよう、友達とぶつからない十分なスペースや時間を構成する。

＊ 保育者に見守られている安心感や自分でできたうれしさを感じられるよう、時間が掛かっても見守ったり、認める言葉を掛けたりする。

＊ 衣服の着脱や遊んだ後の片付けは、保育者に手伝ってもらいながら身につけていくことができるようにする。

◆ 自分のしたい遊びに取り組むことができるよう、遊具や素材を扱いやすく目に付きやすい場所に置いておく。

◆ 広告紙を丸めた棒やお面ベルト、マントなど、見立てたり身に着けたりすることのできる素材を用意しておく。

＊ 一人ひとりが感じている遊びの楽しさに共感したり、思いに寄り添ったりする。なかなか遊びだせない子どもには、保育者が遊びに参加して誘ったり、他の子どもの遊ぶ様子を一緒に見たりして、遊びに興味がもてるようにする。

◆ 育てているトマトやアサガオなどの栽培物に興味がもてるよう、保育室のそばに置き、生長の様子を感じられるようにする。また、自分たちで水やりができるよう、小さなじょうろやカップを用意しておく。

◆ 飼育ケースやカップを用意しておき、園庭で見つけたカタツムリやダンゴムシ、草花などを入れることができるようにする。

＊ 保育者が「大きくなあれ」と水やりをしたり、虫にそっと触れ大切に扱ったりしながら、草花や生き物との関わり方を示していく。

＊ 歯と口の健康週間では、歯磨きやうがいの大切さを感じられるように、手遊びやパネルシアターで視覚的に伝えていく。
(📖:『わにさんどきっはいしゃさんどきっ』、エプロンシアター®・パネルシアター:『ねずみのはみがき』、リズム:『虫歯建設株式会社』)

反省・評価のポイント
自己評価にもつながる
★ 身の回りのことを、自分でする気持ちがもてるよう援助できたか。
★ 自分のしたい遊びに繰り返し取り組み楽しめたか。
★ 身近な自然に関わり、親しみの気持ちを育めたか。

6月
2週の計画

幼稚園・認定こども園

6/12(月)〜17(土)

今週の予定
● 身体計測

前週の幼児の姿

● 登降園時の身支度や昼食準備など、身の回りのことを自分でしようとしている。

● 自分のしたい遊びを見つけて、繰り返し遊んでいる。

● 保育者や友達と一緒に遊ぶ楽しさを味わう。

● 梅雨期の身近な自然に親しむ。

・ 保育者や友達と同じ動きを楽しみ、同じテーマの作品を喜んで作る。

・ 雨が降る様子や、梅雨期の動植物に関心をもって関わる。

◆ 気に入った友達と一緒に遊びたいという思いを満たすことができるよう、遊具を多めに用意しておいたり、人数に応じて遊びのコーナーを広く構成したりする。

＊ おそろいのお面を着けるうれしさ、同じ場で過ごす楽しさなど、友達と気持ちがつながる喜びに共感する。

＊ 遊具や場の取り合いでトラブルが起きたときには、保育者が互いの思いを受け止めて安心感につなげるとともに、嫌な気持ちが残らないよう、順番に使う、代わりの遊具を提示するなど解決策を知らせていく。

◆ 雨上がりの水たまりも遊びの場に構成し、興味がもてるようにする。

◆ 雨の日も室内で体を動かす遊びが楽しめるよう、巧技台でジャンプ台や一本橋を構成したり、はう、転がるなどの動きができるようマットを敷いたりする。

◆ 遊戯室や廊下など、保育室以外も遊びの場として使う機会を設け、雨の日も自分のしたい遊びを見つけやすいようにする。

＊ 音楽に合わせて一緒に踊ったり、体を動かしたりして、楽しさに共感する。
（リズム：『だんごむしたいそう』『昆虫太極拳』『どうぶつたいそう1・2・3』『バスにのって』）

ゆっくりねー

◆ 季節を感じたり身近な自然に親しんだりできるよう、保育室にアジサイを飾ったりカタツムリを飼育したりする。

◆ 長靴や傘の形に切った色画用紙、水玉模様用の丸く切った色画用紙、のり、下敷用の紙を用意しておく。

＊ 関心をもった子どもから作り始めることができるよう、できあがりを壁面に飾っておく。

＊「○○ちゃんと□□ちゃんは同じ色の長靴だね」など、友達と同じものを作るうれしさに寄り添う言葉を掛ける。
（📖：『ぞうくんのあめふりさんぽ』『あめあめふれふれねずみくん』）

反省・評価のポイント

自己評価にもつながる

★ 保育者や友達と一緒に遊ぶ楽しさを味わえるような環境の構成ができたか。

★ 梅雨期の身近な自然に親しみ、遊びに取り入れていたか。

CD-ROM　指導計画　▼　6月
1・2週の計画_幼・こ

3 週の計画

6月
幼稚園・認定こども園

6/19(月)〜24(土)

前週の幼児の姿

● 自分のしたい遊びに取り組む中で、思いを表情や態度で表している。

● 梅雨期の自然に親しみ、雨天時も好きな遊びを見つけて楽しんでいる。

ねらい（●）と内容（・）

● 保育者や友達と同じ場で、自分のしたい遊びをじっくりと楽しむ。

● 片付け、手洗いやうがいなど、身の回りをきれいにする心地良さを感じる。

・ 自分のしたい遊びを楽しんで繰り返す。

・ 同じ場にいる友達や保育者と、一緒に過ごすおもしろさを味わって遊ぶ。

・ 遊んだ後の遊具や場の片付けを、保育者と一緒に行なう。

具体的な環境（◆）と保育者の援助（＊）

◆ 小さなゴザや牛乳パック、段ボール板のつい立てなどを用意し、子どもが自分の遊ぶ場所をつくって落ち着いて遊べる場を構成できるようにする。

◆ テープカッターやハサミは座って安全に扱うことができ、保育者の目が行き届く数を用意しておく。

◆ 丸、ハート、星などの形に切った画用紙や、色を塗ることのできるカタツムリや魚の絵、紙テープなど、子どもが進んで関わりたくなるような新しい素材を用意しておく。

＊「すてきなおうちができたね」「○○行きの電車に乗せてください」など、遊びのイメージを受け止める言葉を掛け、自分の気に入った場で保育者や友達と過ごすうれしさが感じられるようにする。

＊ "楽しかった" "おもしろかった" "自分でできた" という遊びの満足感につながるよう、遊具を選択したり遊びに繰り返し取り組んだりする姿を認めていく。
（📖：『かさ』『きんぎょがにげた』
♪：『かたつむり』『ながぐつマーチ』）

宅配便屋さんお願いします！

◆ 遊具を片付ける場が分かりやすいよう、イラストなどで表示する。片付けの場が片付けの時間は混雑しないように、遊具を入れる箱やケースを離して置いておく。

＊「赤い積み木はどこかな？」「宅配便屋さん、片付けの配達お願いします」など、子どもが楽しみながら進んで片付けたくなるような言葉を掛ける。

反省・評価のポイント

自己評価にもつながる

★ 保育者や友達と同じ場で、自分のしたい遊びをじっくりと楽しんでいたか。

★ 自分の使った遊具や場所を、片付けられるよう援助できたか。

6月 幼稚園・認定こども園 4週の計画

6/26(月)〜30(金)

今週の予定
● プール開き、避難訓練

前週の幼児の姿
● 保育者や友達と同じ場で、自分のしたい遊びにじっくり取り組んでいる。
● 遊んだ後の片付けを、保育者と一緒に進んで行なっている。

指導計画

6月3・4週の計画 幼 こ

● 水遊びの準備や約束事を知り、水を使った遊びを楽しむ。
● いろいろな遊具や素材を使った遊びを楽しむ。
・ 排せつや着替え、水分補給など、水遊びの前後にすることが分かり、保育者に見守られ自分でしようとする。
・ 保育者と一緒に、いろいろな遊具や素材に触れて遊ぶ。

◆ 3歳児なりに活動の見通しをもち水遊びを楽しみにできるように、水遊び前に新聞紙プールに入ったり、水着に着替えたりする機会を設ける。

◆ 水遊びの手順(排せつを済ませる→着替えを入れるカゴを用意するなど)を示した絵表示を用意する。

◆ 衣服の着脱を座ってできるゴザや、衣服を畳んで入れておくカゴなど、自分のことが安心してできる場所を用意しておく。

◆ 初めての水遊びに不安や抵抗がある子どもも、安心して参加することができるよう、タライやカップを用意しておく。

＊ 保育者同士で連携し、それぞれの遊びを一緒に楽しんだり動きを示したりしながら、初めての活動にも喜んで参加できるようにする。

◆ カップ、ひしゃく、空き容器など水遊びに使うことができる道具を多めに用意する。

◆ 水の冷たさを心地良く感じることができるよう、気候に応じて泥んこ遊びやフィンガーペイント、寒天ゼリー、色水、シャボン玉など様々な水遊びの機会を設ける。

＊ ぬれた水着の着脱はさりげなく援助しながら、自分でできたという自信や、次の水遊びの意欲につなげていく。

わたしも
やりたーい

◆ 水遊びの後は粘土や描画、ブロックなどゆったりと活動できる遊びを構成しておく。
（📖：『どろんこハリー』『ノンタンおよぐのだいすき』
♪：『シャボン玉』、手遊び：『さかながはねて』）

＊ トマトが色付き始めた様子を知らせ、季節の変化を感じられるようにする。

反省・評価のポイント

自己評価にもつながる

★ 水遊びの準備や約束事が分かり、自分のしたい水遊びに取り組んでいたか。
★ いろいろな遊具や素材を使った遊びを楽しめるよう、機会を設けていたか。

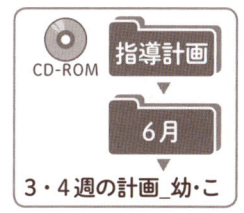

CD-ROM 指導計画 ▶ 6月 ▶ 3・4週の計画_幼・こ

6月 日の計画

 幼稚園・認定こども園

6/28(水)

ねらい	● 保育者や友達と一緒に水遊びを楽しむ。 ● 水着や衣服の着脱のできるところは自分でしようとする。
内容	● 保育者や友達と園庭でじょうろや水鉄砲で水遊びをする。 ● 保育者に手伝ってもらいながら、できるところは自分で着替える。

環境を構成するポイント	予想される幼児の活動	保育者の援助
● 遊びだしやすいよう、ゴザや机などで遊びのコーナーをつくれるようにしておく。 ● 子どもが十分に遊びに取り組んで楽しめるよう、時間に配慮する。 ● 道具や用具は子どもが自分で出したり片付けしたりできるよう、絵や写真で表示を作っておく。 ● 日差しが強い場合には、パラソルなどを設置する。また、すのこ・タライ・水鉄砲・カップなどを用意する。 ● 水遊びが終わって保育室に戻る際、足を洗えるように、足洗い用のタライや足拭きマットを用意する。 ● 子どもの動線を考えながら、タオル掛けや水着を入れるタライなどを用意しておく。 ● 早く着替え終わった子どもが落ち着いて過ごせるように、ブロックや絵本などを用意しておく。 ● プールに入って疲れている子どももいるため、みんなで手遊びや絵本などを見たりして、降園まで座ってゆっくり過ごせるような場所をつくる。	● 登園する。 ● 所持品の始末をする。 　（プールカードを出す） ● 好きな遊びをする。 　（ウレタン積み木、ブロック、ままごと、描画 など） ● 片付けをし、集まる。 ● 排せつをし、水着に着替える。 ● リズムに乗って体を動かす。 ● シャワーを浴びる。 ● 園庭で水遊びをする。 　（ビニールプールに入る、水鉄砲で遊ぶ、宝探し、ジュース屋さんごっこ など） ● 足を洗い、体を拭き、着替えをし、水分補給をする。 ● 排せつ、うがい・手洗いをする。 ● 食事の準備をして昼食をとる。 ● 休息をとる。 ● 好きな遊びをする。 ● 片付ける。 ● 集まる。 ● 手遊びをする。（『さかながはねて』など） ● 絵本を読む。 　（📖：『こぐまちゃんのみずあそび』） ● 降園の準備をする。 ● 降園する。	● 一人ひとりと挨拶を交わし、健康状態を把握する。 ● プールカードを確認する。 ● 子どもが自分から遊んでいる姿を見守る。また、遊びが見つからない子どもは保育者が一緒に遊んだり、そばに寄り添ったりすることで安心して遊びだせるようにする。 ● 水遊びへの期待が高まるように、園庭のプールや水鉄砲のことを話題に出す。 ● 身支度の手順を実際に見せ、分かりやすく知らせる。また、自分でやろうとする姿を見守りながら、難しいところは手伝う。 ● 水遊びの際には、安全に配慮しながら一人ひとりの関心に合った遊び（水が苦手な子どもには、ジュース屋さんごっこ、水鉄砲 など）ができるよう援助する。 ● 保育者自身が水に触れ、楽しく遊んでいる様子を見せながら、関心がもてるようにする。 ● 明日に期待がもてるよう、「楽しかったね」「また、遊ぼうね」など一人ひとりに言葉を掛けて挨拶をする。

反省・評価のポイント　自己評価にもつながる

★ 保育者や友達と一緒に水遊びを楽しめるような環境の構成と援助ができたか。

★ 水着の着脱を自分なりにしようとしていたか。

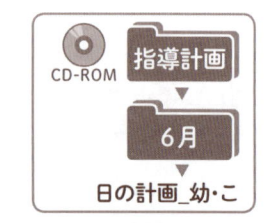

CD-ROM　指導計画 ▼ 6月 ▼ 日の計画_幼・こ

今月の保育

夏の生活に興味をもって

7月に入ると七夕や夏祭りなど、子どもたちにとって楽しい行事が続きます。喜んで行事に参加する子どももいれば、ちょっぴり戸惑う子どももいます。一人ひとりの気持ちに添いながら行事を進めていきましょう。暑さも厳しくなってきて、この時季からプールや水遊びが多くなってきます。時間に余裕をもって遊びを進めたり、十分に休息をとったりして夏の健康・安全・清潔、室内の温度調整などに配慮し、元気に夏を過ごせるように心掛けましょう。この時季ならではの夏の生活に興味をもって過ごせるようにしていきたいですね。

▼▲▼▲▼▲▼▲▼▲▼▲ 保育のポイント ▼▲▼▲▼▲▼▲▼▲▼▲

生活

"自分で"という気持ちを育んて

　プール遊びや泥んこ遊びなどがしたくて、自分で衣服の脱ぎ着をしたり水着の始末をしようとしたりする姿が見られます。汗を拭いたり、衣服の着脱をしたりするなどの夏の生活の仕方も伝えたいですね。"自分でする"という意欲や態度を認めながら、個々に応じて着脱の仕方が身につくようにしましょう。

興味・関心

発達に応じた遊びの工夫を

　園庭で栽培している夏野菜の生長を見つけて喜んだり、水やりを楽しんだりして、夏の自然に親しみがもてるようにしていきましょう。時には耳を澄ましてセミの鳴き声を聞くことも楽しいですね。
　七夕飾りや空き箱を使った製作など、無理なく楽しく使える素材を用意し、ハサミやのりなどの使い方にも慣れていけるように、発達に応じた指導の工夫を心掛けましょう。

友達や保育者との関わり

友達と一緒に！　楽しめるように

　気の合う友達ができ、一緒に好きな遊びを楽しむようになっています。簡単なルールのある遊びや水遊び、音楽に合わせて体を動かすなどして、友達と一緒に遊ぶ楽しさが味わえるようにしたいですね。また、遊びを通して、「いれて」「かして」などの言葉のやり取りをしていくことも伝えていきましょう。

7月の計画

クラス作り

プール遊びや水遊びなど、夏ならではの遊びを通して、開放的に遊ぶ楽しさを味わえるようにしたい。友達との関わりが広がる一方で、自分の思いがうまく伝えられない、相手の思いを受け入れられないなどが原因でトラブルになることもあるので、互いの思いを受け止め、一緒に遊ぶ楽しさを感じられるようにしていきたい。

前月末の幼児の姿	ねらい	幼児の経験する内容 (指導内容)
生活 ●朝や帰りの支度や着替えなど、簡単な身の回りのことを、保育者に見守られながら自分でしようとしている。	●夏の生活の仕方を知り、身の回りのことを自分でしようとする。	●プール遊びや水遊びの準備、後始末など、できないところは保育者に手伝ってもらいながら自分でしようとする。 ●汗をかいたときには衣服を着替えたり、保育者に促されて水分補給をしたり、休息を取ったりする。
興味・関心 ●梅雨期ならではの自然にふれることを楽しんでいる。 ●いろいろな素材に興味をもち、友達や保育者と一緒に製作を楽しんでいる。	●保育者や友達と一緒に、夏ならではの遊びを楽しむ。 ●簡単な製作を楽しむ。	●プール遊びの約束事を知り、楽しんで遊ぶ。 ●水、砂、片栗粉のフィンガーペインティングなどで感触や心地良さを感じ遊ぶ。 ●巧技台やフープなどの遊具を使ったり音楽に合わせて体操したりするなど、体を動かして遊ぶ。 ●ハサミやのりを使って七夕飾りを作ったり、簡単な製作をしたりする。
友達や保育者との関わり ●保育者や友達と一緒に遊ぶことを楽しんでいる。 ●友達と遊ぶ中で、思いがぶつかり合い、トラブルになることもある。	●自分の思いを言葉や身振りで表す。 ●身近な夏の自然に興味をもつ。	●自分の思いを言葉で伝えようとする。 ●友達に自分の思いを伝えられないときには、保育者と一緒に言ったり、代弁してもらったりする。 ●セミの鳴き声を聞いたり、抜け殻、ダンゴムシなどを見つけたりして、夏の自然にふれる。 ●夏野菜の苗の生長に気付き、収穫を楽しみにする。 ●夏の天候などの自然事象にふれる。

家庭・地域との連携

■ プール遊び、水遊びが本格的に始まるので、プールカード（健康チェック表）に体温や健康状態を毎日記入してもらう。

■ 先月に引き続き、夏の感染症（ヘルパンギーナ、とびひ、手足口病 など）について保健便りや口頭で伝え、異変があったときには早めの受診を勧める。

■ 汗をかいたり水にぬれたり砂遊びで汚れたりして着替えることが多くなるので、衣服を多めに用意してもらう。

園生活の自立に向けての配慮点

●は健康・食育・安全、
★は長時間にわたる保育への配慮、
♥は保育者間のチームワークについて記載しています。

- ● プールの水位・水温・水質などに配慮したり、保育者の居場所を確認したりして、安全にプール遊びができるようにする。
- ● 栽培している夏野菜の生長に気付けるように声を掛け、食への興味につなげていく。
- ★ プール遊びや暑さで疲れが出やすいので、ゆったりと過ごせる環境を整えていく。
- ♥ 長期休みに入る子どもには、休み前後の子どもの様子を職員間で共有し、連携をとる。

要領・指針につながるポイント

✱ 身近な環境に親しみ、自然と触れ合う中で様々な事象に興味や関心をもつ

夕立や雷、夏野菜の生長など、子どもが驚いたりおもしろいと思ったりする気持ちが興味や関心へとつながっていきます。幼児用の図鑑で虫や花の名前を調べたり、収穫した野菜を使って製作する際に形や匂いを嗅いでみたりなど、興味が広がるようにしていきましょう。（参考：領域「環境」）

環境と援助・配慮

暑い夏を快適に過ごすために

- ● エアコンや扇風機を使い、室内の温度、湿度を調整し、子どもたちが快適に過ごせるようにする。
- ● 戸外でも水分補給ができるようにしたり、遮光ネットを利用したりして熱中症を予防する。
- ● 汗をかいたりぬれたりしたら、衣服を着替えるよう促し、清潔に過ごせるようにする。
- ● 暑いときには木陰で遊ぶよう促したり、室内でゆったり遊べるようなコーナーを用意したりして、十分に休息がとれるように配慮していく。

夏ならではの遊びを楽しめるように

- ● バケツ、タライ、ペットボトル、絵の具などを用意し、様々な水遊びができるようにしていく。
- ● プール遊びで安全に遊べるように、絵カードや写真を使って約束事を理解できるように伝え、一緒に楽しんでいく。
- ● 水に入ったり、顔に水が掛かったりするのを嫌がる子どももいるので、場所や時間を分けることで安心して楽しめるようにしていく。プールの近くにタライや水遊び用の玩具を用意し、それぞれのペースで水に慣れていけるようにする。

友達と楽しく遊べるように

- ● 友達と一緒に遊びたいという気持ちを受け止めながら、遊びに誘ったり、友達と一緒に楽しめるようなコーナーや遊びの設定をしたりしていく。
- ● 思いのぶつかり合いや玩具の取り合いでトラブルになったときは、相手の思いや状況を分かりやすく代弁し、それぞれの思いを受け止め、共感していく。
- ● 巧技台やフープでの運動遊びでは、順番を守るなど安全に遊ぶためのルールを分かりやすく繰り返し伝え、友達と一緒に遊ぶ楽しさを味わえるようにする。

夏の自然に興味がもてるように

- ● セミの鳴き声を聞いたり抜け殻を一緒に探したりして、その驚きや喜びに共感していく。
- ● 興味をもった子どもがすぐに見られるように、虫の図鑑や絵本を子どもの手の届く場所に用意し興味を広げていく。
- ● 栽培しているピーマンやオクラの水やりをしながら、生長を一緒に見たり、変化に気付けるような声掛けをしたりしていく。
- ● 子どもの驚きや発見に共感し、入道雲や雷、虹などの自然事象に気付けるようにしていく。

反省・評価のポイント

自己評価にもつながる

- ★ 夏の生活の仕方を知り、身の回りのことを自分でしようとしていたか。
- ★ 保育者や友達に思いを伝えながら、夏の遊びを楽しめていたか。
- ★ 身近な夏の自然に興味がもてるよう環境の構成と援助ができたか。

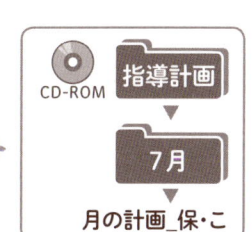

CD-ROM　指導計画 ▼ 7月 ▼ 月の計画_保・こ

7月の計画

クラス作り

安心して自分のやりたい遊びを楽しみ、友達への関心も出てきているので、更に一人ひとりの思いを丁寧に受け止めながら、友達と関わって遊ぶ楽しさを感じられるようにしていきたい。また、水遊びなど夏ならではの開放感のある遊びを満喫できるような環境も整えていきたい。

前月末の幼児の姿	ねらい	幼児の経験する内容（指導内容）
生活 ●保育者に見守られながら、身の回りのことを自分でしようとする姿が増えてきている。 ●蒸し暑くなり、水分を多く欲しがったり、食欲が落ちたりする子どもがいる。	●身の回りのできることを自分でしようとする。	●水遊びやプール遊びの支度を知り、できるところは自分でしようとする。 ●汗をかいたり、汚れたりしたときに、着替えたり手洗いをしたりすることの気持ち良さに気付く。
興味・関心 ●水、砂、土に触れて遊ぶ子どもが多い。 ●好きな遊びや場を見つけて遊ぶことを楽しんでいる。	●自分の好きな遊びを十分に楽しみながら、友達のしていることに興味をもつ。	●好きな遊びを見つけたり、気の合う友達のしていることに興味をもって一緒に遊んだりする。 ●友達と一緒に遊ぶ中で、自分の思いを相手に言葉や身振りで伝えようとする。
友達や保育者との関わり ●友達のしていることに関心を示すようになり、同じ場や物で遊ぼうとしている。 ●自分の思いが通らないと、手が出たり、物を取り合ったりするなどトラブルになることがある。	●保育者や友達と一緒に水遊びを楽しむ。 ●身近な夏の自然に親しむ。	●水、砂、土などに親しみながら、その感触を楽しむ。 ●水に親しみ、保育者や友達と一緒にプールで遊ぶ楽しさを味わう。 ●ヒマワリやアサガオに水やりをしたり、育てた夏野菜を見たりしながら、植物の生長していく様子に興味をもつ。 ●セミの鳴き声に気付いたり、抜け殻を見つけたりして夏の自然にふれる。

家庭・地域との連携

■水遊びやプール遊びを行なうときには、プールカードなどを用意し、家庭との連絡を密にしながら、一人ひとりの健康状態を把握していくようにする。
■夏に多い感染症（プール熱やとびひ など）や熱中症に関する情報や予防策を事前に知らせる。また発生した際には速やかに状況を伝え、家庭でも体調の変化に留意してもらう。
■夏休みを迎えるにあたり、保護者会や配布物などを通して、夏休みの過ごし方や配慮事項を伝える。

園生活の自立に向けての配慮点

●は健康・食育・安全、★は長時間にわたる保育への配慮、♥は保育者間のチームワークについて記載しています。

● 室内の温度調節に気を配り、水分補給を促す。
● 育てた夏野菜を収穫し、サラダやみそ汁などにして、みんなでおいしく頂く喜びが味わえるようにする。
★ 日中の暑さから疲れが出やすい時期なので、休息がとれるように布団コーナーを用意し、ゆったりと過ごせるようにする。
♥ 感染症が発生したら保護者と情報を共有し、体調管理に努める。

要領・指針につながるポイント

★ 自分から関わり（略）生活に取り入れようとする。

　園庭や保育室、ホールなどで遊んでいる4・5歳児の遊びにも興味をもち始め、おもしろそうな遊びにお客さんになって参加する姿が見られたり、色水遊びやダンゴムシ探しなどと自分なりの遊び方で楽しんだりする姿も見られてきました。「おもしろそう」「ぼくもやりたい」のうれしい気落ちを大切に育てていきましょう。（参考：領域「環境」）

指導計画

7月の計画 幼 こ

環境と援助・配慮

自分でしようとする気持ちを大切に

● 身の回りのことを自分でしようとしている姿を励ましたり、そばで見守ったりしながら、“自分でできた”という喜びの気持ちから、徐々に自信へとつなげられるようにしていく。
● 水遊びやプール遊びのときの身支度や始末が自分でできるように時間に余裕をもたせ、一人ひとりの状態に応じて声を掛けたり、手伝ったりしていくようにする。

夏ならではの遊びが十分に楽しめるように

● 水遊びや砂遊び、洗濯ごっこ、色水遊び、シャボン玉遊びなどが味わえるように用具や材料を用意したり、遊びだしやすいような場を整えたりする。
● プール遊びに抵抗がある子は、プールのそばで水鉄砲やじょうろなどを使って遊びながら、徐々に水に親しめるようにしていく。
●「織り姫」や「彦星」の話を聞いたり、ササ飾りを作ったりしながら、七夕に親しめるようにする。
● 熱中症への対応として、戸外遊びの際は帽子をかぶり日陰に入るようにするなど、長時間紫外線に当たらないようにする。また、こまめに水分補給を促していく。

友達と関わって遊ぶことを楽しめるように

● 友達がしている遊びに興味をもっている様子を受け止め、保育者が誘ったり、一緒に「いれて」と言いながら、遊びに入るきっかけをつくったりしていく。
● トラブルが起きたときは、それぞれの子どもの気持ちを十分に受け止めて、代弁したり、「かして」などの言葉を一緒に言ったりしながら、相手の気持ちに気付けるように働き掛けていく。

身近な夏の自然に親しみながら

● 夏野菜やヒマワリ・アサガオなどの花を見たり触れたりしながら、植物が生長していく様子を知らせ、実を付けたり花が咲いたりしたときの喜びを友達と一緒に感じられるようにする。
● アリやセミの抜け殻などを見つけて、身近な生き物への興味を広げていく。

反省・評価のポイント

自己評価にもつながる

★ 身の回りのできることを自分でしようとしていたか。
★ 自分の好きな遊びを見つけて楽しみながら、友達とも関わって遊ぶ楽しさを味わっていたか。
★ 夏の自然にふれながら、水や砂などの感触を楽しんだり、親しんだりすることを喜んでいたか。

CD-ROM　指導計画　▼　7月　▼　月の計画_幼・こ

7月 1週の計画

保育園・認定こども園

7/1(土)〜8(土)

今週の予定
● 七夕集会、七夕

前週の幼児の姿
● 約束事を知り、保育者や友達と一緒に水遊びを楽しんでいる。
● 保育者や友達と『かごめかごめ』や『フルーツバスケット』などの簡単なルール遊びを楽しんでいる。

ねらい(●)と内容(・)

● 夏の園生活の流れや仕方を知る。
● 七夕飾りを作ったり、飾ったりしながら七夕に興味をもち、集会を楽しむ。
● 水遊びや砂遊びを楽しむ。
・ 自分でできることをしたり、保育者に手伝ってもらいながら、着替えや身の回りのことをする。
・ 七夕飾りを作ったり、飾ったりしながら集会に参加し、歌をうたったり、パネルシアターを見たりする。

具体的な環境(◆)と保育者の援助(＊)

◆ 水遊びやシャワーなどの準備や着替え、後始末について簡単な絵を表示するなどして、繰り返し丁寧に知らせたり、一緒にしたりしながら見守っていく。

＊ 日々の繰り返しの中で、やり方が身につくように時間にゆとりをもって、一人ひとりの様子を知り、関わるようにする。

＊ 熱中症にならないようにこまめに水分補給を行なうよう声を掛けていく。

◆ 少人数でできる製作コーナーをつくり、色紙やハサミ、のり、手拭き、個々に切った紙を入れる箱などを準備しておく。

＊ 「楽しいね」「いっぱいできたね」など満足できるようことばがけをする。

＊ ハサミやのりの扱いには個人差があるので、一人ひとりに応じて見守ったり手を添えたりしていく。

＊ 製作した七夕飾りを子どもたちと一緒に飾りながら、七夕の歌をうたうなどして、興味がもてるようにする。

◆ 七夕集会では、部屋のカーテンを閉め、徐々に明かりを消してふだんとは違うパネルシアター(ブラックシアター)を楽しめるようにする。

＊ 部屋の明かりを消すときには、保育者がそばについて、安心して見られるようにする。

◆ 絵本や紙芝居を通して七夕の話に関心がもてるようにする。
(♪:『たなばた』、📖:『たなばただいぼうけん』紙芝居:『うさぎのみみちゃんたなばたまつり』)

◆ 水が苦手な子どもたちも遊べるよう、タライやじょうろ、ペットボトルなどの容器を準備しておく。

＊ 水遊びやプール遊びの約束事が定着するように、繰り返し確認する。また、子どもたちから「○○はいけないよね」などの声が出たときは十分に認め共感する。

◆ 砂場での砂遊びを一人ひとりが自由に楽しく遊べるようにタライ、バケツ、ペットボトル、といなどを準備する。

◆ 砂場での水遊びや泥んこ遊び専用の衣服に着替え、汚れを気にせずに開放的に遊べるようにする。

＊ 保育者も一緒に遊びの中に入り、水や砂の感触を伝えながら、遊びに誘っていく。

反省・評価のポイント

自己評価にもつながる

★ 生活の流れや仕方を知り、身の回りのことを自分でしようとできたか。
★ 七夕製作や話に興味をもち、楽しんで集会に参加できたか。
★ 水遊び、砂遊びが楽しめるように援助ができたか。

7月 2週の計画

保育園・認定こども園

7/10(月)〜15(土)

今週の予定

前週の幼児の姿

- 着替えや水遊びの後始末を保育者に見守られながら、自分でできるところはやろうとしている。
- 七夕の飾り作りや七夕集会に楽しく参加している。
- 水・砂・泥の感触を知り、楽しんでいる。

- 保育者や友達と一緒に夏の遊びを楽しむ。
- 友達と体のバランスをとったり、跳んだりする遊びを楽しむ。
- 夏野菜の生長や虫に興味をもつ。
- ・プール遊びや色水遊びをする。
- ・巧技台やフープを使って友達と一緒に遊ぶ。
- ・育てている野菜に水やりをしたり、虫の鳴き声を聞いたり、虫を見たりする。

◆ 子どもたちの様子を見ながら、慣れてきたことを確認し、プールの水位を子どもの膝丈くらいにする。また、徐々に水位を高くしながら、安全に遊べるようにする。

◆ なかなかプールに興味がもてなかったり、顔に水が掛かることを嫌がったりする子どもたちには安心して楽しめるように言葉を掛けたり、一人で遊べる環境づくりをしたりする。

＊ 子どもの体調の変化（唇の色・鼻水）に留意したり、休息をとったりしながら、無理のないように進める。

◆ プール遊びができない子どもも楽しく遊べるように、じょうろやバケツ、水鉄砲などの遊び場をプールの近くに設定するなどの工夫をする。また、遮光ネットを張ったり帽子をかぶったりするなど、熱中症に気を付ける。
（♪：『水遊び』『プールのうた』『うみ』）

◆ 色水遊びが楽しめるように食紅やクレープ紙を使用する。

＊ 巧技台やフープを使った遊びでは、約束事（押さない、急がない、順番を守る）を伝えたり、保育者が見本を見せたりしながら危険のないようにする。

◆ 平均台の下にマットを敷き、ずれたり踏んだりしても安全な運動遊具を準備する。
（フープ、踏んでも滑らない平たいリング など）

＊ スタートのタイミングを見ながら前の子どもにぶつからないように合図をしたり、様子に合わせて手を添えたり一緒に渡ったりしながら、巧技台やフープを使った遊びの楽しさを感じられるようにしていく。

◆ 朝の涼しい時間、園庭の日陰や木陰でセミの鳴き声を聞いたり抜け殻やダンゴムシの様子を見たり、夏野菜の生長を見たりするなど、夏の自然にふれられる環境を工夫する。

＊ 戸外の気温を見ながら水をまいたり、遮光ネットを張ったりして、少しでも気温が下がるように工夫し、水分補給をこまめに行ない、一人ひとりに声を掛けて涼しい場所に誘うようにしていく。

＊ 子どもたちで育てているオクラやピーマンの生長に気付けるように、水をやったり、言葉を掛けたりする。

反省・評価のポイント

自己評価にもつながる

★ 保育者や友達と一緒に夏の遊びを楽しめるよう、環境を構成できたか。
★ 巧技台やフープ遊びを楽しんでいたか。
★ 夏野菜の生長や虫に興味や関心がもてるような援助ができたか。

 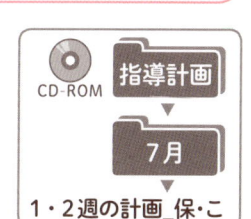

CD-ROM → 指導計画 → 7月 → 1・2週の計画_保・こ

7月 3週の計画

保育園・認定こども園

7/17(月)〜22(土)

今週の予定

● 海の日、身体計測、避難訓練、誕生会

前週の幼児の姿

● 保育者や友達とプール遊びや砂遊びを楽しんでいる。

● 運動遊びを楽しんでいる。

● 夏の自然にふれながら、育てている野菜の生長を喜んでいる。

ねらい（●）と内容（・）

● プール遊びを保育者や友達と楽しむ。

● 好きな遊びを通して保育者や友達に自分の思いを伝えようとする。

● 夏野菜の収穫を喜び、スタンプ遊びを通していろいろな模様の楽しさを味わう。

・ フープやボールを使った水遊びやプール遊びをする。

・ ままごとやごっこ遊びを通して、保育者や友達と言葉のやり取りをする。

・ オクラやピーマンを収穫し、夏野菜を使ったスタンプ遊びをする。

具体的な環境（◆）と保育者の援助（＊）

◆ 一人ひとりが水遊びやプール遊びに楽しんで取り組めるようにフープやカラーボール、水に沈む玩具などを準備する。また、水に慣れていない子どもには、タライやビニールプール、水遊び用のじょうろや水車などの玩具を用意する。

＊ 保育者も一緒にアヒル歩きやワニ歩きをしたり、玩具を水に浮かべたり沈めたりしながら、子どもがプール遊びを十分にできるようにする。

＊ 水に徐々に慣れて子どもたちの動きも大胆になってくるので、プール遊びの約束事やルールを分かりやすい言葉で、その都度伝え、安全に遊べるようにする。

＊ 保育者や友達と一緒に、音楽に合わせて体を動かしたり、簡単な身体表現をしたりできるようにする。（体操：『エビカニクス』『忍者体操』）

◆ プールに入れない子どもには、体調を見ながら、涼しい場所で絵本を見たり、ままごとをしたりできるようにする。

＊ 他クラスの保育者とも連携をとり、園全体の状況を把握し、水遊びがスムーズにできるようにする。

◆ 落ち着いて遊べるコーナーをつくり、ままごと道具やお店屋さんごっこ用の広告紙の切り抜き、パズルなどの玩具を用意する。

＊ 友達と一緒に遊ぶ中で、言葉で伝えられなかったり、思いが伝わらずにトラブルになったときは、保育者が仲立ちをして、互いの思いを伝えていく。

＊ 保育者が遊びに入ることで友達と一緒に遊ぶ楽しさを知らせていく。

＊ お店屋さんごっこで使って遊べるよう、広告紙の切り抜き（食べ物などの商品）を準備し、「いらっしゃいませ」「○○ください」「ありがとうございました」などその場面に応じた言葉を添えたり、声を掛たりして、楽しく遊べるようにしていく。

＊ ごっこ遊びに入れずにいる子どもには声を掛けたり、他の遊びを十分に楽しんでから、入れるようにするなど、徐々に興味が向くようにする。

◆ 夏野菜の水やりをしたり生長したオクラやピーマンをみんなで収穫したりする。

＊ 生長や収穫に興味・関心がもてるよう子どもたちとの話題に取り入れ、みんなで見ながら収穫できるようにする。

◆ 製作するときは少人数でじっくり遊べるように製作コーナーをつくる。

＊ オクラやピーマンの断面を子どもたちに見せながら、スタンプ台で色を付けてスタンプ遊びを保育者がやって見せ、意欲をもてるようにする。

反省・評価のポイント

自己評価にもつながる

★ 水遊びやプール遊び、好きな遊びを楽しめていたか。

★ 保育者や友達に言葉で思いを伝えることができたか。

★ 野菜の収穫を喜び、スタンプ遊びで模様のできる楽しさを味わえるよう援助ができたか。

7月 4週の計画

7/24(月)～31(月)

今週の予定

前週の幼児の姿

● プールでの水遊び、片栗粉のフィンガーペインティングなど夏ならではの遊びを楽しんでいる。

● 好きな遊びを通して、少しだけ自分の思いを伝えたり、保育者が仲立ちとなって、ごっこ遊びを楽しんだりしている。

● プール遊びの身支度や始末など自分でできるところはしようとする。

● 夏の自然に興味をもつ。

● 片栗粉のフィンガーペインティングの感触と、指でできる模様を楽しむ。

・ 水着の着脱の始末など自分でできることをする。

・ 空の入道雲や夕立、雷など夏の自然事象にふれる。

・ 片栗粉を使ったフィンガーペインティングをする。

◆ プールバッグや着替えはいつも同じ場所に置き、毎日同じ手順でできるように環境を整えておく。

＊ プールバッグや着替えは机やイスなどの分かりやすい所に置き、自分で進んでできるように見守り必要なところは援助していく。

◆ プール遊びの後は、水分補給を十分に行ない、室内でゆっくり過ごせるようにゴザを敷いたり、ブロックや絵本などを用意したりしておき、体を休める時間を確保する。

＊ こまめに水分補給を行なうように促し、水分補給ができていない子どもへの声掛けをしながら確認していく。

◆ テラスでの片栗粉のフィンガーペインティング用に、食紅の色別に準備した机を構成する。
（片栗粉、食紅〈赤、緑、黄色〉）

＊ 子どもたちが興味をもてるよう、フィンガーペイントを作りながら「ぬるぬるしているね」「線が描けたね」などのことばがけをしていく。

＊ 片栗粉の感触が苦手な子どもには少しずつ触れるようにしたり、紙に挟んで二つ折りにして見せたりしながら無理なく進めていく。

◆ 夏野菜や虫、雷など夏の自然事象に興味がもてるように、絵本や図鑑などを棚に置き、手に取りやすいように工夫する。
（📖：『グリーンマントのピーマンマン』『ばばばあちゃん』シリーズ、植物の図鑑、気候の図鑑 など）

＊ 保育者も一緒に空を見上げたり、日陰に入ったりして夏の自然に気付けるよう、「おもしろい形の雲だね」「日陰はうれしいね」などと声を掛けていく。

反省・評価のポイント

自己評価にもつながる

★ 自分で身支度や始末をしながら、プール遊びや水遊びを楽しんでいたか。

★ 夏の自然物に気付き、興味・関心がもてたか。

★ 片栗粉のフィンガーペインティングを楽しんで遊べるよう環境を構成できたか。

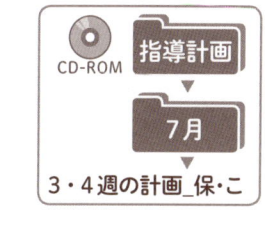

CD-ROM 指導計画 ▸ 7月 ▸ 3・4週の計画_保・こ

1週の計画

7/1(土)〜8(土)

今週の予定
● 七夕

前週の幼児の姿
● 水の感触やシャボン玉、フィンガーペインティングなどを楽しんでいる。
● 保育者や友達と同じ物を持ったり身に着けたりして遊んでいる。
● 水着の着脱は自分でやってみようとする子どももいるが、保育者に手伝ってもらいながらする子どももいる。

ねらい(●)と内容(・)
● 自分の好きな遊びを楽しみながら友達との関わりを喜ぶ。
● 水遊びの支度や汗の始末など、身の回りのことをしようとする。
● 七夕に興味をもち、製作や飾り付けを楽しむ。
・ ままごと、砂場遊びなどで、友達と関わって遊ぶ。
・ 自分なりに、水着へ着替えたり、汗をかいた後に着替えたりする。
・ のりやクレヨンを使って七夕飾りを作る。

具体的な環境(◆)と保育者の援助(*)

◆ 前日の続きや友達同士の関わりができるように、遊びに必要な物を目に付く場所に置いておいたり、段ボール板のつい立てやゴザなど、場所を仕切れる物を用意しておいたりする。

* 気に入った場所で好きな遊びを楽しんでいる様子を見守る。また、友達の遊びに興味をもっているときには仲間に入れるように必要な言葉を伝えていく。

* トラブルが起きたときには、それぞれの思いを受け止めて必要な言葉を伝えたり、相手の気持ちを伝えたりする。

ピンポーン

◆ プールに入るまでの手順の絵を引き続き掲示しておき、迷わず着替えなどの準備を始められるようにする。

* 水の心地良さや開放感を体いっぱいに表現している姿を受け止める。また、保育者が一緒に水に入りながらスキンシップを図り、安心した気持ちで遊べるようにする。

◆ プール遊びのときに、バケツや魚釣りなどの遊具を利用して、水が苦手な子どもも安心して楽しめるようにする。

◆ 七夕飾り作りでは、のりやクレヨン、シール、三角・四角・星などの形に切った色紙など、自分から作りたくなるような材料を用意しておく。
(三角つなぎ、四角つなぎ、丸つなぎ、星の子、スイカ など)

* のりやハサミなどの扱い方は遊びの中で個別に知らせたり、全体の活動の中で確認したりする。

* 作った飾りをササに付ける際には「長くなったね」「いろいろな色があってきれいだね」と声を掛け、子どもたちがもっとやりたいと思えるようにする。

◆ 家庭でも七夕に期待をもてるように、ササに飾る短冊を持ち帰って願い事を書いてきてもらう機会を設ける。

* 七夕の歌をうたったり由来についての絵本を読んだりして、七夕を楽しみに感じられるようにする。
(♪:『たなばた』、📖:『10ぴきのかえるのたなばたまつり』、ダンス:『わたしはせいざ』)

反省・評価のポイント
自己評価にもつながる

★ 好きな遊びや友達との関わりを楽しんでいたか。
★ 自分なりに水遊びの準備をしたり汗をかいた後に着替えたりしていたか。
★ 七夕に興味をもち、飾り作りを楽しんでいたか。

今週の予定

前週の幼児の姿

- 友達と同じ場で関わって遊んでいる。
- 飾り作りやササ飾りを見て七夕を楽しんでいる。
- 晴れた日はプールで水遊びをし、水の心地良さや開放感を感じている。

- 保育者や友達と一緒に好きな遊びを楽しむ。
- 水遊びやプール遊びに親しみ、様々な感触を楽しむ。
- 夏野菜や身近な虫などの動植物に興味をもつ。
- ・好きな遊びをしたり、好きな友達と一緒にいることを楽しんだりする。
- ・様々な水遊びを保育者や友達とする。
- ・夏野菜の収穫をしたり、アリやセミの抜け殻などの様子を見たりする。

- ◆気温の上昇や水遊びで疲れやすいので、水遊びをした後はゆっくりと過ごせるような時間をとる。
- ＊ゴザ、ウレタン積み木、つい立てなどで、保育者と一緒に好きな場所をつくれるようにし、友達と一緒にいることを喜んだり、なり切って遊んだりする姿を見守る。
- ◆洗濯ごっこや色水遊びなどをする機会を設け、泡の感触を楽しんだり水に色の付く様子に興味がもてるようにしたりする。
- ＊子どもたちが興味をもてるように保育者自身が楽しみながら一緒に遊ぶ。一人ひとりの楽しんでいる様子や感じていることに共感し、時間に余裕をもってじっくりと楽しめるようにする。
- ＊水遊びの後の片付けや着替えは、自分たちでやってみようとする姿を見守り、必要に応じて手伝い、自分でできたという気持ちをもてるようにする。
- ◆トマトの色付きやヒマワリの生長など、植物の変化に気付けるよう、子どもの目に付く場にプランターを置き、保育者や友達と一緒に様子を見られるようにする。
- ＊実った夏野菜をクラスのみんなで収穫し、食べるうれしさを感じられるようにする。野菜が苦手な子どもには、小さく切ったり食べやすく調理したりなどする。

- ＊アリやダンゴムシなどに興味をもって関わる姿を見守ったり、セミの抜け殻を一緒に見つけたりして自然との関わりがもてるようにする。5歳児が育てているカブトムシが成虫になった様子を見せてもらったりする機会を設ける。（▢:『かぶとむしのぶんちゃん』、♪:『トマト』『水あそび』）

反省・評価のポイント

自己評価にもつながる

- ★保育者や友達と一緒に好きな遊びを楽しんでいたか。
- ★水遊びやプール遊びで、様々な感触を楽しんでいたか。
- ★身近な夏の植物や生き物に興味をもっていたか。

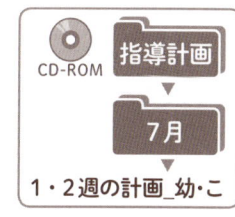

CD-ROM　指導計画　▼　7月　▼
1・2週の計画_幼・こ

3 週の計画

今週の予定

● 海の日、身体計測、避難訓練、誕生会、終業式

前週の幼児の姿

● 友達のしていることに興味をもち、一緒に遊ぶことを楽しんでいる。

● 水遊びを楽しむ中で、着替えや支度を、自分でしようとする。

● 夏野菜を収穫したり、カブトムシの生長を見たりすることを楽しんでいる。

● 水、砂、土などに親しみ、繰り返し遊んでいる。

ねらい（●）と内容（・）

● 保育者や友達と一緒に遊ぶことを楽しむ。

● 水遊びやプール遊びを楽しむ。

● 大掃除をし、夏休みがくることを知る。

・ 水遊びやままごとを楽しみながら、感じたことや思ったことを言葉や身振りで伝える。

・ プール遊びでは水に親しみ、保育者や友達と一緒に遊ぶ。

・ 保育者と一緒に、保育室の掃除をする。

具体的な環境（◆）と保育者の援助（＊）

＊ プールを二つ用意し、水が顔に掛かったりプール遊びが苦手だったりする子どもも、安心してプール遊びができるようにする。

◆ 水遊びの延長でプール遊びが楽しめるように、魚つかみやフープくぐりなどの遊びを用意しておく。

＊ 友達と一緒に遊ぶ楽しさが感じられるよう、保育者も一緒に遊んだり、一人ひとりの思いを言葉にして伝えていったりする。

＊ 戸外で遊ぶときには、帽子をかぶったり日陰で遊んだりすることを促し、熱中症を予防できるようにする。

◆ 戸外で遊んだ後は水分補給を促し、休息が取れるように部屋を涼しくしておく。

＊ 夏野菜はできるだけ夏休み前に収穫し、生長の喜びを感じられるようにする。夏休み後に生長が比較できるように写真に撮っておく。

＊ 1学期を振り返り、楽しかった出来事の話をしたり、生活の場を掃除したりして、夏休みを迎える準備をする。

◆ みんなで大掃除が行なえるよう、あらかじめ絞った小さめの雑巾を絞って用意し、掃除がしやすいようにする。

＊ 自分たちで棚やロッカー、玩具の掃除などを行なうことで、自分でもやってみようとする気持ちをもてるようにする。また、きれいになる心地良さを味わえるように声を掛けていく。

◆ 夏休みの過ごし方や約束事について、絵カードや紙芝居を使い、安全に夏休みを過ごせるように分かりやすく話をする。

＊ 終業式で、明日から夏休みに入ることを伝えていく。また、夏期保育や夏休み後の登園への期待につなげていく。

反省・評価のポイント

自己評価にもつながる

★ 友達や保育者と遊ぶことを楽しめたか。

★ プール遊びをして、水に親しめたか。

★ 大掃除を友達や保育者と一緒に行ない、使った物をきれいにする心地良さを味わえたか。

7月 夏期保育

幼稚園・認定こども園

7/28(金)

ねらい	●保育者や友達と一緒にプール遊びを楽しむ。 ●着替えや身支度、後始末を自分でしようとする。
内容	●プール遊びを楽しみ、水に親しむ。 ●保育者に見守られながら、着替えや後始末などを自分でする

環境を構成するポイント	予想される幼児の活動	保育者の援助
●外気温、水温、水位、残留塩素の濃度を確認する。 ●短く切ったホース、フープ、水鉄砲などプールで遊ぶ物を準備する。 ●プールに入れない子どもは、絵本やブロックなどで遊べるコーナーを設定する。（テラスや保育室） ●タオル、脱いだ水着などを置く場所を子どもたちが分かりやすいように設定する。 ●プール遊び後は水分補給を十分に行ない、ゆったり過ごせるよう、ブロックや絵本など用意しておく。 ●天候が悪い場合に備えて、代わりの遊びを用意しておく。 （にじみ絵、スタンプ遊び）	●登園する。 ●挨拶をする。 ・身支度、プールカードを出す。 ●好きな遊びをする。 　（ブロック、描画、シャボン玉 など） ●片付けをし、集まる。 ●排せつを済ませる。 ●水着に着替える。 ・タオル、着替えの用意をする。 ●準備体操をする。 ●プール遊びをする。 　（ホースの魚つかみ、フープくぐり、動物になって遊ぶ など） ●着替えをする。 ●水分補給をする。 ●排せつをする。 ●降園準備をする。 ●集まる。 ・絵本を読む。 　（📖：『ぼくおよげるんだ』） ・歌をうたう。（♪：『プールのうた』） ●降園する。	●久しぶりに会った子どもたち一人ひとりを笑顔で迎える。 ●健康状態をプールカードで確認し、活動ができるかを把握する。 ●プールで使う物を見せて、プール遊びに期待がもてるようにする。 ●身支度は、自分でしようとする気持ちを大切にし、できるだけ見守りながら難しいところは援助していく。 ●体操は、親しんだものを用意する。 ●安全に配慮し、プールの約束事を絵カードなどで確認する。 ●保育者も一緒にワニやアヒルになることで、自分でもやってみようとする気持ちをもてるようにする。 ●水が苦手な子どももいるので、水鉄砲やじょうろなどで遊べるようにし、水に親しめるようにする。 ●2学期に期待がもてるよう、一人ひとりに言葉を掛け、挨拶を交わす。

反省・評価のポイント 　自己評価にもつながる
★水の心地良さや体を動かす開放感を味わえていたか。
★着替えや後始末を自分でしようとしていたか。

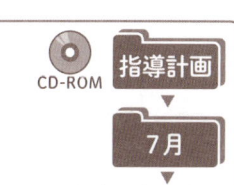
CD-ROM　指導計画　▼　7月　▼
3週・夏期保育の計画_幼・こ

7月 日の計画

保育園・認定こども園

7/20（木）

指導計画 7月 日の計画 保・こ

ねらい	● 夏野菜でスタンプ遊びを楽しみ、色や模様のおもしろさを感じる。 ● シャワー後の着替えや衣服の後始末を自分でやってみようとする。
内容	● 収穫したオクラとピーマンでスタンプ遊びをする。 ● 着替えや衣服の後始末など、自分でできるところをやってみる。

環境を構成するポイント	予想される幼児の活動	保育者の援助
● 前日までにオクラとピーマンを子どもたちと一緒に収穫し、洗ったり種を取ったりしてスタンプ遊びの準備をしておく。 ● 好きな遊びが楽しめるようなコーナーを設定しておく。 ● コーナー遊びの一角にスタンプ遊びのスペースを用意し、グループごとに子どもたちを呼んで少人数ずつで楽しめるようにする。 ● テーブルに、手作りスタンプ台（発泡トレイ＋絵の具に浸したキッチンペーパー）、Tシャツ型に切った画用紙（B4程度の大きさ）、オクラ、ピーマン、手拭きを用意しておく。 ● 色が混ざらないように、一台のテーブルに一色のスタンプ台を置き、子どもが画用紙を持って好きな色のテーブルに移動できるように設定する。汚れないように、テーブルにはビニールシートを敷いておく。 ● 保育室に洗濯ロープを張っておく。作品を洗濯バサミでロープに挟んで展示し、子どもたちが自分や友達の作品を見られるようにしておく。	● 登園する。 ● 朝の支度をする。 ● 好きな遊びをする。 　（ブロック、ままごと、積み木、絵本、パズル など） ● グループごとにテーブルに行ってスタンプ遊びをする。 ● 赤、黄、緑、青の手作りスタンプ台にオクラやピーマンの切り口を付け、画用紙にスタンプする。 ● できたら保育者に渡して、飾ってもらう。 ● 手を洗って絵の具を洗い流す。 ● 好きな遊びをする。 ● シャワーを浴び、着替えをする。 ● 昼食をとる。 ● 午睡（休息）をする。 ● おやつを食べる。 ● 降園準備をする。 ● 好きな遊びをする。 ● 降園する。	● 朝の挨拶をして子どもを迎え、一人ひとりの健康状態を把握する。 ● 自分で朝の支度をしている様子を見守りながら、必要に応じて声を掛けたり、手助けしたりする。 ● 収穫したオクラとピーマンで実際にスタンプをして見せ、形の違いやできた模様などのおもしろさに気付けるようにしていく。 ● 子どもたちがスタンプをしている様子を見守り、「きれいな色だね」「おもしろい模様だね」など、意欲を引き出すような声掛けをしていく。 ● できあがった子どもの作品から、洗濯ロープに洗濯バサミで挟んで飾っていく。「きれいなTシャツになったね」「○○ちゃんのもすてきだね」「洗濯物を干しているみたいだね」など、作品を見ながら子どもたちの思いに共感していく。 ● シャワーの後の体拭きは保育者が手伝い、着替えや衣服の片付けなどを自分で行なうように声を掛けていく。

反省・評価のポイント

自己評価にもつながる

★ スタンプ遊びを楽しみながら、色や模様のおもしろさを感じられるような環境構成と援助ができたか。

★ シャワー後の着替えや衣服の後始末などを自分でしようとしていたか。

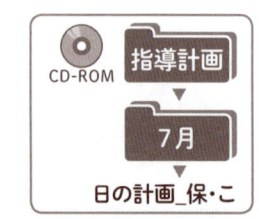

CD-ROM　指導計画 ▸ 7月 ▸ 日の計画_保・こ

8月

今月の保育

夏の遊びを満喫できるように

暑い日が続く季節となりました。プール遊びや様々な水遊び、泥遊びや虫取りなど夏ならではの遊びが楽しめる時期です。一人ひとりの子どもが生活や遊びを十分に楽しめるように遊びの場の構成や玩具などを工夫していきたいですね。また、幼稚園では3歳児にとって初めての夏休みになります。毎日遊んでいた友達や保育者に会えない不思議さや寂しさに戸惑う姿も見られることでしょう。夏期保育を実施したり、暑中見舞いを出したりして、2学期の始まりを楽しみに待てるようにしましょう。

▼▲▼▲▼▲▼▲▼▲▼▲ 保育のポイント ▼▲▼▲▼▲▼▲▼▲▼▲

生活

夏を健康に過ごせるように

連日の猛暑や水遊びの疲れから食欲が落ち、体調不良になる子どもも出てきます。夏の感染症（水いぼやとびひ）や熱中症に十分に注意し、室内の環境を整えたり、休息やこまめな水分補給をしたりしていきましょう。家庭との連絡を密にとりながら、日々の体調管理を行ない、夏を健康に過ごせるようにしていきたいですね。

興味・関心

子どもの興味を受け止めて

いつもと違った環境の中、年上の子どもの遊びに興味をもったり、まねをして遊んだりする姿も見られます。「おもしろそう」「やってみたい」という気持ちを受け止めていきましょう。

育てている夏野菜や花の水やりを一緒にしながら、生長の様子を見たり、時には食べたりして、夏の自然に関心がもてるようにしていきたいですね。

友達や保育者との関わり

異年齢児に親しみがもてるように

8月に入ると異年齢児との交流が多くなり、ふだんの園生活と違う環境になることがあります。4・5歳児と一緒に遊んだり、食事をしたりして親しみがもてるような機会をつくっていきましょう。一人ひとりの子どもの気持ちに寄り添い、安心して生活が送れるように遊びの工夫を心掛けていきたいですね。

何が食べたい？

8月の計画

プール遊びや水遊びにも慣れてきて、それぞれが活発に遊ぶ姿が見られるので、暑さや疲れに応じて必要な休息を取りながら、様々な水遊びを楽しめるようにしていきたい。友達との関わりの中でトラブルになったときには、保育者が仲立ちとなり、互いの気持ちを知ることができるような援助をしていく。

前月末の幼児の姿	ねらい	幼児の経験する内容(指導内容)
生活 ●プールの準備や後始末が分かり、できるところは自分でしている。 ●プール遊びを通して、水の感触に慣れ、保育者や友達と一緒に楽しんでいる。	●夏の生活の仕方が分かり、身の回りのことを自分でしようとする。 ●保育者や友達と一緒に、夏の遊びを十分に楽しむ。	●汗の始末やプールの準備など、必要なことが分かり、自分でする。 ●水分補給をしたり休息をとったりして、体を休める。 ●プールでは、個人差に応じてワニ歩きや顔つけなどをして水に親しむ。 ●水遊びや洗濯ごっこ、氷に触れるなど、様々な感触の不思議さや心地良さを感じながら遊ぶ。 ●音楽に合わせて体を動かすことを楽しむ。
興味・関心 ●夏野菜を収穫しスタンプ遊びをするなど、夏の自然にふれている。	●自分の思いを出しながら友達と遊ぶことを楽しむ。	●友達とのやり取りの中で自分の思いを言葉で伝えようとする。また相手の思いにも気付く。 ●休みのときに経験したことを保育者や友達に話す。
友達や保育者との関わり ●友達とトラブルになったときには、自分の気持ちを伝えようとするが、うまくいかないこともある。	●異年齢児と一緒に生活したり遊んだりする中で親しみをもつ。 ●身近な夏の自然に興味をもつ。	●4・5歳児の生活や遊ぶ姿を見て、憧れの気持ちをもったり、まねてやってみようとしたりする。 ●一緒に食事をしたり遊んだりする。 ●夏野菜や虫を見つけて、夏の自然にふれる。 ●夕立や雷、入道雲などの自然事象に気付く。

家庭・地域との連携

■プール遊びの様子を知らせながら、できるようになったことを通して子どもの成長を伝える。
■プールカードには毎日体温や健康状態を記入してもらう。また、感染症予防について知らせる。
■休んだときに経験したことを聞くなど、子どもとの会話につなげていく。

園生活の自立に向けての配慮点

●は健康・食育・安全、
★は長時間にわたる保育への配慮、
♥は保育者間のチームワークについて記載しています。

- ● 安全にプール遊びができるよう、子どもと約束事を再確認していく。
- ● 夏野菜を収穫したり食べたりして、野菜に関心がもてるようにする。
- ★ 1日を通して健康に過ごせるよう、夕方は室内で静かにゆっくり遊べるように配慮していく。
- ♥ 異年齢児との関わりを楽しめるよう職員間で声を掛け合い連携をとっていく。

要領・指針につながるポイント

✳ 身近な人と親しみ、工夫して活動する楽しさを味わい、愛情や信頼感をもつ

園の生活の中で子どもは、楽しさでだけではなく様々な思いを体験しますが、一緒に遊んだり協力したりする中で、相手への親しみや思いやりなどが育まれてきます。友達や異年齢児とふれあい遊ぶ楽しさを味わうことが大切です。（参考：領域「人間関係」）

環境と援助・配慮

夏を健康に過ごせるように

- ● 室温、湿度に気を配り、換気などで室内の環境を整たり、水分補給をしたりして熱中症に十分に注意をする。
- ● 感染症予防のために手洗いの大切さを知らせ、一緒に洗ったり様子を見守ったりしていく。
- ● 一人ひとりの体調に合わせて無理なく食事ができるように調節する。
- ● 室内でゆったり過ごせるよう、絵本やパズル、ひも通しなどの玩具を用意していく。
- ● 汗をかいたらタオルで拭く、シャワーで流す、清潔な衣服に着替えるなどしていけるようにする。

夏ならではの遊びを満喫できるように

- ● プール遊びを思い切り楽しめるように、フープや玩具を使う遊びを取り入れたり、水遊びが得意な子どもと苦手な子どもで分けて入るようにするなど遊び方を工夫していく。
- ● 水が苦手な子どもも安心して遊べるよう、保育者がそばで援助していく。
- ● プール遊び前の時間を使って体を動かせるよう、リズム遊び、体操、簡単な身体表現遊びを取り入れていく。

- ● 体調などによりプールに入れない子どももゆったりと好きな遊びを楽しめるように玩具などを用意する。
- ● いろいろな素材の感触を楽しめるよう、夏ならではの遊びを保育者も一緒に楽しんでいく。

友達や異年齢児との関わりを楽しめるように

- ● 少人数で遊べるコーナーを設定するなどして、友達とやり取りをしながら遊べるようにする。
- ● 保育者が仲立ちとなり、異年齢とふれあって遊ぶ楽しさを味わえるようにしていく。
- ● 遊ぶ中で思いがぶつかったときには、それぞれの思いを聞き言葉を添えるなどして、相手の気持ちにも気付けるようにしていく。
- ● 他クラスの職員と子どもの様子を伝え合い、スムーズに異年齢交流ができるようにしていく。

夏の自然にふれ、関心がもてるように

- ● みんなで育てたピーマンやオクラを収穫したり食べたりできるようにしていく。
- ● 夕立や雷、入道雲などの自然事象にふれたときには、子どもの驚きや発見に共感していく。

自己評価にもつながる

反省・評価のポイント

- ★ 夏の生活の仕方が分かり、身の回りのことや必要なことを自分でしようとしたか。
- ★ 夏ならではの遊びを十分に楽しめたか。
- ★ 友達や年中・年長児とのやり取りを楽しめるような援助ができたか。

CD-ROM → 指導計画 ▼ 8月 ▼ 月の計画

今週の予定

- プール遊びの身支度や始末は流れが分かり、できる子どもは他の年齢の子どもと一緒に自分でやっている。
- 夏野菜の収穫をしてスタンプ遊びを楽しんでいる。

ねらい（●）と内容（・）

- プール遊びや水遊びを保育者や友達と一緒に楽しむ。
- 洗濯ごっこで、水や泡の感触を楽しんだり、日差しや洗濯物が風で乾く様子を体感したりする。
- 汗をかいたときの始末が分かり、自分でしようとする。
- ・プール遊びでは、フープくぐりやワニ歩き、宝探しなどをする。
- ・洗濯ごっこをしては、水や泡の感触を楽しみ、洗ったり絞ったりする。
- ・汗をかいたら、タオルで拭いたり着替えたりする。

具体的な環境（◆）と保育者の援助（＊）

- ＊ プールの支度や始末は子どもがやっている姿を見守りながら、できたことを認めて意欲を引き出していく。難しい部分はやりやすい方法を知らせたりできない部分を手伝ったりしていく。
- ◆ プール遊びでは、ダイナミックに遊びたい子どもと、水が掛かることが苦手な子どもがいるので、必要に応じて分けてプールに入り、それぞれが楽しめるようにする。
- ＊ プール遊びでは、いろいろな大きさのフープや玩具を用意したり、一緒にワニ歩きをしたりして楽しんでいく。
- ◆ プール遊びが苦手な子どもも水遊びを楽しめるよう、タライやじょうろ、ひしゃく、水風船などを用意する。
- ＊ プール遊びの前に体操をしたり、ワニやウマ、鳥など動物の動きを保育者が一緒にしたりして、子どもたちが楽しんで体を動かせるようにしていく。
  （体操：『すすめ！だんごむし』『南の島のハメハメハ大王』）
- ◆ プール遊びの後は、絵本、ままごと、積み木などを用意して、遊びながら体を休められるようにする。

- ◆ 洗濯ごっこでは、屋外の手洗い場やテラスなど、ぬれても良い場所を選び、滑り止めのシートを敷いて、滑らないようにする。
  （洗面器、タライ、ボディソープ、洗濯板、洗濯ロープ、洗濯バサミ、ままごと用のスカートやエプロン、布バッグ など）
- ＊ 洗濯物を取り込むことで、きれいになったことを喜んだり、乾く様子を見て太陽の日差しを感じたりできるようにする。畳んでしまうところまで子どもと一緒に行なう。
- ◆ 取り組んでいる活動に関する絵本を用意して、子どもたちが興味をもって好きなときに見ることができるようにする。
  （📖：『せんたくかあちゃん』など）
- ＊ 汗をかいたときは声を掛けて拭いたり着替えたりして、気持ち良く過ごせることを感じられるようにする。

反省・評価のポイント

- ★ プール遊びの中で、好きな子どもも自分なりに楽しめているか。
- ★ 洗濯ごっこを楽しく遊べるような準備ができたか。

8月 2週の計画

8/7(月)〜19(土)

今週の予定

前週の幼児の姿

- ワニ歩きや顔つけをして、プール遊びを楽しんでいる。
- 洗濯ごっこをして、洗ってきれいにすることや干すことを楽しんでいる。

- 保育者や友達とプール遊びや絵の具を使った遊びを伸び伸びと楽しむ。
- 4・5歳児と一緒に過ごしたり遊んだりする楽しさを味わう。
- 保育者や友達と思いを伝え合ったり会話をしたりすることを楽しむ。
- 伸び伸びとプールで遊んだり、はじき絵で絵の具を塗ったりする。
- 異年齢で交流できるよう、同じ部屋で遊んだり食事をしたりする。
- 遊びや生活の中で、自分の思いを伝える。

---

* プール遊びでは、ワニ歩きや潜りっこをしたり浮き輪などにつかまって水流を起こしたりなどし楽しく遊べるようにする。

◆ 異年齢児と一緒にするはじき絵では、5歳児にあらかじめ白いクレヨンで手紙や絵を描いてもらい、3歳児が絵の具を塗るようにする。

◆ 絵の具は1色にして、伸び伸びと塗ることを楽しめるようにする。また、クレヨンが浮き出やすいように絵の具の濃度を薄めに調整しておく。

* 白い模造紙に白いクレヨンで描いた絵が浮き出てきたときの驚きや不思議さに共感し、"やってみたい"という気持ちにつないでいく。

◆ お盆の時期で子どもが少ないときは遊びによって部屋を分けて、それぞれの年齢に合った玩具を用意する。

* 異年齢児の中で不安そうな子どもには、保育者がついて一緒に遊ぶなど、様々な保育形態や方法をとっていく。

* 食事の座席は、様々な年齢の子どもと座れるようにして一緒に食事ができるようにする。その際、子どもの食事の傾向やアレルギーについて各クラスの担任間で情報共有しておく。

えがでてきた！

* 園を休んで家族で過ごすことも増えてくる時期なので、子どもがそのときのことを話すときには、ゆったりとした雰囲気の中で聞き、会話を楽しんでいく。自分から話すことが少ない子どもには、連絡帳や保護者との会話から話のきっかけをつくっていく。

* 子ども同士で思いが食い違ったり、トラブルになったりしたときは、互いの気持ちを伝え合えるよう仲立ちしていく。

反省・評価のポイント

★ プールや絵の具の活動で伸び伸びと遊ぶことができるような環境づくりや援助ができたか。

★ 4・5歳児と一緒に過ごし、ふれあいを楽しんでいたか。

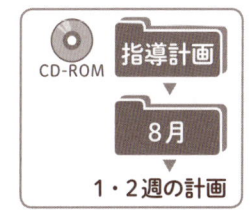

CD-ROM 指導計画 ▼ 8月 ▼ 1・2週の計画

今週の予定
- 身体計測、避難訓練、誕生会、夏期保育

前週の幼児の姿
- 4・5歳児と食事をしたり遊んだりしてふれあっている。
- プールや水遊びで夏ならではの遊びを楽しんでいる。
- はじき絵で絵の具を伸び伸びと塗ることを楽しんでいる。
- 夏の疲れなどから、体調を崩している子どももいる。

ねらい（●）と内容（・）

- プールでの水遊びや氷の冷たさ、溶ける不思議さを友達や保育者と楽しむ。
- 休みのときに経験したことを話したり聞いたりして、友達と言葉のやり取りを楽しむ。
- 避難訓練に参加し、プール遊び中の避難の仕方を知る。
- 友達と一緒にプールで伸び伸びと体を動かしたり、水遊びで水や氷に触れたりして遊ぶ。
- 夏期保育などで久しぶりに会った友達と遊び、言葉のやり取りをする。
- 保育者の指示を聞き、足元に注意しながら避難する。

つめた～い

具体的な環境（◆）と保育者の援助（＊）

＊ 水に慣れてきているので、みんなで一斉に歩いてプールの水を波立たせるなどの遊びに誘い、一緒に楽しんでいく。

◆ 子どもの様子に合わせて、子どもの腰あたりまで水量を増やすなど、更に活発に楽しめるようにする。

◆ プール前にしっかり準備運動をして、プールで伸び伸びと体を動かせるようにする。

◆ 水遊びの一つとして、水や氷に触れ、その心地良さを感じて遊べるようにしたり、様々な水遊び用の玩具を用意したりしておく。

＊ 氷を触ると溶けて水になる様子に、冷たさや不思議さを感じながら遊べるように、保育者も一緒に遊びながら子どもの気付きを言葉にしていく。

◆ 天候によりプール遊びができないときには、ホールに遊具を設定し全身を使って遊べるようにしていく。

◆ 夏期保育を実施し、初めての夏休みや2学期の始まりを楽しみに待てるようにする。

＊ 久しぶりの登園では戸惑いや不安も見られることが予想されるので、一緒に遊ぶなどして安心できる雰囲気づくりをしていく。

＊ 休みのときに家庭で経験したことを保護者から聞いておいたり、子どもに尋ねたりする。

＊「○○ちゃんは○○へお出掛けしたんだって？　電車で行ったの？」など、子どもが話しやすいような言葉を掛けて、休みのときに経験したことを話したり聞いたりできるようにする。

＊ 必要な言葉を補い、一緒に話を聞くなどして、友達と言葉のやり取りを楽しめるようにする。

◆ プールの近くに物干しざおを置き、子どもたちのTシャツを掛けておく。プール遊び中の避難訓練時にも子どもが戸惑わずに着られるようにする。

◆ プール遊び中の地震を想定し、安全に避難できるよう保育者間で役割分担や必要な物などの確認をしておく。

＊ 避難の際は子どもが不安にならないように分かりやすい指示を出す。安全な場所で自分でぬれている体や足を拭き、足元には十分に注意して落ち着いて避難できるよう誘導していく。

反省・評価のポイント

★ 友達や保育者と一緒にプール遊びを楽しんだり、氷の冷たさや不思議さを感じたりできたか。

★ 休みのときの話をしたり聞いたりして、言葉のやり取りを楽しめたか。

★ 子どもが不安にならず落ち着いてプールから避難できるよう誘導できたか。

8月 4週の計画

8/28(月)〜31(木)

今週の予定

● プール納め

前週の幼児の姿

● プール遊びで伸び伸びと体を動かしたり、水や氷に触れたりして遊んでいる。

● 久しぶりに会う友達と遊んだり、家庭で経験したことを保育者に話したりして、言葉のやり取りを楽しんでいる。

● プール遊びの支度や汗の始末を自分でしようとする。

● プール遊びを友達や保育者と一緒に楽しむ。

● 身近な夏の自然にふれ、親しむ。

・ 自分で気付いたり保育者に声を掛けられたりして、自分で着替えをする。

・ プールで遊び、プール納めに参加する。

・ 夏野菜を収穫したり、身近な昆虫や自然事象にふれたりする。

＊自分でしようとしているときは見守り、拭きにくいところや体が湿っていて着替えにくいところは手伝っていく。

◆“あと○回入ったらプール遊びが終わる”ということを知らせておき、プール納め当日は存分にプール遊びを楽しめるよう雰囲気づくりをする。

◆プール納めの記念に渡せるよう、メダルを用意しておく。

＊水遊びやプール遊びの中で楽しかったことなどを聞き、経験したことや思いを自分なりに言葉にしたりして伝えられるようにしていく。

＊夕方などプール遊び以外のときでも、汗をかいたらタオルで拭いて清潔にできるように声を掛けていく。

＊「トンボさんプールに来ていたね」と話題に出したり、夕焼け雲を一緒に見たりする。

◆“とんぼのめがね”が作れるよう、必要な素材を用意しておく。
（カラーセロハン、トイレットペーパーの芯、厚紙、輪ゴム など）

＊保育者も一緒に歌う、製作を楽しむなどして、身近な昆虫や自然事象に親しめるようにしていく。
（♪:『夏のしりとりうた』『とんぼのめがね』『赤とんぼ』など）

＊夕立や雷、虹などの自然事象を見たときには、驚きや怖さなど子どもの気持ちに共感する。

◆給食室と連携し、クラスで育てたオクラやピーマンを含む夏野菜を使ったメニューを考え、子どもが親しめる夏野菜パーティーをする。使う食材を前日に見たり触れたりできるようにし、栄養士に簡単な栄養の話をしてもらう。

◆子どもと招待用チケットを用意したり、テーブルの設定や室内の装飾を工夫したりして、パーティーごっこのやり取りを楽しみながら参加できるようにする。

＊子どもと一緒に夏野菜を収穫し、絵本を見て、野菜に興味・関心がもてるようにする。
（📖:『なつやさいのなつやすみ』『やさいのおなか』『おやおや、おやさい』など）

＊野菜が苦手な子どももふだんと同様に無理なく食べられるよう、また、自分たちで育てて収穫した物を食べる喜びを味わえるように声を掛けていく。

反省・評価のポイント

★ プール遊びの身支度をなるべく自分でできるよう適切な援助ができたか。

★ プール遊びを楽しみ、自分なりに言葉にして伝えられたか。

★ 夏野菜を収穫したり食べたりして、興味・関心がもてたか。

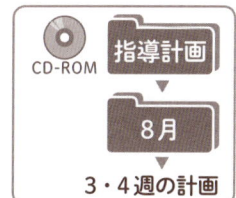

CD-ROM ▸ 指導計画 ▸ 8月 ▸ 3・4週の計画

8月 日の計画

8/10（木）

ねらい	●はじき絵をして、描いた線が浮き出るおもしろさを味わう。 ●5歳児とはじき絵を楽しむ。
内容	●5歳児が描いた紙に伸び伸びと絵の具を塗る。 ●クレヨンの線が絵の具をはじいて、絵が浮き出る不思議さを体験する。

環境を構成するポイント	予想される幼児の活動	保育者の援助
●好きな遊びが楽しめるよう、玩具を用意する。子どもの遊びの様子に合わせて、コーナーを構成する。 ●はじき絵を伸び伸びとできるよう、床にシート（新聞紙）を敷いておく。 ●白いクレヨンと模造紙を用意する。 ●絵の具は、海や水をイメージしやすいように青系の色を用意し、クレヨンが浮き出やすいよう薄めの濃度に調整する。実際に試して、はじくか確認しておく。 ●塗りやすいように太めのはけや筆を使用する。 ●床などが汚れたときのために雑巾を用意する。 ●できた作品が乾いたら飾る場所を準備する。	●登園する。 ●朝の支度をする。 ●好きな遊びをする。 　（ままごと、ブロック、積み木 など） ●興味のある子どもから、はじき絵をする。 ・5歳児が白いクレヨンで、模造紙に絵を描く様子を見る。 ・その絵の上に、はけや筆で絵の具を塗る。 ●好きな遊びをする。 ●シャワー、着替えをする。 ●昼食をとる。 ●午睡（休息）をする。 ●おやつを食べる。 ●好きな遊びをする。 ●降園する。	●挨拶をして、明るく子どもを迎え、保護者と共に体調の確認をする。 ●子どもが遊び始める様子を見守り、必要に応じて一緒に遊びながら、気持ち良く1日が始まるように援助する。 ●はじき絵は、ホールなど広い場所で行なう。模造紙を十分に用意する。 ●子どもたちが興味をもてるよう、模造紙や絵の具を準備する様子も見ることができるようにする。 ●5歳児に協力してもらい、海をテーマに白いクレヨンで模造紙に下絵を描いてもらう。 ●絵の具を塗ると絵が浮き出る様子を不思議に思う気持ちに共感していく。 ●個別に声を掛け、全員が体験できるように誘っていく。 ●5歳児と一緒に作ったはじき絵が仕上がった喜びに共感していく。 ●シャワーや着替えは、ゆとりをもって行ない、支度や着替えを自分で意欲的にできるよう認めたり励ましたりしていく。 ●はじき絵の作品が乾いたら、室内に飾る。

反省・評価のポイント

★ はじき絵をして、見えなかった線が見えてくる不思議さを味わえたか。
★ 5歳児とのふれ合いを楽しんでいたか。
★ 5歳児と一緒にはじき絵を楽しめるような援助ができたか。

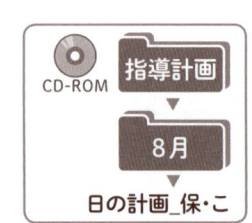

CD-ROM　指導計画　▼　8月　▼　日の計画_保・こ

9月

今月の保育

体を動かす楽しさを味わえるように

残暑が厳しい中にも、少しずつ吹く風が心地良くなってきます。保育者や友達と一緒にボールやフープを使った運動遊びやかけっこ、簡単なルールのある遊びをしたりして体を動かす心地良さや楽しさを味わえるようにしていきましょう。また、家庭から寄せられた夏休み中の子どもの記録や子どもの姿などから、様子を把握し、楽しかった出来事などを伝えることができるような雰囲気づくりを心掛けていきたいですね。

▲▼▲▼▲▼▲▼▲▼ 保育のポイント ▲▼▲▼▲▼▲▼▲▼

生活

生活リズムを取り戻しながら

夏休み明けに久しぶりに友達に会い、喜び合う子どもの姿も見られますが、中には生活リズムを取り戻せなかったり、夏の疲れから体調を崩したりする子どももいます。健康管理に配慮し、家庭との連絡を密に取って、一人ひとりの気持ちを受け止めながら生活リズムを取り戻していきましょう。まずは子どもが安心して楽しく園生活が過ごせるようにしていきたいですね。

興味・関心

子どもの興味・関心を遊びにつないで

子どもたちの自己表現が活発になってきます。新しいことにチャレンジしようとする姿も見られます。園庭や公園の自然に目を向け、季節の変化を感じたり、虫や草花など自然物に触れたりして遊びが広がっていくようにしていきましょう。子どもの興味・関心を保育者がしっかり受け止めながら、遊びの中で確かな自信へとつないでいくことが大切です。

友達や保育者との関わり

じっくり遊びが楽しめるように

夏のいろいろな遊びや異年齢児との交流が自信につながり、友達との関係が少しずつ広がり始めています。夏の余韻を味わいつつ、友達と関わりながらじっくり遊べるような環境を整えていきましょう。

9月の計画

久しぶりの登園で不安になっている子どもには配慮していく。夏の疲れに留意しながら、運動遊びや初秋の自然にふれながら楽しく過ごしていきたい。夏ならではの遊びを経験し、子どもたちの成長が感じられた。4・5歳児との関わりで出てきた、自分もやってみたいという気持ちを高めていきたい。

前月末・今月初めの幼児の姿	ねらい	幼児の経験する内容(指導内容)
生活 ●久しぶりの園生活を喜び、うれしそうに登園してくる子どももいるが、長い休みの後で戸惑いのある子どもも見られる。 ●プール遊び、水遊びを喜び、着替えや遊んだ後の後始末の仕方も分かり自分でしようとする。	●生活の流れを思い出し自分でしようとする。 ●生活の流れがだいたい分かり、身の回りの簡単なことを自分でしようとする。	●保育者のことばがけで、身の回りのことをしようとする。 ●保育者に見守られながら、朝の支度や手洗い、うがい、着脱、排せつなどを自分でしようとする。
興味・関心 ●残暑の厳しさに疲れなどで体調を崩したり、生活リズムが乱れたりしている子どもも見られる。 ●カブトムシなどの昆虫やセミの抜け殻を見たり、触ったりしている。	●保育者や友達と体を動かしたり遊んだりする心地良さや楽しさを味わう。	●友達や保育者と一緒にいろいろな遊具・道具に触れたり、リズムに合わせて体を動かしたりしながら、運動遊びをする。 ●友達や保育者と簡単なルールのある遊びを通して、一緒に遊ぶ楽しさを知る。 ●夏に経験したことを再現したり、ごっこ遊びをしたりする。
友達や保育者との関わり ●異年齢児と一緒に遊んだり、まねたりして楽しんでいる。 ●保育者や友達と夏休み中にあったことをうれしそうに話をしている。	●様々な行事に関心をもち、関わろうとする。 ●身近な秋の自然に興味・関心をもつ。	●遊びに来てくれた祖父母と親しみをもって遊ぶ。 ●祖父母へのプレゼントを作る。 ●4・5歳児がしている運動会の練習を見たり、まねをしたりする。 ●秋の果物を知り、興味をもって見る。 ●鳴く虫に興味をもって探す。 ●月見の話を聞いたり、飾りを見たりする。

家庭・地域との連携

■夏休み中の生活の様子を保護者から知らせてもらい、園生活のリズムを取り戻せるように配慮しながら、家庭でも生活リズムを整えていけるように伝えていく。

■防災訓練に協力してもらい、災害時の引き渡し方法や連絡方法などの確認をし、防災への関心を高める。

■敬老の日の集いは事前にお知らせをし、祖父母の参加を呼び掛ける。

■運動会に向けて取り組んでいる姿を保護者に伝え、子どもの成長を共感できるようにする。

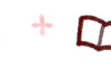

園生活の自立に向けての配慮点

● 暑さに留意し、こまめに水分補給していく。
● 戸外活動が増えるので固定遊具の点検をし安全に留意する。
★ 戸外での運動量も増えるので、十分に休息をとれるようにゴザを敷いたり、静かな遊びができるように環境を整えたりする。
♥ 運動会に向けて担任同士で、競技内容や園庭の使い方など打ち合わせしながら、子どもが無理なく参加できるようにする。

●は健康・食育・安全、
★は長時間にわたる保育への配慮、
♥は保育者間のチームワークについて記載しています。

要領・指針につながるポイント

✿ 自分の気持ちを言葉で表現する楽しさを味わう

　夏休みを終えて登園してきた子どもたちは、楽しかった家庭での経験をきっかけに元気に遊びだします。また、自分の気持ちを言葉で表現することが多くなり、楽しいおしゃべりタイムも始まります。友達や先生と言葉でやり取りができる楽しさを様々な方法で実現できるように工夫しましょう。
（参考：領域「人間関係」「言葉」）

環境と援助・配慮

身の回りの簡単なことができるように

● 久しぶりの登園を、安心できるようにゆったりとした時間配分を心掛ける。
● 生活の流れが分かってきて着替えや身支度などの身の回りのことを自分でしようとする姿を見守り、できたことを認めていく。
● 日中は暑いので、汗をかいたら着替えるように言葉を掛けていく。

友達と体を動かし、一緒に遊ぶ楽しさを味わえるように

● 簡単なルールのある遊びを繰り返しながら、友達と遊ぶ楽しさを感じられるようにする。
● 好きな曲やリズムに合わせて体を動かしたり、保育者と一緒に踊ったりしながら、友達と楽しさを共感する。
● 運動遊びでは、一人ひとりの発達に合わせ、無理をせずに安全に取り組めるようにする。
● まだ暑い日が続くので、水遊び（色水、泥んこ）など、準備し楽しめるようにしていく。
● 夏に経験をしたことを遊びの中で再現して楽しめるようにする。

行事に期待をもって楽しく参加できるように

● 運動会につながりがもてるよう、楽しくなるようなことばがけをしたり、日々の遊びに取り入れながら興味・関心につなげたりしていく。
● 敬老の日の集いには、祖父母と一緒に遊べるようなパズルやブロックなどを用意し、親しみをもてるような内容を企画していく。
● 輪つなぎを長くつなげるなど、じっくり取り組んで簡単な製作ができるような、コーナーをつくっておく。

初秋の自然に興味がもてるように

● 空や雲の形に興味がもてるように言葉を掛けたり、月見団子を飾ったりして、秋の自然に関心がもてるようにする。
● バッタやトンボなどを見たり、身近な草花に触れて遊んだりしたときの子どもの気付きに共感していく。

反省・評価のポイント

自己評価にもつながる

★ 身の回りでできることを自分でしようとしていたか。
★ 友達や保育者と一緒に体を動かすことを楽しめるような援助ができたか。
★ 初秋の自然にふれ、遊びに興味・関心をもって遊んでいたか。

CD-ROM　指導計画　▼　9月　▼　月の計画

1 週の計画

9/1(金)〜9(土)

前週・週の初めの幼児の姿

- プール遊びや水遊びに慣れ、楽しく遊んでいる。
- 着替えや身の回りのことを自分でしようとしている。

ねらい（●）と内容（・）

- 好きな遊びを楽しむ中で、友達と関わりをもつ。
- 生活の流れが分かり、身の回りのことを自分でしようとする。
- 防災訓練に参加し、避難の仕方を知る。
- 戸外の自然にふれたり、ごっこ遊びをしたりする。
- 保育者に見守られながら、着脱、手洗い・うがい、排せつなどの身の回りのことを自分で行なう。
- 保育者の指示を聞き、防災訓練に参加する。

具体的な環境（◆）と保育者の援助（＊）

- ◆ 好きな遊びができるように、使い慣れた遊具や、興味をもっている遊具や用具を子どもが取り出しやすいように準備する。
- ＊ 久しぶりの登園児には、受け入れ時にはしっかり顔を見てことばがけし、安心して入室できるようにする。また、楽しみに元気に登園してきた子どもには、夏の楽しかったことを聞くなどする。
- ◆ 休み中に経験した楽しかったことなどをごっこ遊びで再現して遊べるよう、素材（段ボール箱、空き箱、リボン など）を用意しておく。
- ＊ 子どもたちのやりたい気持ちを大事にし、見守り、子どもの発見したことに共感していく。
- ＊ 自分の好きな遊びを楽しめるように保育者が遊びに誘い、イメージを広げて楽しめるようにしていく。
- ◆ 暑い日にはシャワーを浴びることもあるので、着替えやタオルを用意する。
- ＊ 着脱など自分でやろうとする姿を見守ったり、脱ぎにくいときややってもらいたいときなど、子どもの様子によって手伝ったりする。
- ◆ 防災頭巾や避難用のリュックなどの中身と置き場所を保育者間で確認しておく。

- ◆ 絵本や絵カードを使い、子どもが意識できるようにしていく。
- ＊ 訓練では落ち着いて避難できるように、保育者の指示を聞いて机の下に隠れたり、保育者のそばに集まったりすることを伝える。（「おかしも」（絵カードを使って知らせる）、「ダンゴムシのポーズ」など）
- ＊ 引き渡しの方法など事前に保護者に伝え、保育者は役割分担を明確にし、子どもたちが混乱しないよう配慮する。
- ◆ ダンスを楽しんで踊れるように、保育者も一緒に楽しみながら踊る。
- ＊ 子どもたちが、元気に踊れるように、声を掛ける。（ダンス：『すすめ！だんごむし』📖：『やあ！出会えたねダンゴムシ』）

反省・評価のポイント

- ★ 友達と関わり自分の好きな遊びを楽しむことができたか。
- ★ 自分でできる身の回りのことを自分でしようとしていたか。
- ★ 防災訓練で適切な指示を出すことができたか。

9月 2週の計画

9/11 (月) ～ 16 (土)

今週の予定
● 敬老の日の集い、身体計測

前週の幼児の姿
● 生活のリズムも戻り、自分の好きな遊びを楽しんでいる。
● 体を動かして踊ったり、歌ったりすることを楽しんでいる。

● 友達と一緒に体を動かして遊ぶことを楽しむ。
● 敬老の日の集いに参加し祖父母とのふれあいを楽しむ。
● 秋の草花や虫に興味をもつ。
・ かけっこやリズムに乗って体を動かして遊ぶ。
・ 祖父母と踊ったり、歌ったりして、会食を楽しむ。
・ 虫を探したり、草花や種など見つけたりして、秋の自然にふれる。

◆ スムーズに着替えができるように、取り出しやすいように着替えを置いておく。
✳ 残暑が厳しいので、汗をかいたときは声を掛け、着替えを促していく。
✳ 自分でできたときは褒めたり、必要に応じて、さりげなく手伝ったりする。
◆ 「よ～いドン」の合図に合わせて、並んでスタートできるように線やマークを付け、スタートラインを分かりやすく示す。
✳ 4歳児や5歳児が走っている様子を見て、自分たちも合図に合わせて走るというルールが分かり、楽しく走ってみる。
✳ 保育者も一緒にリズムに合わせて、走ったり止まったり、一緒にダンスをしたり、体を使って遊ぶ。
✳ 「楽しいね」「気持ちが良いね」など、体を動かす楽しさに共感していく。

◆ 草花や虫などを入れられるように、虫カゴ、ビニール袋などを準備しておく。
✳ 虫がいそうな場所や木の実のありそうな所を見つけ、保育者も一緒に木の葉をめくったり、実を探したりして楽しむ。
（♪:『こおろぎ』）

◆ 敬老の日の集いでは、遊びに来てくれた祖父母と楽しめるような活動をする。
✳ 敬老の日について話をし、親しみがもてるようにする。
◆ 祖父母へのプレゼント（輪つなぎのネックレス）は、遊びのコーナーをつくり、やりたい子ども数人で進めていく。
✳ プレゼント作りでは「すてきにできたね」「きっと喜ぶね」と、祖父母に渡せる日を楽しみにできるようにしていく。

✳ ダンスを披露したり、歌ったりし、集会の後は会食をして楽しめるようにする。
（📖:『ぼくのおじいちゃんのかお』『うさこちゃんのおじいちゃんへのおくりもの』、
♪:『とんぼのめがね』『大きなくりの木の下で』、
ダンス:『すすめ！だんごむし』）

反省・評価のポイント
★ 友達と一緒に体を動かすことを楽しんでいたか。
★ 秋の自然に興味をもつことができていたか。
★ 祖父母とのふれあいを楽しめるように雰囲気づくりができていたか。

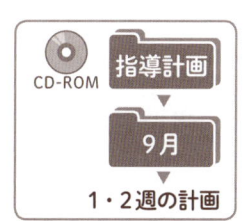

CD-ROM 　指導計画 ▼ 9月 ▼ 1・2週の計画

3 週の計画

9月

今週の予定
- 敬老の日、秋分の日

9/18(月)〜23(土)

前週の幼児の姿
- 友達と一緒に、好きな遊びをいろいろ楽しんでいる。
- 身近な虫を探したり、草花で遊んだりしている。

ねらい（●）と内容（・）

- 保育者や友達と一緒に、体を十分に動かす心地良さを味わう。
- 簡単なルールのある遊びを楽しむ。
- 身近な秋の自然に興味をもつ。
- 体操をしたり、巧技台、固定遊具で体を動かしたりして遊ぶ。
- 保育者や友達と鬼ごっこをして遊ぶ。
- トンボやバッタなどの虫を探して遊ぶ。

具体的な環境（◆）と保育者の援助（＊）

- ◆ 散歩先の公園の固定遊具などに危険はないか、木陰はあるかなど、事前に確認をしておく。
- ＊ 散歩に出掛けるときの道路の歩き方（道の端を歩く）横断歩道の渡り方（左右を見る）などの交通ルールを事前に紙芝居やポスターなどで分かりやすく伝える。
- ＊ 散歩中に見掛ける木々の葉や木の実などに興味がもてるようなことばがけをする。
- ＊ ブランコ、すべり台など、順番を知らせ、危険がないように遊具のそばにつくなど留意する。
- ＊ 保育者がオオカミになって、追いかけっこやかくれんぼうなど楽しい雰囲気で、遊べるように工夫する。
- ＊ 集団遊びに入らない子どもには、無理強いせず、友達が楽しんでいる姿を見る中で、「やってみよう」という気持ちを育めるようにしていく。
- ◆ 散歩先で見つけた物を入れられるポリ袋やペットボトルなどを用意する。
- ＊ バッタやコオロギ、トンボなどの虫を探したり、草の種を見つけたり、秋の自然に興味・関心がもてるようなことばがけをする。
  （♪:『こおろぎ』『虫のこえ』）

- ◆ 安全に遊べるように、事前に安全点検をして順番や動線に気を付けて組み合わせておく。
  （巧技台、運動遊具）
- ＊ 前の人を押したり、ぶつかったりしないように遊び方を伝え、保育者がそばについて安全に留意する。
- ◆ 走る、くぐる、跳ぶ、渡るなど、運動用具（巧技台、体育棒、円形のウレタンマット など）や遊具を用意し、遊びながら運動会へとつなげていく。
- ＊ 巧技台では、見守ったり、さりげなく補助したりしながら危険のないように配慮する。
- ＊ みんなでいろいろな動きを楽しめるように、声を掛けたり、誘ったりしながら、やってみようという気持ちをもてるようにする。
  （♪:『ガンバリマンのうた』）

反省・評価のポイント

- ★ 友達と体を動かしながら、ルールのある遊びを楽しむことができていたか。
- ★ 秋の自然に興味をもち、自分で見つけて遊ぶことができていたか。
- ★ 子どもたちが安心して遊べるように、遊具の安全点検はできていたか。

9月 4週の計画

9/25(月)〜30(土)

今週の予定
● 誕生会

前週の幼児の姿
● 戸外で簡単なルールのある遊びを楽しんでいる。
● 虫や拾った木の実で遊んでいる。

● 友達や保育者と一緒に曲に合わせて踊ったり、運動遊びをしたりして楽しむ。

● 初秋の自然にふれながら、興味や親しみをもつ。

・ 音楽に合わせて踊ったり、かけっこ、玉入れなどをしたりして遊ぶ。

・ 色が変化してきた葉を見たり、ブドウやナシなど秋の収穫物を粘土で表現したりする。

◆ 運動会に向けて、いろいろな競技や体操などに期待を
もって取り組めるように、楽しい雰囲気づくりをする。

＊ 4・5歳児の遊んでいる姿を見たり、競技やリレーなどを
応援したり、一緒に玉入れをしたりして、運動会に期待
がもてるようにする。
（ダンス：『ちょんまげマント』）

＊ 友達や保育者と体を動かして遊ぶために他クラスと連携
して広い場所を確保したり、走りだしたくなるような音楽
を用意したりして、みんなで遊ぶ楽しさを感じられるよう
にする。

＊ 体を動かした後は、水分補給をしっかりできるようにお
茶などを準備しておく。

◆ 秋の果物や月など、秋の自然に興味をもてるようにする。

＊ 戸外や散歩先で木の葉の色の変化に気が付くように声を
掛けていく。秋の収穫物に興味・関心がもてるようにする。
（📖：『くだもの』）

＊ もうすぐ十五夜になるので、丸くなってきた月の話を絵
本などで伝え、秋が感じられるようにしていく。
（♪：『十五夜』、📖：『10匹のカエルのお月見』）

＊ 果物をイメージしながら、粘土で丸めたり伸ばしたりし
て作って楽しむ。カゴなど用意してできあがった粘土の
果物を飾り、作ったときの思いなどを共感していく。

＊ 作ることに戸惑っている子どもには、「手のひらでくるく
るすると長くなるね」、など保育者も一緒に作り、仕上げ
る楽しさを伝えていく。

◆ 秋の果物（ブドウ・ナシ）を子どもが触れることができる
所に準備する。

＊ 「甘い匂いがするね」「いっぱい実が付いていておいしそ
うだね」などの言葉を掛けながら、保育者と一緒に果物
を触ったり、匂いを嗅いだりして興味がもてるようにして
いく。

反省・評価のポイント
★ 友達や保育者と一緒に踊ったり、運動遊びをしたりして
楽しんでいたか。
★ 初秋の自然に興味・関心をもてるような準備ができたか。

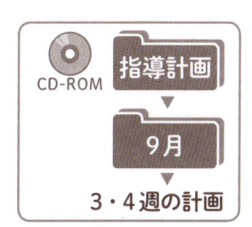

CD-ROM → 指導計画 → 9月 → 3・4週の計画

9月 日の計画

9/15(金)

ねらい
- 自分の好きな遊びを友達と一緒に楽しむ。
- 遊びに来てくれた祖父母と音楽に合わせて踊ったり、一緒に食事をしたりしてふれあいを楽しむ。

内容
- 自分のしたい遊びを見つけ楽しむ。
- 友達と同じ物を身に着けて遊んだり、同じ動きをまねたりして遊ぶ。
- 集会では、4・5歳児の発表を見たり、ダンスを披露したりする。

環境を構成するポイント	予想される幼児の活動	保育者の援助
● 遊びにすぐに入れるように遊具や素材を準備しておく。 （お面、エプロン、空き容器 など） ● 戸外では砂場用の玩具、ペットボトル、虫カゴなどを用意しておく。 ● ホールに祖父母に渡すためのプレゼントを、前日に用意しておく。 （輪つなぎネックレス） ● 『すすめ！だんごむし』のCDを準備する。	● 登園する。 ・ 挨拶をする。 ・ 身の回りの支度をする。 ● 好きな遊びをする。 ・ ごっこ遊びやパズルなどで遊ぶ。 （ままごと、おうちごっこ など） ・ 砂遊び・固定遊具で遊ぶ。 ● 遊んでいた物を片付ける。 ● ホールに集まり、敬老の日の集いに参加する。 ・ 『すすめ！ だんごむし』を踊る。 ・ 4・5歳児の出し物を見る。 ・ 歌を一緒にうたう。 （♪：『とんぼのめがね』『大きなくりの木の下で』など） ● 手洗い、排せつをする。	● 朝の支度を見守りながら自分でできたときは認め、自分でできた喜びを感じられるようにする。 ● 一緒に登園してきた祖父母を受け入れながら一日の流れを説明する。 ● 自分のしたい遊びを楽しめるようにイメージや見立て遊びがしやすいように準備しておく。 ● 音楽に合わせて、体を動かして楽しさを感じられるように、保育者も楽しい雰囲気をつくる。 ● 手振りも加えながら、楽しんで歌をうたえるようにする。
● テーブルごとに、祖父母に席に着いてもらい、会話を楽しんでもらう。 ● ランチョンマットやおしぼりなどを用意しておく。 ● 食後はパズル、ブロック、ままごとなど静かに過ごせるような用意をしておく。	● 保育室に戻り、昼食の準備をして、祖父母と一緒に食事をする。 ● 食後、「ありがとう」と言って祖父母にプレゼントを渡し、送り出す。 ● 午睡をする。 ● 排せつ、手洗いをしておやつを食べる。 ● 降園準備をする。 ● 好きな遊びをする。 ● 降園する。	● 楽しい雰囲気の中で食事ができるようにメニューの説明をしたり、会話が弾むようにしたりする。 ● 当日、祖父母が来れない子どもには保育者が代わりを務め「あとでおうちの人（祖父母に代わる人）に渡そうね」などの声を掛けていく。

 **反省・評価のポイント**
★ 自分の好きな遊びを見つけ、友達と関わりながら遊ぶことを楽しんでいたか。
★ ダンスや歌を元気に表現して楽しんでいたか。
★ 祖父母と十分にふれあって遊ぶ環境づくりができたか。

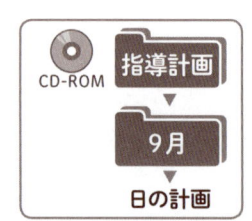
CD-ROM → 指導計画 → 9月 → 日の計画

10月

今月の保育

友達とわくわくするような遊びを楽しめるように

遊びを通して友達との関わりも増え、様々なことに興味・関心を示し行動範囲も広くなってきています。身近な秋の自然にふれたり、使ったり、おもしろそうな遊びを見つけたりして、友達とわくわくするような遊びが楽しめるようにしていきましょう。自然物や空き箱、空き容器などを利用した製作やごっこ遊び、運動遊具や園庭などで体を十分に動かすなどの遊びを取り入れていきたいですね。幼稚園児は初めての、保育園児は幼児クラスになって初めての運動会への参加です。子どもたちにとって楽しい経験となるような時間や内容への配慮など、無理のない参加の工夫を心掛けることが大切です。

▼▲▼▲▼▲▼▲▼▲▼ 保育のポイント ▼▲▼▲▼▲▼▲▼▲▼

生活

運動会、楽しかったね

　楽しかった運動会を経験して、運動会で4・5歳児が行なっていた競技やダンスなどを子どもたちなりにやってみようとしています。子どもたちの4・5歳児への憧れの気持ちを大切にしながら、各年齢で使った小道具を使えるように準備したり、異年齢児とふれあう機会を設けたりしていきましょう。

興味・関心

身近な自然に興味がもてるように

　すっかり秋らしくなりました。散歩に出掛け子どもたちと一緒に虫探しをしたり、木の実や落ち葉を集めて形の違いを見つけたりして、身近な自然に興味がもてるようにしていきましょう。また、イモ掘りに出掛け、友達と一緒に掘ったり食べたりして、収穫の楽しさを感じられるようにしたいものです。

友達や保育者との関わり

自分の言葉で伝える楽しさを味わえるように

　友達と好きな遊びに夢中になる姿が見られます。ごっこ遊びで友達との関わりを楽しめるように環境を整えたり、絵本で楽しかった場面をみんなで話したりするなど、自分の言葉で伝える楽しさを味わえるようにしていきたいですね。保育者は子どもたちの気持ちを丁寧に受け止め、共感したり、時には言葉を添えたりして、自分の気持ちを表現する楽しさを伝えられるようにしていきましょう。

○○ちゃん
おかえり

ただいま

ごはん
もうすぐ
できるよ

10月の計画

クラス作り

身の回りの支度は自分でしようとする姿が見られるようになっている。保育者や友達と一緒に体を動かす中で、その気持ち良さを感じ、運動会も楽しい気持ちで参加できるようにしたい。秋の自然にたくさんふれる機会を設け、秋ならではの季節の変化を身近に感じられるようにしたい。

	前月末の幼児の姿	ねらい	幼児の経験する内容(指導内容)
生活	● 手洗い・うがい、衣服の着脱、排せつなど、自分でできることは自分でやろうとする姿が見られる。	● 簡単な身の回りの支度の手順が分かり、自分でやってみようとする。	● 外から帰って来たら手洗い・うがいをしたり、衣服が汚れたら着替えたりするなど、身の回りの支度を自分からしようとする。 ● 汗をかいたら着替えるなど、保育者と一緒に気持ちの良い過ごし方を知り、始末をする。
興味・関心	● 虫を探したり、草花を遊びに利用したりして遊ぶことを楽しんでいる。 ● 4・5歳児が運動会に向けて取り組んでいる姿を関心をもって眺めたり、まねをして動いたりする姿が見られる。 ● 保育者や友達と一緒に体を動かし、簡単なルールのある遊びを楽しんでいる。	● 保育者や友達と体を動かして遊ぶことを楽しむ。	● 保育者や友達と一緒に簡単なルールのある鬼ごっこやかけっこをして遊ぶ。 ● 巧技台や平均台・マットなどを使ったり、音楽に合わせたりして、体を動かして遊ぶ。 ● 運動会に参加し、全身を使って動いたり表現したりする。
友達や保育者との関わり	● 友達の登園を心待ちにし、玄関で手をつないで保育室まで向かう子どももいる。 ● 気の合う友達と同じ場所で遊ぶ心地良さを感じながら過ごしている。 ● 簡単な言葉のやり取りをしながら、友達と一緒に遊ぶことを楽しんでいる。	● 自分の思いをしぐさや言葉で伝えながら、友達と一緒に好きな遊びを繰り返し楽しむ。 ● 身近な自然にふれ、季節の自然に親しむ。	● 困ったことやしてほしいことを保育者や友達に言葉やしぐさで伝えようとする。 ● 友達と一緒に必要な物を持って楽しんで遊ぶ。 ● 木の実や落ち葉を集めて遊びに利用するなど、身近な自然にふれる。 ● 花壇の植物の生長や、虫の動きなどに興味・関心をもつ。 ● イモ掘りに出掛け、イモを収穫したり食べたりする。

家庭・地域との連携

■ 運動会に向けての楽しそうな様子を伝え、当日を楽しみに迎えられるようにしていく。
■ 朝夕と日中の気温差が大きい日もあるため、気温によって調節できる衣服を用意してもらえるよう、掲示や便りなどで分かりやすく伝える。
■ 友達と遊ぶ楽しさも増える一方でトラブルになることもあるため、その場の状況や保育者がどう対応したか、また成長の過程であることなどを伝えながら安心して過ごせるようにする。

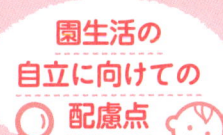

園生活の自立に向けての配慮点

●は健康・食育・安全、
★は長時間にわたる保育への配慮、
♥は保育者間のチームワークについて記載しています。

- ● 巧技台を使って遊ぶ機会が増えるため、必要に応じて安全な遊び方を知らせていく。
- ● 朝夕と日中の気温差が大きい日も多いため、水分補給や衣服の調節のことばがけを細やかにする。
- ★ 体を動かして遊ぶことが増えるため、夕方はゆったりと過ごせる環境を工夫する。
- ♥ 4・5歳児との交流がもてるように、運動会で使用した道具や曲などを担任間で打ち合わせ、用意しておく。

要領・指針につながるポイント

✳ 自分の体を十分に動かし、進んで運動をしようとする

全身を使って動いたり表現したりする楽しさを味わった子どもたちは、進んで運動をするようになります。その中で、自分の体を大切にし、調整しようとする気持ちも育ってきます。保育者は安全に配慮し、様々な運動が楽しめるような環境を整えましょう。(参考:領域「健康」)

指導計画 10月の計画

環境と援助・配慮

自分でできることは自分でしようという気持ちがもてるように

- ● 自分からやってみようという気持ちを認めて励ましたり、難しいときには手を貸したりしながらも、その子どものやる気を引き出し、積み重ねになっていくようにする。
- ● 健康で気持ち良く過ごせるように、衣服の着脱や水分補給などのことばがけはこまめに行なうようにする。

体を動かして遊ぶ楽しさや心地良さを十分に感じられるように

- ● やってみようとする気持ちが高まっていくように保育者も一緒に体を動かしながら遊んだり、巧技台や平均台・マットなどを使い、全身を使った遊びが繰り返し楽しめるような場づくりをする。
- ● 自分なりに表現することの楽しさや意欲を認め、楽しんで運動会に参加できるようにする。
- ● 運動会の余韻(いん)を楽しめるよう、各年齢で使った小道具なども使えるように用意しておき、異年齢での関わりも広がるようにしていく。

自分の思いを出しながら、友達と一緒に遊ぶ楽しさを感じられるように

- ● 子どもの思いや見立てを受け止めたり、遊び方を示したりして、様々な遊びを楽しめるようにする。
- ● 簡単なルールのある遊びを取り入れて、みんなで集まって遊んだり、ルールを守って遊んだりする楽しさを感じられるようにする。

身近な自然にふれ、秋の訪れを感じられるように

- ● イモ掘りに出掛け収穫したり、コオロギやスズムシを見たり、音色を聞いたりしながら、秋の自然の変化を実感できるように働き掛けていく。
- ● 空き容器に集めた木の実を入れたマラカス作りや、落ち葉を使ったお面作りなどを通して、身近な自然物を使った遊び方があることを知らせていき、自分で作って遊ぶ楽しさを感じられるようにする。
- ● 春先に咲く花の球根(チューリップやクロッカス)を植え、その生長を楽しみにできるようにする。

反省・評価のポイント 自己評価にもつながる

- ★ 簡単な身の回りの支度を自分から進んで行なおうとしていたか。
- ★ 体を動かすことを楽しみ、その気持ち良さを感じられるよう関わることができたか。
- ★ 友達と一緒に遊ぶ心地良さや楽しさを感じながら過ごしていたか。
- ★ 秋の自然に親しみを感じられたか。

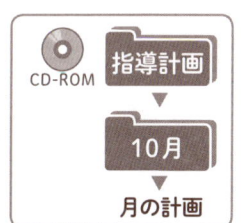

CD-ROM 指導計画 ▼ 10月 ▼ 月の計画

10月 1週の計画

10/2(月)〜7(土)

今週の予定
● 衣替え、中秋の名月

前週の幼児の姿
● 園庭でかけっこをしたり、保育者や友達と一緒に踊ったり、体を動かしたりして遊ぶことを喜んでいる。一方で、大勢で取り組む活動に参加したがらない子どももいる。
● 自分がしたいことを見つけて遊んでいる。同じ場にいる友達のまねをしたり、声を掛けたりする姿がある。

ねらい（●）と内容（・）

● 着替えや片付けなど、身の回りのことを自分でしようとする。
● 友達に関心をもち、一緒に遊ぶことを楽しむ。
● 保育者や友達と一緒に、思い切り体を動かして遊ぶことを楽しむ。
・ 身支度や着替え、片付けなど、自分からしようとする。
・ 友達と同じ物を持ったり、簡単な衣装を身に着けて動いたりしながら、同じ場で遊ぶ。
・ かけっこをしたり、音楽に合わせて踊ったり、巧技台を使ったりして遊ぶ。

具体的な環境（◆）と保育者の援助（＊）

＊ 身の回りのことを自分でやろうとしている意欲を認め、見守りながら、必要に応じて援助していく。
＊ 保育者も一緒に片付けながら、子どもが自分で気付いて始末をできるようにことばがけをする。きれいになったことを喜んだり心地良さを感じたりできるようにする。
◆ なり切ったり、ごっこ遊びを楽しんだりして遊べるように、遊びやイメージが具体的になるような教材や場を用意する。子どもが自分で作ったり出し入れしたりできる小道具やつい立てを用意する。
◆ 気に入った遊びを繰り返し楽しめるように、遊びに必要な物を子どもの手が届きやすい場所に置いておく。
＊ 友達と一緒に遊ぶ楽しさを感じられるように、一緒に場づくりをしたり、子どもの思いや考えたことを橋渡ししたりする。
＊ 自分の思いを動きや言葉で表して遊ぶ中で、友達の動きに関心をもったり、友達に伝えようとしたりできるようにする。
◆ 子どもが体を動かして遊びたくなるように軽快な音楽をかけたり、巧技台やフープ、トンネルなどを置いたりする。

◆ 必要に応じてマットを敷いたり、動線やスペースを確保したりするなど、安全面に配慮する。
＊ 保育者も一緒に体を動かし、楽しさに共感していく。

＊ 日頃の保育の中で子どもたちが気に入っているごっこ遊びの中の動きや、リズムダンスなどを生かし、楽しみながら運動会の活動に取り組めるようにする。
＊ 運動会の歌をうたったり、異年齢児の運動会に向けての活動を見たりして、運動会への興味が高まるようにする。

＊ お月見の行事や月に関心がもてるように、十五夜についての絵本を読んだり、子どもと一緒に紙や白い粘土を丸めて作った団子を飾ったりする。（📖:『おつきさまこんばんは』など）

反省・評価のポイント
★ 身の回りのことを自分でしようとしていたか。
★ 遊びの中で、友達と関わることを楽しんでいたか。
★ 保育者や友達と一緒に、十分に体を動かすことを楽しめるような援助ができたか。

10月 2週の計画

10/9(月)～14(土)

今週の予定
● 体育の日、運動会

前週の幼児の姿

● 運動会に向けて、4・5歳児のリレーやダンスを見たり、飾り付けの万国旗が飾られたり小道具を作ったりする中で、運動会への関心が高まってきている。

● 自分が作った物や考えたことを保育者に見せたり伝えようとしたりする姿がある。

● 木の実を集めて持ち帰ったり、製作に使って遊んだりしている。

● 友達と一緒に遊ぶ中で、自分の思ったことや考えたことを動きや言葉で表そうとする。

● 保育者や友達と一緒に伸び伸びと体を動かすことを楽しむ。

● 秋の自然物にふれ、木の実を集めたり触ったりすることを楽しむ。

・ 友達に関わろうとしたり、自分のしたい遊びを友達と一緒にしたりする。

・ みんなで一緒に、喜んで運動会に参加する。

・ 木の実や落ち葉を拾ったり集めたりする。

4歳さんのかけっこの後に○○組さんの玉入れだよ

＊ 遊びの中での思いや考えを受け止め、実現できるように援助をしたり、一緒に遊んでいる友達に伝えられるように橋渡しをしたりする。

＊ 友達と同じ場で遊んだり関わったりしている姿など、友達と一緒にいるうれしさや楽しさに共感していく。

＊ 友達に思いがうまく伝わらなかったり、受け入れてもらえなかったりする場合は、それぞれの気持ちを保育者が代弁して伝える。相手にも思いがあることを伝え、友達の気持ちに気付けるようにする。

◆ 種や木の実を集める空き容器やビニール袋、虫を入れるための飼育ケースを用意する。集めた物を友達と一緒に見たり、保育室に残しておいたりできる場を構成する。

＊ 秋の虫や季節の変化を感じられる歌や絵本を取り入れる。（♪：『うんどうかいのうた』、📖：『10ぴきのかえるのうんどうかい』『どんぐりとんぽろりん』など）

◆ 万国旗を飾って運動会の雰囲気を感じられるようにする。

◆ 運動会で使う音楽や道具（お面、カラー軍手、腕輪 など）を好きな遊びの中でも使って遊べるように、子どもが扱いやすい場所に用意する。

＊ 4・5歳児の活動を見て応援したり、自分たちの踊りを見てもらったりする機会を設けて、楽しい雰囲気を感じられるようにする。運動遊びや友達と一緒に活動することが楽しい、また遊びたいという気持ちになれるようにことばがけや活動内容を工夫する。

◆ 暑さが残り、日差しが強い日もあるため、活動と休息のバランスに配慮し、水分補給ができるような場を用意しておく。

◆ 運動会当日に向けて、大勢のお客さんが応援に来ることを事前に伝えたり、プログラム順を絵などを用いて分かりやすく知らせたりして、初めての運動会に安心感をもって参加できるようにする。

反省・評価のポイント

★ 友達と遊ぶ中で、思いを動きや言葉で伝えられるような援助ができたか。

★ 保育者や友達と一緒に活動する中で、体を動かす楽しさを感じ、喜んで運動会に参加していたか。

★ 遊びの中で秋の自然物に触れて親しんでいたか。

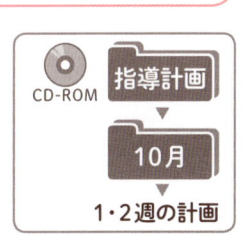

CD-ROM 指導計画 ▼ 10月 ▼ 1・2週の計画

3 10月 3週の計画

10/16(月)〜21(土)

前週の幼児の姿

● 音楽に合わせて踊ったり、かけっこをしたりと、運動会の取り組みを楽しんでいる。

● 自分の思いを伝えようとすることが多くなり、友達との会話が増えてきている。

● 木の実や落ち葉を拾い、見て触って楽しんだり、拾った物を空き容器に入れて大切そうにしたりする姿が見られる。

ねらい（●）と内容（・）

● 保育者や友達、4・5歳児と一緒に体を思い切り動かして楽しむ。

● 友達や保育者と遊びを楽しむ中で、自分の思いを動きや言葉で伝えようとする。

● 秋の自然にふれて遊ぶことを楽しむ。

・ 運動会で経験した踊りやかけっこなどをして、4・5歳児とふれあって遊ぶ。

・ ごっこ遊びやままごとなどをしながら、自分のイメージを相手に伝える。

・ 落ち葉やドングリなどを集めたり、使ったりして遊ぶ。

具体的な環境（◆）と保育者の援助（＊）

◆ 運動会の余韻を楽しみ、すぐに遊び始められるように、運動会で使ったお面や道具を目に留まりやすい所に出しておく。

＊ 遊びの中で運動会で踊った曲を流し、保育者も一緒に踊りながら、それぞれが体を動かす心地良さを感じられるようにする。

＊ 運動会で見た、4・5歳児の競技や表現遊びを教えてもらったり、一緒に遊んだりして、遊びが広がるようにし、4・5歳児との関わりも楽しめるようにする。

＊ 鬼ごっこやしっぽ取りゲームなどを通して、思い切り走る心地良さや、簡単なルールを理解して遊ぶ楽しさを感じられるようにする。

＊ ごっこ遊びでごちそうに見立てたり、なり切って遊んでいたりする中で、自分の思いや考えをしぐさや言葉で表す楽しさを感じられるよう、思いを受け止め、保育者も一緒に楽しむ。

＊ 自分の思いや考えを相手に伝え、保育者や友達と同じ場で遊ぶ楽しさを感じられるよう、「ただいま」「○○ちゃん、おかえり」「いらっしゃいませ」など、保育者も一緒に周りの子どもたちに声を掛けながら援助をする。

◆ 拾ったドングリや落ち葉などを小分けにして箱に入れ、いつでも取り出せるようにしておき、砂場遊びやごっこ遊び、製作遊びに取り入れる楽しさを感じられるようにする。

＊ 落ち葉の色や形、大きさの違いなどのおもしろさに気付いて楽しめるよう、一緒に拾いながら「この葉っぱは赤い色になっていてすてきだね」など伝え、会話を楽しむ。

◆ ドングリや虫の絵本を手に取りやすい所に置いておき、秋の自然に興味をもっていつでも見て楽しめるようにする。
（📖：『どんぐりころころおやまへかえる』『むしたちのうんどうかい』など）

＊ ヒヤシンスやクロッカスの球根を植え、世話の仕方を伝えたり、「どうなるのかな」「どんな花が咲くかな」と会話をして、生長を楽しみにできるようにする。

反省・評価のポイント

★ 体を十分に動かす心地良さを味わっていたか。
★ 自分の思いを周りに伝えられるような援助ができたか。
★ 秋の自然に親しみ、遊びに使うなどして楽しんでいたか。

10月 4週の計画

10/23(月)〜31(火)

今週の予定
● 誕生会、イモ掘り

前週の幼児の姿
● 運動会ごっこを楽しんでいる。
● 鬼ごっこなど、簡単なルールのある遊びを通して走ることを楽しんでいる。
● 4・5歳児と関わりながら、踊りや運動遊びをして遊んでいる。
● ドングリや落ち葉を拾って、ごっこ遊びや製作遊びに取り入れて遊んでいる。

● 保育者や友達と一緒に、体を動かして遊ぶことを楽しむ。
● 思ったことを伝えながら、友達と同じ場で遊ぶ心地良さを感じる。
● 秋の自然に親しみ、拾った自然物を使って遊ぶことを楽しむ。
・ 気の合う友達や近くにいる友達と、ごちそうを作ったり役になり切ったりして遊ぶ。
・ 自分の思いやアイディアを動きや言葉で表現する。
・ イモ掘りを経験したり、落ち葉やドングリなどの木の実を拾って遊びに使ったりする。

モミジ！
さがそう〜！

＊ 好きな遊びの中で、簡単なルールのある遊び（鬼ごっこ、しっぽ取りゲーム、宝探しゲーム など）もできるよう、保育者も一緒に遊びに入りながら援助する。

◆ 引っ越し鬼などで使う線を引いたり、しっぽ取りゲームのしっぽを手に取りやすい所に置いたりしておく。

＊ 保育者も一緒に遊びに入りながら子どもの思いや遊びのイメージを受け止め、遊びに必要な物を選んだり一緒に作ったりするなどして、子どもが満足感を味わえるようにする。

＊ 同じ場にいる友達にも思いや考えが伝わるように、保育者が子どもの言葉を補ったり代弁したりするなどして、思いを橋渡しする。

＊「○○くんと○○くんは同じヒーローになっているんだね」などと言葉を掛け、近くにいる友達に共感したり気付いたりできるようにし、様々な友達へ関心が広がるようにする。

＊ 同じ場で遊びながらも、子ども一人ひとりがやりたいことを実現できるよう、玩具の量や遊ぶ場を工夫する。

＊ 自分の思いや困ったことなどを言葉や動きで表現できるよう、子どもと目線を合わせながら、時には代弁するなどして、丁寧に思いに寄り添う。

＊ イモ掘りの絵本を見たり手遊びなどをしたりして、当日に期待がもてるようにする。
（📖：『さつまのおいも』『どんぐりころちゃん』、手遊び：『やきいもグーチーパー』 など）

＊ イモ掘りでは、土を掘る感触を一緒に楽しんだり、サツマイモが採れた達成感を味わったりできるように「おおきなおイモが採れたね」と言葉を掛けるなどする。

◆ シャベル、ビニール袋、手洗い用のタライ、せっけん、タオル、雑巾、爪ブラシなど、イモ掘りに必要な用具の準備をする。また、必要に応じて手洗い場の確保もする。

反省・評価のポイント
★ 友達と思いを共有したり、体を動かしたりして遊ぶ楽しさを感じられるよう援助できたか。
★ 自分の思いを保育者や友達に伝えようとしていたか。
★ 秋の自然にふれて楽しんでいたか。

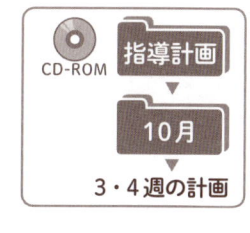

CD-ROM
指導計画 ▼ 10月 ▼ 3・4週の計画

10月 日の計画

10/24(火)

ねらい
- 友達と一緒に、体を動かして遊ぶ心地良さを感じる。
- 身近な秋の自然に親しむ。

内容
- かけっこ、鬼ごっこ、ボール遊びなど、体を動かす遊びをする。
- 落ち葉や木の実などの自然物を使った「宝探しゲーム」をして遊ぶ。

環境を構成するポイント	予想される幼児の活動	保育者の援助
● 肌寒い日は、上着を着て来ることがあるので、置き場所を準備しておく。 ● 日々の遊びが継続していくように、空き箱やボールなどの遊びに使う物を、子どもが自分から手に取りやすい所に置いておく。 ● 運動会で使った道具やダンスのCDなどを、興味をもったときに使えるように身近に置いておく。 ● 宝探しゲームで見つけた落ち葉や木の実などを保育室に飾り、遊びに参加しなかった子どもも興味がもてるようにする。 ● 秋にちなんだ絵本やミニ図鑑などを、子どもが手に取って見ることができるようにしておく。	● 登園し、身支度をする。 ● 好きな遊びをする。 　（室内：ままごと、空き箱製作 など 　戸外：ボール遊び、かけっこ など） ● 「宝探しゲーム」をして遊ぶ。 ・ 子どもと保育者で探す物（モミジの葉、黄色い葉、赤い実 など）を決め、「よーいドン」で走って探しに行く。 ・ 見つけたら保育者の所に戻って来る。 ・ 全員が戻って来たら、みんなで拾った物を見せ合い、次の物を探しに行く。 ● 片付けをする。 ● 昼食の準備をして、食事をする。 ● 好きな遊びをする。 ● 片付けをする。 ● 絵本を見たり、歌をうたったりする。 　（📖：『どんぐりころちゃん』） ● 準備をして、降園する。 ● 好きな遊びをする。 ● 降園する。	● 明るく挨拶をし、健康状態を把握する。 ● 一人ひとりの子どもの様子を見て、さりげなく声を掛けたり、一緒に遊んだりして、いろいろな遊びに興味が広がるようにする。 ● 宝探しゲームは、保育者の近くにいる数人の子どもから遊び始め、興味をもった子どもが、少しずつ加わって参加していくようにする。 ● 見つけた物を見せ合ったり、次に探す物をみんなで決めたりすることで、たくさんの友達と一緒に遊ぶ楽しさが感じられるようにしていく。 ● 季節にちなんだ絵本を見たり、歌をうたったりすることで、秋の自然に親しめるようにする。
● 肌寒く感じる時間帯も増えてくるので、室温や衣服の調節を行ない、子どもの体調に配慮した環境を心掛ける。 ● 室内で落ち着いて遊ぶことができるようにしておく。 　（ブロック、色紙、絵本 など）	● 午睡、または、好きな遊びをする。 ● おやつを食べる。 ● 紙芝居を見たり、手遊びをしたりする。 　（手遊び：『くりのきやまのきつね』 　『はっぱのジャンケン』 など） ● 好きな遊びをする。 ● 片付けをする。 ● 降園する。	● 日中、活発に遊ぶ子どもが増えるため、午後は、ゆっくりできるような場や雰囲気をつくる。 ● 明日も元気に登園できるように、笑顔で挨拶を交わす。

（左欄：登園〜14時頃 / 14時頃〜降園）

反省・評価のポイント
- ★ 友達と一緒に、体を動かして遊ぶことを楽しんでいたか。
- ★ 落ち葉や木の実など、身近な自然にふれて遊べるような環境構成、援助ができていたか。

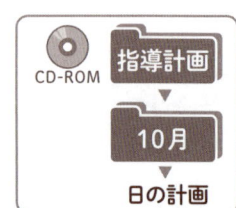

CD-ROM　指導計画　▼　10月　▼　日の計画

11月

今月の保育

子どものイメージが表現できるように

木の実を食べ物に見立ててままごとに使うなど、見立て遊びやごっこ遊びなどを楽しむ姿が見られます。子どものイメージが膨らむようなおもしろい絵本や紙芝居を用意したり、様々な素材に触れる機会を設けたり、リズム遊びや模倣遊びを取り入れたりするなど、子どものイメージが表現できるような環境を整えていきましょう。子どもが表現したくなるような音楽や物語を通して、子どものイメージが膨らむような遊びの工夫も心掛けていきたいですね。

保育のポイント

生活

自分でできるうれしさを感じられるように

生活面において、一人ひとりが自分でやってみようという気持ちが強くなってきます。自分でしようとする気持ちやできるうれしさを感じられるように、子どもが一人でやりやすい環境を整えておきましょう。上着の扱い方や手洗い・うがいの大切さ、玩具の片付け方などを伝えていくことも大切です。

ファスナー、上げられるかな？

興味・関心

秋の自然を遊びに取り入れて

遠足や散歩に出掛けて秋の自然に親しんだり、友達との関わりが増えたりなど、生活に広がりが見えてきます。葉の色付きや大きさ、形比べなどを通して秋の自然に興味がもてるようにしていきましょう。この時季でしか味わえない自然を満喫したいですね。

友達や保育者との関わり

みんなで遊ぶ楽しさを味わえるように

楽しかった運動会を経験した子どもたちは自信をもち、一段とたくましさが見られるようになってきました。体を動かす遊びやごっこ遊び、簡単なルールのある遊びなど、いろいろな遊びの中で友達関係が広がってきています。保育者は、子ども同士が関わり、みんなで遊ぶ楽しさが味わえるように工夫したり、簡単なルールを理解して遊べるように援助したりしていきましょう。自分の気持ちを言葉で表現しながら遊ぶ楽しさも伝えていきましょう。

11月の計画

クラス作り

寒くなってきて上着を着る機会も多くなるので、始末や着脱を自分でやってみようとする気持ちをもてるように援助していきたい。簡単なルールのある遊びやイメージをもった遊びを通して、友達と関わる楽しさを感じたり、相手の気持ちに気付いたりできるように仲立ちをしていきたい。

前月末の幼児の姿	ねらい	幼児の経験する内容（指導内容）
生活 ●遊んだ後の片付けや身支度など、自分でしようとする子どもが増えてきている。	●身の回りのことを自分から進んでしようとし、自分でできるうれしさを感じる。	●上着の着脱や始末の仕方を知り、難しいところは保育者に手伝ってもらいながら、少しずつ自分でやってみようとする。 ●戸外から室内に入って来たときや食事前には、手洗い・うがいを丁寧に行なう。
興味・関心 ●落ち葉やドングリなどの木の実を拾って集めることを喜んでいる。大きさや色、形など気付いたことを言葉にする子どもがいる。 ●友達を遊びに誘ったり、自分の思いを動きや言葉で伝えようとしたりしている。	●友達と一緒に遊んだり、関わったりすることを楽しむ。 ●いろいろな素材に触れ、自分なりに表現することを楽しむ。 ●身近な秋の自然にふれたり、遊びに取り入れたりして楽しむ。	●友達と一緒に遊びの場をつくったり、同じ物を持ったりしながらごっこ遊びを楽しむ。 ●友達や保育者と一緒に簡単なルールのある遊びをする。 ●自分の思いやしたいことを相手に分かるように伝えようとする。 ●自分なりに素材に関わり、作ったり描いたりしながら表現する。 ●自分の作品ができることを喜んだり、友達の作品を見たりする。
友達や保育者との関わり ●友達と一緒に踊ったり体を動かして遊んだりすることを楽しんでいる。また、4・5歳児クラスの遊びに興味をもち、まねをしようとしている。		●散歩や遠足に行き、秋の自然物を見たり触れたりする。 ●自然物の色や形の違いなど気付いたことを保育者や友達に伝える。 ●集めた自然物を砂場やままごと、製作などの遊びに取り入れる。

家庭・地域との連携

■遠足では持ち物や弁当を子どもが自分で扱いやすい物にしてもらえるよう、送迎時やクラス便りで伝える。
■作品展に向けて、子どもたちがいろいろな素材に触れたり、自分なりに表現を楽しんだりしている様子を伝え、一人ひとりの成長や表現の仕方を理解してもらえるようにする。

■親子で秋の自然に親しんでもらうきっかけになるように、落ち葉や木の実などを集めたり遊んだりする中での子どもたちの気付きや楽しんでいる姿を伝える。

園生活の自立に向けての配慮点

●は健康・食育・安全、
★は長時間にわたる保育への配慮、
♥は保育者間のチームワークについて記載しています。

● インフルエンザなどの感染症が流行する前に、手洗いやうがいの仕方を確認したり、大切さを伝えたりしていく。

★ 冷え込む日が増えるため、衣服の調節をしたり室内の遊びを充実できるようにしたりする。

♥ 遠足では、実態に合わせた活動を安全に楽しめるよう、下見や打ち合せを行ない共通理解しておく。

要領・指針につながるポイント

★ 感じたことや考えたことを自分なりに表現して楽しむ

通園途中に見つけたドングリや赤い落ち葉を大切そうに持ってきてままごとに使ったり、空き箱や空き容器で玩具を作ってきて遊びに使ったりなど、園で楽しかった遊びが家庭でも再現される姿が見られます。表現しようとする意欲をしっかりと受け止めていきたいですね。(参考：領域「表現」)

環境と援助・配慮

身の回りのことを自分でできるうれしさがもてるように

● 登降園時の身支度など、次に何をするのか子どもが自分で気付けるように、保育者が見守ったり必要に応じて難しいところを手伝ったりする。

● 自分のことを進んでやってみようとする姿や自分でできた姿を認め、うれしさや意欲につなげる。

● 風邪や感染症予防のため、手洗い・うがいの大切さや手の洗い方をイラストやペープサートなどを使って示したり、保育者も一緒に行なったりしながら分かりやすく伝える。

友達と関わる楽しさを味わえるように

● 友達と一緒にイメージをもって動いたり、踊ったり表現遊びをしたりできる環境を用意する。

● 友達の遊びの様子に気付いたり、友達とのやり取りやつながりを楽しめるようにしたりしていく。

● 自分の思いを保育者や友達に伝えられるように言葉を知らせたり、仲立ちをしたりする。また、友達の言葉や思いを聞き、相手の気持ちに気付けるように援助していく。

自分なりの表現を楽しめるように

● 一人ひとりが自分なりに素材に親しみ、表現を楽しんでいる姿を認め、保育者も一緒に活動しながら楽しんでいく。

● 自分で素材を選んだり、作って表現したりすることを楽しめるように、素材を扱いやすく、選びやすいように用意しておく。また、数を十分に用意しておく。

● できた作品は机に並べたり飾ったりして、自分の作品ができたうれしさを感じたり、友達の作品を見たりする機会になるようにする。

秋の自然にふれ、いろいろなことに気付いたり、遊びに取り入れたりできるように

● 散歩や遠足に出掛けるときは自然にふれられるような行き先や道を選ぶ。

● 自然物に対する子どもの気付きや発見を受け止めて共感していく。また、友達の言葉にも気付くきっかけをつくっていく。

● 遊びに使うきっかけとなるように、木の実や落ち葉を使いやすいように用意する。

反省・評価のポイント

自己評価にもつながる

★ 身の回りのことを、自分からしようという気持ちや自分でできたといううれしさを感じていたか。

★ 友達と関わったり、思いを伝えたりするような援助ができたか。

★ 秋の自然に十分に親しみ、ふれたり遊んだりすることを楽しんでいたか。

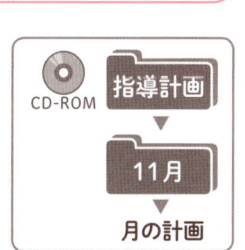

CD-ROM ▶ 指導計画 ▶ 11月 ▶ 月の計画

11月 1週の計画

11/1(水)〜11(土)

前週の幼児の姿

● 同じ場にいる友達と共通のイメージをもちながら遊んでいる。
● 自分の思いやイメージを動きや言葉で保育者や友達に伝えようとしている。
● 友達や保育者とイモ掘り遠足でイモを掘ることを楽しんだ。
● ドングリなどの木の実や落ち葉などを遊びに取り入れて楽しんでいる。

ねらい（●）と内容（・）

● 上着の始末を進んで自分からしてみようとする。
● 友達と関わる中で、友達にも思いがあることに気付く。
● 保育者や友達と一緒にふれあいながら遊ぶことを楽しむ。
・ 上着の始末の仕方を知り、やってみる。
・ 友達に思いを伝えたり、友達の話を聞こうとしたりする。
・ 保育者や友達と一緒に、音楽に合わせて体を動かしたり、鬼ごっこをしたりする。

具体的な環境（◆）と保育者の援助（＊）

＊ 上着を脱いだら袖の裏返しを直すこと、着るときのファスナーやボタンの外し方、留め方などを伝えて、難しい場合には手伝うなどして援助する。

◆ 上着を掛ける場所、掛け方などを絵で示すなどして、分かりやすくする。

＊ 友達の話にも耳を傾けることができるよう、保育者がそれぞれの気持ちに丁寧に寄り添いながら代弁したり、言葉が出るのを少し待つなどして見守ったりする。

＊ 物の取り合いになったときには、どうしたかったのか、友達にどのように伝えたら良いのかを一緒に考え、自分の思いを言葉で伝えられるように保育者も一緒に友達に伝えるなどして対応する。

＊ 子どもの思いや考えを受け止め、一緒に形に表して見立てたり、言葉で表したりしながら、遊びに夢中になって楽しめるよう援助する。

＊ 遊びに必要な物を一緒に作る中で、身近な素材に触れ、作って遊ぶ楽しさを感じられるようにする。（フラワーペーパーなどを丸めたり包んだりし、リンゴや卵を作る など）

◆ 保育者や友達とふれあって遊ぶことを楽しめるような音楽や遊びなどを用意する。

＊ 保育者も一緒に音楽に合わせて踊ったり、ふれあったりして遊ぶ中で、保育者や友達と一緒に体を動かす心地良さや、ふれあううれしさを感じられるようにする。

＊ しっぽ取りゲームや引っ越し鬼など、簡単なルールのある遊びを取り入れ、「○○ちゃんと遊んで楽しかったね」など、友達へも関心が向くよう言葉を掛ける。

○○ちゃん、こっち〜

おかわりのしっぽもあるわよ〜

＊ 秋の遠足の話をしたり、絵本を読むなどしたりして、遠足に期待をもてるようにする。

反省・評価のポイント

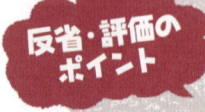

★ 上着の始末を自分からしようとしていたか。
★ 保育者や友達とふれあって遊ぶ心地良さやうれしさを感じていたか。
★ 子どもたちの思いを橋渡しするなどして丁寧に受け止められたか。

11月 2週の計画

11/13(月)〜18(土)

今週の予定
● 遠足

前週の幼児の姿

● 保育者や友達と一緒に踊ったり、ふれあったりして楽しんでいる。
● 友達に思いを伝えようとしたり、相手の話を聞こうとしたりする。
● 上着の着脱など、保育者に手伝ってもらいながら自分でしようとしている。

● 自分の思いを言葉に表したり、友達の思いに気付いたりする。
● なり切ったり見立てたりして遊ぶことを楽しむ。
● 秋の自然にふれたり、見つけたりすることを楽しむ。
・ 友達に自分の思いを伝えようとしたり、相手の話を聞こうとしたりする。
・ ごっこ遊びをしたり、自分のイメージした物を作ったりして遊ぶ。
・ 秋の遠足に参加し、落ち葉や木の実を見つけ、触れてみる。

＊ 自分の思いが友達に伝わるうれしさを感じられるよう、「○○ちゃんはお店屋さんになっているんだね」など、保育者が見守りながらも必要に応じて一緒に思いを伝えるなどして援助する。

＊ 友達にも思いがあることを知ることができるよう、「○○ちゃんはどう思ったのかな」などと、保育者も一緒に相手の話を聞いたり、言葉で思いをうまく表せない子どもには、安心して思いを表現できるようにしたりする。

＊ 秋の遠足当日には、子どもたちと一緒に落ち葉や木の実を見つけたり拾ったりして、自然に親しめるようにする。（♪：『はっぱっぱ体操』『バスごっこ』、📖：『えんそくバス』など）

＊ バスや公共施設での約束事を分かりやすく伝え、遠足を楽しみながらも、約束を守ろうとする意識ももてるようにする。

◆ ごっこ遊びで作った物（色紙などの素材で作った食べ物など）を分けてカゴに入れ表示を付けるなどして、子どもたちが遊びたいときにいつでも取り出しやすいように置いておく。

◆ 色紙、セロハンテープ、拾ったドングリや落ち葉など、様々な素材を整理しておき、作って遊びやすいようにする。

＊ 様々な素材に興味をもち、それらの素材を使って作ることを楽しめるよう、作りたいという気持ちを認めながら難しいところは手伝うなどして援助する。

◆ 新聞紙、空き箱、色紙、アイスキャンディーの棒、広告紙を丸めて棒状にした物など、身近な素材を取り出しやすく用意しておく。

反省・評価のポイント

★ 友達の思いを聞いて、友達の気持ちに気付くことができたか。
★ なり切ったり見立てたりする遊びを楽しめる環境を構成できたか。
★ 秋の自然にふれることを楽しめていたか。

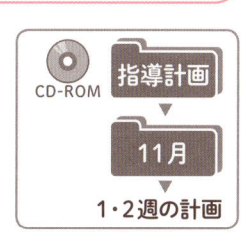

CD-ROM → 指導計画 → 11月 → 1・2週の計画

3 週の計画 **11月**

11/20(月)〜25(土)

前週の幼児の姿

● 上着の着脱や長袖の始末などを保育者に手伝ってもらいながら取り組んでいる。

● 身近な素材に触れて遊ぶことを楽しんでいる。

● 園庭で落ち葉を拾って遊びに利用したり、遠足や散歩に出掛けたりして、秋の自然にふれて遊ぶ楽しさを感じながら過ごしている。

ねらい（●）と内容（・）

● 生活や遊びの中で、自分の思いを言葉に表そうとする。

● 身近な素材を使って自分なりに表現することを楽しむ。

● 秋の自然にふれながら戸外で遊ぶことを楽しむ。

・ お面やステッキなど、持ったり身に着けたりして友達と一緒に遊ぶ。

・ 身近な素材を切ったり貼ったりして、作って遊ぶ。

・ 秋の自然物をごっこ遊びや製作に利用しながら遊ぶ。

具体的な環境（◆）と保育者の援助（＊）

＊ 同じ場でやり取りをしながら遊ぶ楽しさを感じられるように、仲間として参加し、場面に応じてそれぞれの思いを代弁して仲立ちをする。

◆ 周りの遊びを見て刺激を受けたり、「おもしろそう！いっしょにやってみよう」という気持ちが感じられるよう、場づくりや机の配置を工夫する。

＊ みんなで一緒に遊ぶ楽しさが感じられるよう、簡単なルールのある遊びを取り入れる。
（引っ越し鬼、歌遊び：『どんぐりころちゃん』など）

＊ 保育者も一緒に製作に参加しながら、素材や道具の使い方を一緒に確認するとともに、「できた！」といううれしさに共感していく。

＊ 自由に表現することの楽しさを感じ、「もっとつくってみたい」という意欲につながるよう、「おもしろい物ができたね」「すてきな色だね」など共感や認めのことばがけをする。

◆ 製作ができるコーナーに、素材（空き箱、モール、ストロー、フラワーペーパー など）や自然物（落ち葉、ドングリ など）、のり、セロハンテープ、ハサミなどを使いやすく準備しておく。

○○ちゃんは△△ちゃんと同じ色にしたいんだって！

＊ 集めた落ち葉を踏みしめながら歩いたり寝そべったりしながら、思い切り自然とふれあえる遊びを楽しめるようにする。
（📖：『もりのおふろやさん』『おべんともって』）

◆ 子どもと一緒に園庭の落ち葉をほうきで集めるための、ほうきとちり取りを用意しておく。

◆ 段ボール箱やビニール袋を用意しておき、集めた落ち葉を入れられるようにする。

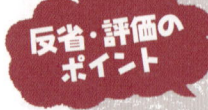
反省・評価のポイント

★ 友達と言葉のやり取りをしながら遊ぶ楽しさを感じていたか。

★ 様々な素材に触れる経験をもてるよう環境を準備できたか。

★ 秋の自然を十分に親しめたか。

11月 4週の計画

11/27(月)〜30(木)

今週の予定
● 作品展（保育参観）

前週の幼児の姿

● 寒い日は上着を着て外に出ようとしている姿が見られる。

● 友達と一緒に簡単なやり取りをしながら遊ぶことを楽しんでいる。一方で、思いが通じ合わない場面ではトラブルになる姿も見られる。

● 様々な素材に触れて、作って遊ぶことを楽しんでいる。

● 手洗い・うがいや上着の着脱に自分で気付いて取り組もうとする。

● 友達と簡単な言葉のやり取りをしながら遊ぶ楽しさを感じる。

● 作品展を通して、作品を作る楽しさや飾られるうれしさを味わう。

・ 保育者と一緒に身だしなみを整えたり、気温に合わせて衣服を調節したりする。

・ 遊びの中で、言葉のやり取りを楽しみながら生活に必要な言葉を知っていく。

・ 自分や友達の作った作品を見て喜んだり、4・5歳児の作った作品を見たりする。

◆ 指の間・爪・手首を洗うなど、手洗い・うがいの仕方をペープサートやイラストに表し、手洗い場のすぐに目に付く場所に置いたり貼ったりする。

＊ 実際に保育者が行なっている姿を示したり、「○○ちゃん今日も手がぴかぴかになったね」など、友達を見て自分も丁寧に取り組もうとする気持ちがもてるようにする。

＊ 自分でやろうとしている気持ちを受け止めつつ、上着のチャックなど難しそうなときには援助をする。

◆ 遊びのイメージが膨らむような小物作りができるように、素材を使いやすい所に十分に用意しておく。

＊ 自分の気持ちや困っていること、してほしいことなどを自分なりの言葉で表そうとする姿を受け止め、時に言葉を補いながら援助していく。

＊ 友達同士のトラブルでは、一人ひとりの思いを受け止め代弁しながら、相手の気持ちにも気付けるようにしていく。

＊ 自分たちも作ってみたいという気持ちをもてるよう、4・5歳児の作った物を見に行ったり、紹介してもらったりする時間を設ける。

＊ 子どもたちと一緒に作品を飾りに行き、作品展を楽しみにできるようにする。

＊ 自分の作った作品が飾られているうれしさに共感し、作品展に楽しく参加できるようにする。

◆ 子どもの作品が引き立つような環境を工夫し、また、作品は子どもの目線に合わせて配置する。

◆ 自分や友達の作品を見て、また作ってみたいという気持ちが出てきたときにすぐに作れるように、必要な素材を用意しておく。

◆ 遊びの中で作ることを繰り返し楽しめるような環境を準備しておく。

◆ 一人ひとりが自分なりの表現を楽しんで作っている様子や遊びとのつながりが感じられるように、表示や写真を掲示するなどの環境を工夫する。

これ、わたしのピザ！

反省・評価のポイント

★ 自分で気付いて身支度を整えようとする姿が見られるようになってきたか。

★ 友達と一緒に簡単な言葉のやり取りを楽しんでいたか。

★ 子どもたちがうれしくなるような作品の展示ができたか。

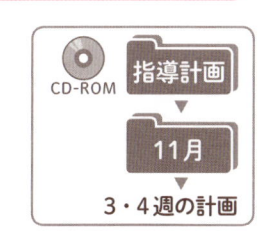

CD-ROM 指導計画 ▶ 11月 ▶ 3・4週の計画

11月 日の計画

11/21(火)

ねらい
- 同じ遊びをしている友達と、簡単な言葉のやり取りを楽しむ。
- 保育者や友達と一緒に、体を動かして歌遊びを楽しむ。

内容
- 友達と一緒に、好きな遊びをする。
- クラスの友達と一緒に、歌遊び『どんぐりころちゃん』で遊ぶ。

指導計画

11月 日の計画

環境を構成するポイント	予想される幼児の活動	保育者の援助
● 上着の始末がしやすいように、置き場所を用意しておく。 ● 前日からの遊びが継続しやすいように、ごっこ遊びのお面やマント、ままごと用スカートなどを、手に取りやすいように置いておく。 ● 友達と同じ物が作りたいと思ったときに、すぐに作ることができるよう、お面ベルトや紙、パス、セロハンテープなど、製作に必要な物を用意しておく。 ● 歌遊びをするときは、ホールへ行ったり、保育室の机やイスをよけておいたりするなど、広い場所で安全に行なえるようにする。 ● 手洗い・うがいについて、ポスターや絵カードなどを掲示しておき、子どもが進んで丁寧に行なえるようにする。	● 登園し、身支度をする。 ● 好きな遊びをする。 （室内：ままごと、ブロック、ドングリを使った簡単な製作 など 戸外：かけっこ、鬼ごっこ、落ち葉集め遊び など） ● 片付けて、クラスで集まる。 ●『どんぐりころちゃん』の歌遊びをする。 ・ 📖：『どんぐりころちゃん』を見る。 ・ 保育者の歌う声や動きをまねして踊る。 ・ いろいろなドングリ（小さい、大きい、長い、ふにゃふにゃ など）になって踊る。 ● 排せつ、手洗い・うがいをする。 ● 昼食をとる。 ● 片付けて、休息をとる。 ● 好きな遊びをする。 ● 準備をして、降園する。	● 健康観察を行なう。 ● 上着の着脱や、袖の裏返しなど、一人ひとりの様子に合わせ、必要な援助をする。 ● 同じ遊びをしている子ども同士が、言葉のやり取りを楽しめるよう、遊びの中で関わりのきっかけをつくったり、会話の仲立ちをしたりする。 ● 保育者が楽しく歌いながら、子どもが自分なりの動きをしていたら、「○○ちゃんのドングリ、楽しそう」「△△ちゃんのドングリ、おもしろいね」など、一人ひとりの動きを認めて声を掛ける。 ●「小さいドングリ」「長いドングリ」など、子どもの言葉を拾いながら、いろいろな表現を楽しめるようにする。
● 日中との気温差が大きくなってくるので、室温や衣服の調節の配慮をする。 ● 外が暗くなる時間が早まるので、室内や廊下などの照明を明るくし、安心して過ごせるようにする。	● 午睡、または休息をとる。 ● おやつを食べる。 ● 絵本・紙芝居などを見る。 （紙芝居：『おしゃれなケーキのケーコさん』『さるとかに』） ● 好きな遊びをする。 ● 準備をして、降園する。	● 排せつの間隔が短い子どもには、保育者から声を掛け、トイレに行くよう促すようにする。 ● 上着などを着て、温かい服装で降園できるよう、必要に応じて身支度を手伝う。

（左端縦書き：指導計画　11月 日の計画　登園〜14時頃　14時頃〜降園）

反省・評価のポイント
★ 子ども同士で、言葉のやり取りを楽しめるような援助ができていたか。
★ 歌遊びで、歌ったり、リズムにのって体を動かしたりすることを楽しんでいたか。

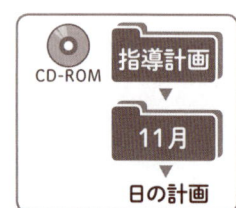

12月

今月の保育

日々の生活が楽しみであるように

一緒に遊ぶ友達も増え、友達との関わりが深まる中で「また、続きで遊びたい」といった明日を楽しみにする姿が見られます。子どもの姿を受け止め、ごっこ遊びの道具や玩具などを子どもの取りやすいように環境を整えたり、続きで遊ぶ約束を保育者や友達としたりして、子どもの「続きをしたい」という気持ちを大切にしていきましょう。また、保育者が率先して戸外に出て、鬼ごっこやあぶくたったなどの体を動かして遊ぶことの楽しさを伝えたり、室内遊びの工夫をしたりすることで、日々の生活が楽しみになるように心掛けたいですね。

▲▽▲▽▲▽▲▽▲▽▲ 保育のポイント ▲▽▲▽▲▽▲▽▲▽▲

生活

冬の生活習慣が身につくように

感染症の流行が気になる時季です。引き続き手洗いやうがいなどの大切さを伝えていきましょう。また、戸外と室内との温度差などがあるので活動による衣服の調整や、上着の片付けなどの生活の仕方も伝えていきたいですね。衛生的に手洗いやうがいをしたり、自分で鼻をかんだりする経験ができるように援助しましょう。

興味・関心

年末の雰囲気を感じられるように

街のあちこちではクリスマスや年末の華やいだ雰囲気を感じます。街の様子や正月飾りを見て、社会事象や季節の行事などへの興味につないでいきましょう。新しい年を迎えることが楽しみになるように、保育者と一緒に新年を迎える飾り付けや大掃除などの取り組みもしていきたいですね。

友達や保育者との関わり

友達とのやり取りが楽しめるように

子ども同士の遊びの中で言葉のやり取りも盛んになってきます。時には遊びのイメージが伝わらないこともありますが、子どもの気持ちに寄り添い、見守ったり、仲立ちをしたりしていきましょう。遊びの中での友達とのやり取りを通して自分の思いを出す楽しさを味わえるようにしていきましょう。

いいよ！

いっしょにレースしようよ

12月の計画

気の合う友達と関わって遊ぶ姿が多く見られるようになってきたので、一緒に生活や遊びを楽しめるような援助をし、関わりを深めていけるようにしたい。戸外で体を動かして遊んだり、冬ならではの自然にふれたりしていきたい。また、年末年始の行事や街の様子にも興味・関心をもてるようにしたい。

	前月末の幼児の姿	ねらい	幼児の経験する内容(指導内容)
生活	●上着の着脱や片付けを保育者に手伝ってもらったり自分でしたりしている。 ●手洗いやうがいを保育者と一緒にしている。	●冬の生活の仕方を知り、身の回りのことを自分でしようとする。	●上着の着脱や片付けを自分でしようとする。 ●鼻かみや手洗い・うがいの大切さをイラストで見たり話を聞いたりして丁寧に行なおうとする。
興味・関心	●木の実や落ち葉などの集めた自然物を使って、友達とごっこ遊びを楽しんでいる。	●戸外で保育者や友達と体を動かして簡単なルールのある遊びを楽しむ。 ●年末年始の行事や雰囲気にふれ、興味や関心をもつ。	●戸外で保育者や友達と体を動かして遊ぶ。 ●簡単なルールのある遊びを保育者や友達と一緒にする。 ●街の様子を見に行ったり、ツリーの飾りを作ったり、正月の伝承遊びをしたりする。 ●年末お楽しみ会に参加し、楽器遊びをしたり異年齢児の出し物を見たりする。
友達や保育者との関わり	●簡単なルールのある遊びを、保育者や友達と一緒に楽しんでいる。 ●友達との関わりができてきて、2〜3人で一緒に行動したり遊んだりすることを楽しんでいる。	●自分の思ったことや感じたことを言葉で表し、友達との関わりを楽しむ。 ●身近な自然の変化に気付き、冬の訪れを感じる。	●友達と過ごしたり関わったりする中で、自分の思っていることを伝えたり、相手の思っていることを聞いたりする。 ●風の冷たさや吐く息の白さなど、冬の自然事象に気付く。

家庭・地域との連携

■インフルエンザなどの感染症がはやってくるので、予防のための手洗い・うがいの必要性をクラス便りなどで伝え、また発生時の症状やケアの仕方を具体的に知らせ、体調が悪くなったら早めの受診を勧める。
■年末保育では、生活する場所や登園時の支度の仕方など環境が変わるため、保護者が戸惑わないよう事前にお便りなどで知らせる。
■年末年始ならではの体験を楽しめるよう伝えると同時に、生活リズムを崩さない配慮をお願いする。

園生活の自立に向けての配慮点

●は健康・食育・安全、★は長時間にわたる保育への配慮、♥は保育者間のチームワークについて記載しています。

● 感染症が流行する時季なので、子どもの健康状態に注意していく。
● 必要に応じて暖房や加湿器を使用し、温度や湿度を管理する。
★ 日が短くなって室内で過ごす時間が長くなるので、玩具や絵本など子どもが落ち着いた雰囲気の中で過ごせるようにする。
♥ 年末保育は日常と環境が変わるので、保育者間で引き継ぎをきちんとしておく。

要領・指針につながるポイント

★ 身近な事象を見たり、（略）数量、文字などに対する感覚を豊かにする

年末年始の準備や行事など、様々な文化に親しむことが社会とのつながりや意識の芽生えとなります。また、カレンダーが最後になる事や正月遊びなどを通して、数字やたこ風などの関係を3歳児なりに体験することで感覚を豊かにすることへつないでいきましょう。（参考：領域「環境」）

環境と援助・配慮

身の回りのことが自分でできるように

● 上着の着脱や片付けをしやすいように場所を用意する。
● 着脱の時間を十分にとり、一人でやろうとする姿を見守りながら、「できた」という気持ちに共感し、次への自信につなげていく。
● 手洗いやうがいをすることで感染症の予防につながることを繰り返し伝え、丁寧に行なうことが徐々に身につくようにしていく。
● 鼻のかみ方は、保育者が具体的にやって見せるなどして丁寧に伝えていく。

友達と一緒に体を動かして遊ぶ楽しさを味わえるように

● 鬼ごっこなどを繰り返して遊ぶ中で、戸外遊びの楽しさを感じられるようにしていく。
● 保育者も子どもの中に入り一緒に遊ぶことで友達と関わりをもって遊ぶ楽しさを味わえるようにする。
● 遊びや生活の中で、自分の思いを伝えられるように見守りながら、必要に応じて言葉を補うなどして相手の思いにも気付けるようにする。

年末年始の雰囲気を楽しめるように

● 街の様子を見たりクリスマスツリーの飾りを作ったりして、年末年始の雰囲気を楽しめるようにする。
● 簡単な合奏や歌をうたったり、4・5歳児の表現遊びを見たりして年末お楽しみ会を楽しめるようにする。
● 年末の大掃除では、きれいにして新年を迎えることを伝え、保育者と一緒に身の回りの物の掃除をしていく。
● 正月の伝承遊びに興味がもてるように保育者も一緒に遊び、おもしろさを伝えていく。

冬の訪れを感じられるように

● 落ち葉の上を歩いたり風の冷たさを感じたり、木々の様子の変化に気付いたりすることで興味をもてるようにする。
● 保育者や友達とふれあい、手や頬の冷たさを感じたり、吐く息が白いことに気付いたりできるような言葉を掛けていく。

反省・評価のポイント
自己評価にもつながる

★ 冬の生活に必要な身の回りのことを自分でしようとしていたか。
★ 戸外で冬の自然にふれたり、体を動かして遊ぶことができたか。
★ 保育者や友達と関わりをもって遊ぶことができるような援助ができたか。

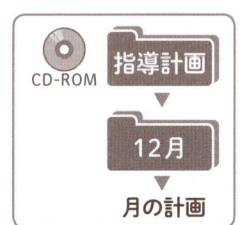

CD-ROM ▶ 指導計画 ▶ 12月 ▶ 月の計画

12月 1週の計画

12/1（金）〜 9（土）

今週の予定

- 戸外遊びの後の手洗い・うがいなどを丁寧にしようとする姿が見られる。
- 仲の良い友達と会話を楽しみながら遊んでいる。
- 作品展を見て自分の作った物が飾ってあることを喜んでいる。

ねらい（●）と内容（・）

- 簡単な身の回りのことを自分から進んでしようとする。
- 戸外で保育者や友達と一緒に簡単なルールのある遊びを楽しむ。
- 友達と関わりをもつ中で自分の思いを伝え、一緒に遊ぶことを楽しむ。
- ・ 上着の着脱や片付けを自分でしようとする。
- ・ 保育者や友達と鬼ごっこや転がしドッジボールをして遊ぶ。
- ・ 遊びや生活の中で保育者や友達に自分の思いを伝えたり相手の話を聞いたりする。

具体的な環境（◆）と保育者の援助（＊）

◆ 上着掛けなどを用意して、子どもが自分で出し入れができるようにする。

＊ ファスナーの上げ下げやボタンの掛け外し、袖の裏返しを直すなど自分でしようとする姿を見守りながら、できたときには十分に褒め、次への自信につながるような言葉を掛けていく。

◆ 保育者が積極的に子どもと一緒に戸外に出て十分に体を動かして遊べるようにする。

◆ 安全に遊べるように広いスペースを確保する。

＊ 引っ越し鬼やひょうたん鬼でたくさん体を動かして遊ぶと体が温まることを感じられるようにする。

＊ 保育者がボールを転がして、当たった子どもは円の外に出るなどのルールを伝え、ボールに当たらないよう逃げるなど楽しさを感じられるようにする。

＊ 戸外に出ることに消極的な子どもには興味がもてるような遊びで誘い、保育者も一緒に遊ぶようにする。

◆ ごっこ遊びに使う物（ベルト、スカーフ、風呂敷 など）やブロックなど、好きな遊びを自分たちで始められるように用意しておく。

＊ ごっこ遊びなどを通し、保育者や友達と「ください」「なにしますか」「ありがとうございます」など、言葉でやり取りをする楽しさを感じられるようにする。

＊ 子どもの話したいという気持ちを大切にし、じっくり話を聞くことで、話すうれしさを味わえるようにする。

いらっしゃいませー

はいどうぞ

〇〇ください！

反省・評価のポイント

★ 上着の片付けなど自分でしようとしていたか。
★ 自分の思っていることを伝えながら遊ぶことができたか。
★ 戸外遊びで体を動かし、みんなで楽しめるよう援助できたか。

12月 2週の計画

12/11(月)〜16(土)

前週の幼児の姿

● 上着の着脱などを自分でしようとしている。
● 保育者や友達と鬼ごっこなどを楽しんでいる。
● ごっこ遊びなどを通して、保育者や友達とやり取りを楽しんでいる。

● 冬の生活に必要なことを知り、自分でできることはやってみようとする。
● 季節の行事に興味をもち、製作を楽しむ。
● 冬の自然にふれ、興味をもつ。
・ 鼻水が出たら自分でかんだり手洗いやうがいを丁寧に行なったりする。
・ 型抜きをした紙やボタン・スタンプなどを使ってツリーを作る。
・ 吐く息の白さや風の冷たさに気付くなど、冬ならではの自然を体感する。

◆ 鼻水が出たらすぐに使えるように手の届きやすい所にティッシュペーパーを置いておく。
◆ 戸外から帰った後のうがいが習慣づくよう、うがいの仕方を分かりやすく描いたイラストを貼っておく。
＊ 清潔に過ごせるよう鼻を拭くだけでなく、かみ方のポイント（ティッシュペーパーを畳んで、片方ずつかむ など）を伝えていく。
＊ 水が冷たく感じる時季でもあるので、丁寧に手洗いができるように手洗いの歌をうたうなどしていき、洗い残しや拭き残しがないよう確認する。

◆ 少人数で製作ができるコーナーを室内につくり、必要な物（ボタン、花・ハート・星型などパンチで型抜きをした色紙、段ボールスタンプ、スタンプ台、のり など）をテーブルの上に並べておく。
◆ ブーツ型や星型に切った色画用紙に自分の好きなパーツをのりで貼ったり、スタンプをしたりできるようにしておく。
＊ 園に飾ってあるツリーや絵本などを見て興味や関心をもてるようにしていく。
（📖：『めがねうさぎのクリスマスったらクリスマス』『ぐりとぐらのおきゃくさま』など）

＊ 一人ひとりが作った飾りを大きなツリーに一緒に飾りながら会話を楽しめるようにする。

◆ 園庭の落ち葉や木の実などの自然環境の様子を、あらかじめ下見をしたり整えたりしておく。
＊ 「息が白いね」「落ち葉の上を歩くとカサカサ音がするね」など冬の自然に興味がもてるような声を掛け、子どもの発見や感動に共感していく。
◆ 拾った木の実を使ってマラカスを作ったり表現遊びに使ったりして楽しめるように、材料や用具を用意しておく。

今日はここで遊ぼうかな

○○の木も見に行ってみよう

反省・評価のポイント

★ 冬の生活の仕方を知り、手洗いやうがいをしようとしていたか。
★ ツリー製作を楽しんでいたか。
★ 冬の自然に興味がもてるようなことばがけや環境構成ができていたか。

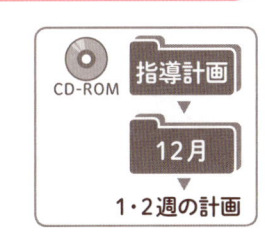
CD-ROM　指導計画　▼　12月　▼　1・2週の計画

今週の予定

● 身体計測、年末お楽しみ会、餅つき、天皇誕生日

前週の幼児の姿

● 鼻水が出たら自分でかもうとしている。

● ツリー製作やマラカス作りを喜んでしている。

● 冬の自然にふれ、落ち葉や木の実で遊んでいる。

ねらい（●）と内容（・）

● 戸外で保育者や友達と元気に体を動かして遊び、楽しさや心地良さを感じる。

● 年末年始に興味をもったり、冬の行事に参加したりすることを喜んだりする。

● ダンスや楽器などの表現遊びを楽しむ。

・ 鬼ごっこやボール遊びなどを繰り返し楽しむ。

・ 街の様子を見たり、年末お楽しみ会や餅つき会に喜んで参加したりする。

・ 親しみのある楽器を使ってリズム打ちをしたりダンスをしたりする。

具体的な環境（◆）と保育者の援助（＊）

◆ 戸外で遊ぶ前に体操などをして体を温めておく。

◆ 安全に走れるように他クラスと連携し、広いスペースを確保しておく。

＊ 保育者が積極的に戸外に出て子どもたちと一緒に動き、体が温まっていく心地良さを感じられるようにする。

◆ 年末お楽しみ会に期待をもって参加できるように、会場の準備（装飾や音楽 など）をしておく。

＊ みんなで歌をうたったり、ダンスをしたりして保育者も一緒に参加し楽しめるようにする。

◆ 異年齢児との会食では5歳児に案内をしてもらったり、BGMをかけたりして楽しい雰囲気をつくる。

＊ 不安そうにしている子どもには声を掛けたりそばについたりして見守りながら会食を楽しめるようにする。

＊ 散歩に出掛け、商店街の飾り付けなどふだんとは違う街の様子に気付けるように声を掛けていく。

◆ 餅つき会では臼やきねを用意し子どもに見せたり、ふかした餅米を見せたりする。

＊ 餅ができるまでの様子を楽しい雰囲気の中で見られるようにする。

＊ 牛乳パックや新聞紙を使ってきねを作り、段ボール箱を丸くして臼に見立て、餅つきごっこが楽しめるようにする。

◆ 楽器（カスタネット、鈴、木の実を入れて作ったマラカス など）を自由に選んで使えるように用意しておく。

＊ 楽器の使い方を知らせたり、音色の違いを聞いたりしていく中で、楽器遊びの楽しさを知らせていく。

＊ 親しんでいる曲に合わせダンスができるように、保育者も一緒に踊り、子どもたちと楽しめるようにする。（♪：『ゆきのこぼうず』『きらきらぼし』『おほしがひかる』）

よいしょ〜

反省・評価のポイント

★ 戸外で保育者や友達と体を動かして遊んでいたか。

★ 表現遊びが楽しめるような雰囲気づくりができたか。

★ 年末年始に興味をもったり、年末お楽しみ会や餅つき会に喜んで参加したりしていたか。

12月 4週の計画

12/25(月)〜30(土)

今週の予定
- 終業式、年末保育

前週の幼児の姿
- 戸外で友達や保育者と一緒に体を動かして遊んでいる。
- 餅つき会や年末お楽しみ会に喜んで参加し、遊びに取り入れている。
- 楽器を鳴らしたりダンスをしたりして楽しんでいる。

- 新年を迎えることを知り、期待をもったり、正月の伝承遊びに興味をもったりする。
- 保育室の大掃除をして、身の回りをきれいにする気持ち良さを感じる。
- 年末保育に安心して参加する。
- ・こまや絵合わせカードなどを、保育者や友達と一緒に行なう。
- ・自分のロッカーなど身の回りの掃除を、保育者と一緒にする。
- ・年末保育で保育者や異年齢児と安心して過ごす。

- ◆絵合わせカードなどは親しみのある物を選んだり枚数がそろっているか確認したりして、いつでも遊べるように子どもが取り出しやすい場所に置いておく。
- ＊自分で手回しこまを回したり年長児が回しているこまを見たり、また保育者と一緒にやってみたりして楽しめるようにする。
- ◆絵カードが合ううれしさを感じられるように、少人数で進めたり、カードの枚数を調整したりしていく。
- ＊保育者も一緒に絵合わせカードなどで遊びながら遊び方を伝え、楽しさやおもしろさを味わえるようにする。

- ◆大掃除では子どもの人数分の雑巾を用意し、拭く場所などは具体的に伝える。
- ＊大掃除をする意味を分かりやすく伝える。
  （📖：『くまのこのとしこし』など）
- ＊子どもたちと楽しみながら取り組めるように「きれいになったね」「上手に拭けたね」など声を掛け、気持ち良さを感じられるようにする。

- ◆年末保育では保育室や環境が変わることを事前に保護者に伝え、場所や必要な持ち物を伝えておく。
- ◆使い慣れた玩具や好きな絵本、パズルなどを用意しておく。
- ＊異年齢児と過ごすこと、保育者が違うことなどで子どもが不安にならないよう温かく受け入れ、好きな遊びに誘うなどして安心して過ごせるようにする。
- ＊年末保育に参加する子どもについての配慮事項を事前に引き継いでおく。

反省・評価のポイント
- ★新年に期待をもったり正月の伝承遊びに興味をもったりしていたか。
- ★年末保育に安心して参加できるように配慮できたか。
- ★年末の大掃除など身の回りの掃除を楽しんでできたか。

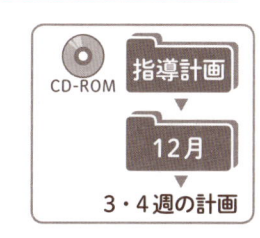

CD-ROM 指導計画 ▼ 12月 ▼ 3・4週の計画

12月 日の計画
12/19(火)

ねらい
- 音楽に合わせて楽器遊びを楽しむ。
- 保育者や友達と一緒に体を動かして元気に遊ぶ。

内容
- 友達と一緒にうたったり楽器を鳴らしたりする。
- 保育者や友達と鬼ごっこ、ボール遊び、ケンパなどをする。

環境を構成するポイント	予想される幼児の活動	保育者の援助
● 気温や湿度に応じて暖房や加湿器を使う。 ● 登園後は自分の好きな遊びを見つけたり、前日までの遊びを続けたりできるように玩具をそろえておく。 ● 楽器(カスタネット、鈴、手作りマラカス など)を自由に取り出せる場所に用意しておく。 ● 園庭に出る前にダンスをするなどして体を温める。 ● 引っ越し鬼では子どもに分かりやすい形に線を描く。 ● ボールやフープなどは、子どもが取り出しやすい場所に用意して、遊びの場が重ならないようにスペース分ける。	● 登園し、朝の支度をする。 ● 保育室で友達と好きな物で遊ぶ。 (絵合わせカード、ままごと、ブロック、楽器遊び など) ● 片付けをして排せつを済ませて集まる。 ● 歌をうたったり楽器(カスタネット、鈴、手作りマラカス など)を鳴らすなどする。 (♪:『きらきらぼし』『おほしがひかる』『ゆきのこぼうず』) ● 園庭に出て好きな遊びをする。 (引っ越し鬼、ボール遊び、フープでケンパ など) ● 入室し、手洗い・うがいをする。 ● 排せつをする。 ● 昼食の準備をして食事をする。 ● 片付けて午睡をする。 ● おやつを食べる。 ● 好きな遊びをする。 ● 帰りの支度をする。 ● 降園する。	● 登園した子どもに挨拶をしながら、健康観察を行なう。 ● 保護者からの伝達事項を確認する。 ● 朝の支度をする様子を見守りながら、必要に応じて声を掛けたり一緒に行なったりしていく。 ● 子どもが自分の好きな楽器を使えるようにし、保育者も一緒に歌をうたうなどしながら楽しい雰囲気をつくる。 ● 自分たちで遊びを進めていく様子を見守りながら、保育者も一緒に遊びの中に入ったり、誘ったりして楽しく遊べるようにしていく。 ● 鬼ごっこでは保育者が一緒に入り、子どもと楽しさを共感していく。 ● 降園時に上着を着用するよう声を掛けるなどして、必要に応じ身支度を手伝う。

 **反省・評価のポイント**
★ 友達と一緒に音楽に合わせて楽器遊びを楽しむことができたか。
★ 戸外で元気良く体を動かして遊べるような環境づくりができたか。

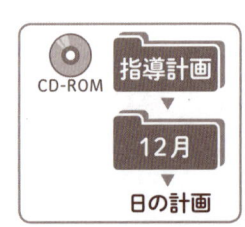
CD-ROM　指導計画　▼　12月　日の計画

1月

今月の保育

ゆったりと過ごせる時間の確保を

新年を迎えた子どもたちは、「あけましておめでとう」と元気に登園してきます。久しぶりに会う友達や保育者とおしゃべりを楽しんだり、自分から遊びに誘ったりする姿が見られるようになってきます。遊びや生活などの場面で友達と一緒に遊びを楽しめるようにしていきたいですね。休み明けで生活が不規則になっている子どももいますので、子どもたちが自分なりのペースで園生活のリズムが取り戻せるように、ゆったりと過ごせるような環境を心掛けましょう。

▲▼▲▼▲▼▲▼▲▼ 保育のポイント ▲▼▲▼▲▼▲▼▲▼

生活
正月の文化や遊びにふれて

　異年齢児がやっている伝承遊びを見て、やってみたいと思っている子どももいます。仲間に入れてもらったり、保育者と一緒にやってみたりしながら繰り返し、遊びが楽しめるようにしていきましょう。かるたや絵合わせ、こま回しなど3歳児が楽しめるような伝承遊びの工夫をしていきたいですね。七草がゆや鏡開きなどにふれ、日本の文化を伝えていきましょう。

興味・関心
冬の自然に親しんで

　寒さのために室内に留まりがちな子もいますが、戸外に出て風があるとたこがうまく揚がったり、思い切り体を動かすと体が温まったりする体験ができるような遊びの工夫を心掛けましょう。寒い日に吐く息が白くなったり、水たまりに氷が張ったり、風が冷たいことなど冬の自然に目を向けられるようにしていきたいですね。

友達や保育者との関わり
言葉の表現が豊かになっていくように

　年末年始の出来事を保育者や友達に自分から話そうとすることが多くなります。ゆったりとした時間の中で、保育者は、子どもの話したい気持ちを受け止め、良い聞き役になりましょう。友達の話に興味をもったり共感したりしておしゃべりが楽しめるような援助も心掛けていきたいですね。

1月の計画

クラス作り

年末年始を家庭で過ごし、自分から話したい気持ちが出てくる。ゆっくりと園生活のペースを戻しながら、友達や保育者との関わりが「楽しい」と思えるような雰囲気づくりをしたい。また、寒さの中でも戸外へ出て、冬の自然にふれたり、伝承遊びを楽しみ「やってみたい」という気持ちが引き出せるように工夫したい。

前月末・今月初めの幼児の姿	ねらい	幼児の経験する内容（指導内容）
生活 ● 冬の生活の仕方が分かり、身の回りのことを自分でしようとしている。 ● 休み明けは登園時に泣く子どももいるが、友達や保育者と遊びすぐに落ち着いている。 ● 寒さのため、手洗いやうがいを嫌がる子どももいる。	● 冬の身支度など見通しをもち、自分からしようとする。 ● 伝承遊びや行事に興味をもち、保育者や友達と一緒に楽しむ。	● 冬の身支度に見通しをもって、意欲的に自分からしようとする。 ● 冬の感染症の予防の大切さを知り、自分から丁寧に手洗いやうがいをする。 ● こまやかるたなどの伝承遊びや獅子舞や鏡開きなどの行事にふれて、友達や保育者と楽しむ。 ● 伝承遊びに使うたこやこまなど、自分で製作した物で遊ぶ楽しさを味わう。
興味・関心 ● 新年に期待をもち、正月の伝承遊びに興味をもっている。 ● 周りの自然の事象や街の様子の変化に興味をもっている。	● 身近な冬の自然の中で遊び、自然の事象に興味をもつ。	● 戸外に出て、霜柱や氷が張った様子を見たり、触れたりする。 ● 冬の自然に興味がもてるよう、手遊びをしたり歌をうたったり、絵本を読んだりする。
友達や保育者との関わり ● 戸外で簡単なルールのある遊びを通して、友達や保育者と関わり楽しく遊んでいる。 ● 遊びのイメージが伝わり、友達と楽しく話す姿も見られる。	● 友達や保育者と体を動かす心地良さを味わう。 ● <u>友達や保育者と関わる中で、互いの思いを伝え合い、やり取りを楽しむ。</u>	● 戸外で鬼ごっこなど体を動かす遊びをする。 ● 押しくらまんじゅうやはないちもんめなどのわらべうた遊びを楽しむ。 ● 自分が興味のあることや経験したことを話したり相手の話を聞いたりすることを楽しみ、相手の思いを知る。 ● 友達や保育者とごっこ遊びをして、イメージを広げながら楽しむ。

家庭・地域との連携

■ 冬の感染症が特に流行する時期なので、日中の子どもの様子の変化を密に家庭へ連絡する。また、手洗いやうがいなど風邪予防についてクラス便りや園便りなどで知らせていく。

■ 室温や戸外の気温に差が出るので、厚着にならないよう調節がしやすく、動きやすい服装を用意してもらうように伝える。

■ 自立心と共にまだ甘えたい気持ちも出る頃なので、園と家庭で子どもの気持ちに寄り添えるように連携をする。

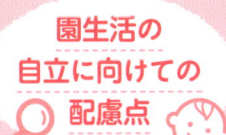

園生活の自立に向けての配慮点

●は健康・食育・安全、
★は長時間にわたる保育への配慮、
♥は保育者間のチームワークについて記載しています。

● 室内の気温や湿度に留意して、必要に応じて換気や暖房や加湿器などを利用する。
★ 室内で過ごす時間も増えるので、じっくり遊び込めるように落ち着いた環境を整える。
♥ 体調の変化が出やすい時季なので、引き継ぎなどを行ない、変化があったときに対応できるようにする。
♥ 感染性の嘔吐、下痢などの流行期なので、園全体で対応の仕方を確認する。

要領・指針につながるポイント

✳ 人の言葉や話などをよく聞き、自分の経験したことや考えたことを話し、伝え合う喜びを味わう

正月遊びや様々なごっこ遊びの中で、いろいろな役になったり遊びの中で必要な言葉や動きをしたりなどのやり取りを楽しめるようになってきました。保育者も仲間になって伝え合う喜びや楽しさを味わえるようにしましょう。(参考:領域「表現」)

環境と援助・配慮

寒い時季を元気に過ごす

● インフルエンザやノロウイルスの流行がピークになる時季なので、室内の気温や湿度に留意しながら、感染予防に努める。
● 子どもに手洗いやうがいの大切さを歌や絵本などを通して、分かりやすく伝える。丁寧に行なえるように一緒に手洗いやうがいをする。
● 冬の身支度など身の回りのことに見通しをもって、意欲的に取り組めるように見守り、できたときは十分に褒め、自信につなげる。

友達とのやり取りを楽しめるように

● 自分の経験したことや興味のあることを質問したり、話したりすることを楽しめるように共感する。
● ごっこ遊びを楽しめるようにお面や衣装などを用意して、イメージを共有し、やり取りが楽しめるような環境を構成する。
● やり取りを見守りながら、トラブルにつながりそうなときは相手の思いにも気付けるようなことばがけや共感などの援助をする。

正月の伝承遊びや行事にふれ、楽しめるように

● 室内にかるたやこまなど自分で自由に取り出して遊べるようにコーナーなどを用意して、興味がもてるようにする。
● 獅子舞や鏡開きなど正月ならではの文化や行事を見たり、触れたりして楽しい雰囲気を味わえるようにする。
● こま回しなどをしている異年齢児の姿を見ることで、「やってみたい」という気持ちがもてるように、一緒にやってみて、「楽しい」と感じられるように遊ぶ。
● 伝承遊びで使うたこやこまなど、自分で製作した物を使い、遊べる時間を用意する。

冬の自然に親しみをもつ

● 寒い中でも、戸外に出て、自然にふれられる時間をつくるようにする。衣服の調節や戸外へ出る時間などに留意しながら元気に遊べるように配慮する。
● 冬の自然をイメージしやすいように、絵本や紙芝居、歌などを用意して冬ならではの自然の事象に興味がもてるようにする。
● 霜柱のある場所や事前にバケツなどに氷などを張り、身近に触れられるように用意する。

反省・評価のポイント

自己評価にもつながる

★ 正月ならではの遊びや行事にふれて、友達や保育者と楽しむことができたか。
★ 子ども同士がイメージを共有し、やり取りを楽しめるような働き掛けができたか。
★ 戸外に出て、十分に体を動かし遊ぶことができたか。

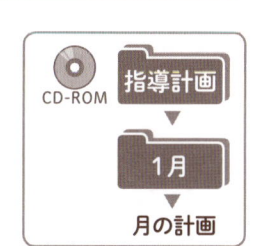

CD-ROM 指導計画 → 1月 月の計画

1月

1週の計画

1/4(木)〜13(土)

前週・週の初めの幼児の姿

- 楽しかった休み中の出来事について話してくる子どもがおおぜいいる。
- 年末年始の休みで、なかなか生活リズムを取り戻せない子どもや、自分の思いを泣いて伝える子どもがいる。

ねらい（●）と内容（・）

- 身の回りのことを自分でしようとする。
- 正月の伝承遊びに興味をもち、遊ぶことを楽しむ。
- 友達や保育者に自分の経験した出来事を話すことを楽しむ。
- 園生活のリズムを取り戻し、自分でできることは自分でしようとする。
- こま回しや絵合わせカード、すごろくなど興味をもった伝承遊びをする。
- 休み中に経験したことを、保育者や友達に話したり、友達の話を聞いたりする。

具体的な環境（◆）と保育者の援助（＊）

◆ 園生活のリズムを取り戻せるよう、時間にゆとりをもって生活できるような計画を立てる。

◆ 子どもたちが安心して過ごすことができるように、休み前から楽しんできたブロックやままごとなどのコーナーを構成しておく。

＊ 休み明けで登園時に泣く子どもがいたときには、その気持ちを受け止め、そばに寄り添いながら安心して過ごせるようにする。

＊ 身支度や着替えなどは、なるべく自分でできるように見守り、できないところは励ましたり手伝ったりしていく。

◆ 伝承遊びがいつでも楽しめるよう、子どもが取り出しやすい場所に用意しておく。

◆ 伝承遊びのコーナーを設け、それぞれの遊びを十分に楽しんだり、4・5歳児の遊ぶ様子を見たりできるようにする。（こま回し、すごろく、絵合わせカード、羽根突き など）

＊ 遊び方が分からない子には、保育者がこまを回す様子を見せたり、絵合わせカードやすごろくのやり方を伝えたりしながら、一緒に楽しめるようにしていく。

＊ 4・5歳児にこま回しのやり方を教えてもらったり、羽根突きの手本を見せてもらったりして、関わりを楽しみながら興味を広げていく。

＊ 新年お楽しみ会の中で、伝承遊びの紹介や獅子舞の実演をしたり、干支にまつわる絵本を読んだりして、正月の雰囲気が感じられるようにする。

＊ 実際に鏡餅や七草を見せながら、鏡開きや七草がゆの話をして、正月の伝統的な食文化に親しみがもてるようにする。

＊ 休み中の経験を話したい子どもの気持ちを受け止め、共感しながら話を聞いたり、質問をして話を引き出したりしていく。また、友達の話を一緒に聞く中で、共通の経験に気付けるような仲立ちをして、子ども同士の会話が広がるようにしていく。

反省・評価のポイント

★ 簡単な身の回りのことを自分でしようとしていたか。

★ 保育者や友達と正月遊びを楽しんでいたか。

★ 子どもが自分の経験を話したり、友達との会話を楽しめるような仲立ちができたか。

1月 2週の計画

1/15(月)〜20(土)

今週の予定

前週の幼児の姿

- 年末年始に経験した出来事をうれしそうに話している。
- 自分のしたい伝承遊びを楽しんでいる。

- 身の回りのできることを進んで行なう。
- 自分の作った物に興味をもち、伝承遊びを楽しむ。
- 戸外で体を動かして遊ぶことを楽しむ。
- ・上着の着脱や片付けを自分でする。
- ・自分で作ったたこでたこ揚げをする。
- ・ひょうたん鬼や引っ越し鬼などをする。

- ✳ 上着の着脱や片付けをしている様子を見守り、自分でできた満足感を認め、喜びに共感していく。
- ✳ 水が冷たくなり、手洗いやうがいが雑になりがちなので、丁寧に行なうよう声を掛けていく。

- ◆ たこ作りができるようなスペースを設定し、材料や道具を用意しておく。(持ち手の付いたビニール袋、油性フェルトペン、シール、たこ糸)
- ✳ 見本を用意し、作り方や遊び方が分かるようにする。子どもが自分でやろうとする気持ちを大切にしながら、必要に応じて声を掛けたり手伝ったりしていく。
- ✳ 「すてきなたこができたね」「揚げるのが楽しみだね」など、出来上がった喜びに共感したり、たこ揚げに期待がもてるようなことばがけをしたりしていく。
- ◆ いつでもたこ揚げが楽しめるよう、ペットボトルでたこの入れ物を用意しておく。(側面にマークを付ける)

- ◆ 園庭でたこ揚げをするときには、他クラスの保育者と連絡をとり合ったり、園庭にラインを引いたりして、広い場所を確保しておく。

- ✳ 自分で作ったたこを園庭や公園に揚げに行き、走って揚げる楽しさを感じられるようにする。
- ✳ たこ揚げで走るときには、友達や遊具にぶつからないように動き方を伝えるなど注意を呼び掛けていく。また、たこが落ちたときに糸が子どもの首や体に巻き付かないように、気を付けて見守るようにする。

- ◆ これまで楽しんできたひょうたん鬼や引っ越し鬼ができるように、園庭に鬼ごっこ用の線を描いておく。
- ✳ 保育者が率先して鬼ごっこやたこ揚げに誘い、一緒に楽しむことで、体を動かして遊ぶ楽しさや、走ると体が温まることを感じられるようにする。

反省・評価のポイント

- ★ 上着の着脱や片付けを自分から進んでしようとしていたか。
- ★ 体を動かす遊びを楽しんでいたか。
- ★ 自分で作ったたこに興味がもてるようなことばがけや環境構成ができていたか。

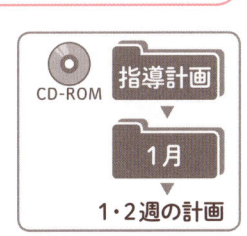

CD-ROM 指導計画 ▼ 1月 ▼ 1・2週の計画

3 1月 週の計画

1/22(月)〜27(土)

前週の幼児の姿

● 自分で作ったたこでたこ揚げをすることを楽しんでいる。
● 4・5歳児がやっている様子を見て、まねをしたりやり方を教えてもらったりして、伝承遊びを楽しんでいる。
● 寒い中でも戸外で体を動かして遊んでいる。

ねらい(●)と内容(・)

● 手洗い、うがいの大切さを知り、丁寧に行なう。
● 冬の身近な自然に興味をもち、見たり触れたりして楽しむ。
● 保育者や友達と一緒に、役になり切ってごっこ遊びを楽しむ。
・ 戸外から帰った後や食事の前に、手洗い・うがいをする。
・ 霜柱を見つけたり、氷に触れたりして遊ぶ。
・ 保育者や友達と身近な物語の役になり切ってごっこ遊びをする。

具体的な環境(◆)と保育者の援助(＊)

◆ 絵本や紙芝居を使って、インフルエンザなどの感染症についてや手洗いやうがいの大切さなどを伝え、関心がもてるようにする。
（紙芝居：『コンちゃんのかぜようじん』）

＊ 子どもたちが手洗いやうがいをする様子を見守り、「指の間も洗おうね」「ばい菌をやっつけようね」と声を掛けて、丁寧に行なえるようにしていく。

＊ 気温の低い日には子どもたちと一緒に園庭で霜柱を探し、触れたときの冷たさや踏んだときの感触を楽しめるようにしていく。（♪：『しもばしら』）

指の間も洗おうね

◆ 友達と一緒にごっこ遊びが楽しめるように、動物のお面（クマ、ウサギ、ネズミ、キツネ など）や衣装などを用意し、子どもたちが自由に出して使えるようにしておく。

＊ 身近な動物が出てくる絵本や紙芝居を見る機会を多くもち、子どもたちがイメージを共有できるようにする。また、子どもたちがいつでも見られるような場所に絵本を置いておく。
（📖：『てぶくろ』『どうぞのいす』）

＊ お話を繰り返し読む中で、何度も出てくるフレーズや簡単なせりふを、子どもと保育者が一緒に言ったり、掛け合いをしたりして、やり取りを楽しめるようにする。

＊ 好きな役になり切って遊んでいる子どもの姿を見守りながら、大人も一緒にごっこ遊びの中に入り、遊びや関わりが広がるようなことばがけをしていく。

＊ 思いの行き違いでトラブルになったときには、「一緒に○○やりたかったんだね」「○○ちゃんも××なんだって」など、子どもたちの思いを聞き、相手の思いも知ることができるように仲立ちしていく。

反省・評価のポイント

★ 手洗い・うがいの大切さを知り、丁寧に行なっていたか。
★ 冬の身近な自然にふれて遊ぶことを楽しんでいたか。
★ ごっこ遊びの中で友達とのやり取りを楽しめるような仲立ちができたか。

1月 4週の計画

1/29(月)～31(水)

今週の予定

前週の幼児の姿

● 霜柱や氷を見つけたり、触れて遊ぶことを楽しんだりしている。

● 友達と一緒にごっこ遊びを楽しんでいる。

● 身近な冬の自然にふれ、遊びに取り入れることを楽しむ。

● 戸外や室内で体を動かして遊ぶことを楽しむ。

● 鬼や節分の行事に興味をもつ。

・ 氷や霜柱を使って遊ぶ。

・ 鬼ごっこや体操、わらべうたで体を動かして遊ぶ。

・ 鬼のお面作りをする。

◆ いろいろな容器(バケツ、プラスチック容器、砂場の型抜き)を用意し、前日に水を入れて園庭の日の当たらない場所に置いておく。氷を作るときに、水の中に小さく型抜きした色紙を入れたり、色水を使ったりして、様々な種類の氷ができるようにする。

＊ 「冷たいね」「キラキラしていてきれいだね」など、氷の冷たさや水が凍る不思議さに驚いている子どもの気持ちに共感していく。

◆ 氷に触れて手が冷たくなり、遊べなくなってしまう子もいるので、バケツに入れたお湯を用意して、手を温められるようにしておく。

◆ 子どもたちが楽しめる体操のCDを用意しておく。(体操:『ZOOっと体操』『秘伝!ラーメン体操』)

＊ 保育者も一緒に鬼ごっこや体操を楽しみ、体を動かすと温まることを感じられるようにする。

＊ 気温が低い日には室内でも体を動かして遊べるように、子どもたちと一緒に簡単なわらべうたを楽しむ。(♪:『はないちもんめ』『おちゃをのみにきてください』)

◆ 鬼のお面作りに使う材料を用意しておく。(鬼の顔の形に切った厚紙、お面ベルト、毛糸、ツノ用の画用紙、接着剤、アイス用スプーン など)

＊ 絵本、紙芝居などを読み、鬼のイメージがもてるようにする。(📖:『おにはうち!』、♪:『鬼のパンツ』)

＊ 興味をもった子から誘い、少人数ずつ作れるようにする。接着剤を使う際にはアイス用のスプーンを使い、「スプーンにこれくらいとってね」と実際に見せながら具体的な量を知らせていく。

＊ 子どもが作っている鬼を見ながら、「強そうな鬼だね」「かわいい鬼ができたね」など、自分で作った達成感や完成した喜びが感じられるようなことばがけをしていく。

これくらいね

反省・評価のポイント

★ 身近な冬の自然にふれ、遊びに取り入れられるような働き掛けができたか。

★ 戸外で体を動かして遊ぶことを楽しんでいたか。

★ 鬼や節分に興味をもって楽しんでいたか。

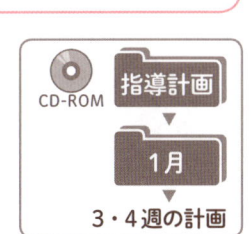
CD-ROM 指導計画 ▼ 1月 ▼ 3・4週の計画

1月 日の計画

1/31(水)

ねらい
- 氷を見たり、触れたりして冬の自然に興味をもつ。
- 戸外で体を動かすことの心地良さを味わう。

内容
- 様々な形や色の氷に触れたり冷たさを感じたりして遊ぶ。
- 保育者や友達と押しくらまんじゅうやはないちもんめをする。

環境を構成するポイント	予想される幼児の活動	保育者の援助
●事前に天気予報を見て、氷ができそうな日を確認し、前日に準備しておく。 ●バケツや透明カップなどに氷を張っておく。氷の中に葉や切った色紙などを入れ、見て楽しめる工夫をする。 ●活動前に氷の出来具合を見ておき、楽しめるような環境を整える。 ●気温や湿度に留意しながら、部屋の環境を整える。 ●それぞれの遊びを十分に楽しめるようにスペースを確保する。 ●子ども同士でイメージが広がるようにごっこ遊びのコーナーにお面や衣装などいつでも取り出せる環境をつくる。 ●次の活動に興味をもてるように、歌や手遊びなどをする。 ●外に出る前に体を温められるよう体操の時間を設ける。 ●バケツなどに温かい湯を用意しておき、いつでも手を温められるように配慮する。	●登園する。 ●手洗い・うがいをする。 ●朝の支度をする。 ●好きな遊びをする。 （ままごと、ブロック、絵合わせカード など） ●片付けをする。 ●保育者の話を聞く。 （♪：『しもばしら』『ペンギンさんのやまのぼり』、体操：『ZOOっと体操』） ●戸外遊びをする。 ●全員で前日に用意した氷を見に行く。 ●氷の様子を見たり、触れたりする。 ●戸外で好きな遊びをする。 （押しくらまんじゅう、はないちもんめ、鬼ごっこ など） ●排せつ・手洗い・うがいをする。 ●昼食をとる。 ●絵本や紙芝居を見る。 （📖：『バムとケロのさむいあさ』） ●午睡をして休息をとる。 ●おやつを食べる。 ●好きな遊びをする。 ●帰りの支度をする。 ●降園する。	●健康観察を丁寧に行ない、体調の変化を見る。保護者から家庭での様子を聞き、確認する。 ●朝の支度や手洗い、うがいの様子を見守りながら、必要に応じて、声を掛ける。 ●好きな遊びを通して友達との関わりが楽しめるように一人ひとりの遊びの様子を見守る。 ●イメージが伝わらず、トラブルになりそうなときは互いの気持ちを受け止め、言葉で伝え合えるように援助する。 ●「きれいな氷になっているかな?」「どんなふうに（氷が）変身しているかな?」と期待できるように話す。 ●一緒に氷を見たり、触れたりして、「冷たいね」「不思議な形をしているね」と子どもたちの興味・関心に共感する。

反省・評価のポイント
- ★ 友達や保育者と氷の冷たさにふれて、冬の自然に興味がもてたか。
- ★ 子どもたちの興味が湧くような、環境やことばがけなど工夫していたか。

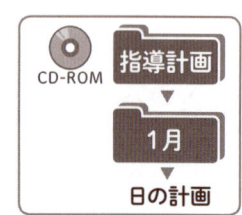

CD-ROM　指導計画　▼　1月　▼　日の計画

2月

今月の保育

一人ひとりの成長を見守りながら

一年中で一番寒さの厳しい2月ですが、園庭では鬼ごっこや日だまりでボール遊びなどを、室内ではごっこ遊びなどをして役になり切って遊ぶ姿が見られます。友達と誘い合って、一緒に遊びを楽しむ姿に子どもたちの成長を感じます。友達同士でうまくいかないこともありますが、保育者も一緒に考えたり、しばらく見守ったりして、互いの気持ちに気付けるようにしましょう。4歳児クラスへの進級を前に、一人ひとりの成長や発達、心の育ちや生活習慣など、しっかり見守りながら、豊かな体験ができるようにしていきましょう。

▲▼▲▼▲▼▲▼▲▼▲ 保育のポイント ▲▼▲▼▲▼▲▼▲▼

生活

見通しをもって生活ができるように

　手洗い・うがい、排せつなど、できることは自分からしようとしています。手順や意味を丁寧に伝えながら見通しをもって生活できるようにしていきましょう。また、みんなで共有する物を大切にしたり、安全な場や遊具の使い方など丁寧に知らせたり、自分から気を付けて遊べるようにしていきたいですね。

興味・関心

自然のおもしろさを体感できるように

　園庭や戸外ではバケツに張った水が凍ったり、霜柱が立っているのを見たりするなど、子どもたちは冬の自然に出会って驚くことでしょう。遊びの中で冬の自然のおもしろさを体感できるようにこの時季ならではの事象を見逃さずに見たり触れたりしていきましょう。その地域ならではの特色を取り入れ、様々な体験ができるような工夫を心掛けていきましょう。

友達や保育者との関わり

クラスの皆で楽しく行動できるように

　友達が困っているときに保育者に伝えたり、順番や交代で遊具を使ったりする姿が見られます。友達を思う優しい気持ちに共感したり、順番を守ったりする姿を認めたりして、クラスの一員として一緒に行動することを楽しめるようにしていきましょう。

2月の計画

クラス作り

友達と一緒にごっこ遊びや伝承遊びを繰り返し楽しんでいる。表現するおもしろさや友達と遊ぶ楽しさを十分に味わえるようにしたい。戸外でも鬼ごっこなど体を動かして遊ぶ楽しさや、冬ならではの自然にふれ、不思議さやおもしろさを感じられるようにしたい。また、自分のイメージを伝え合えるようにしていきたい。

前月末の幼児の姿	ねらい	幼児の経験する内容(指導内容)
生活 ● 手洗いやうがいの習慣は身についているが、寒さのため丁寧にしない子どももいる。 ● 上着の着脱や始末を自分で行なおうとしている。	● 生活の見通しをもち、身の回りのことを自分でしようとする。	● 園生活の流れに見通しをもち、身支度や手洗い・うがいなどを自分で進んで行なう。 ● 遊びで使った物の片付けを友達や保育者と一緒に行なう。
興味・関心 ● 吐く息の白さに気付いたり、霜柱や氷を見つけて、触れたりして冬の自然に興味をもっている。 ● こま回しやかるたなど伝承遊びや、簡単な鬼ごっこを楽しんでいる。	● 楽器や新しい素材に興味をもち、遊ぶことを楽しむ。 ● 身近な冬の自然に気付き、見たりふれたりすることを楽しむ。	● 楽器遊びをしたり遊びに必要な物作ったり、取り入れたりして遊ぶ。 ● 霜柱や氷、雪などを見つけて、触れたり遊びに取り入れたりする。
友達や保育者との関わり ● 友達や保育者と一緒にイメージするものになり切ってごっこ遊びを楽しんでいる。 ● 遊びや生活の中で、自分の気持ちを伝えている。	● 友達と一緒に体を動かすことや、なりたい役になって遊ぶことを楽しむ。 ● 遊びの中で、自分の思いを伝えながら表現する楽しさを味わう。	● 戸外で、鬼ごっこや簡単なルールのある遊びや伝承遊びなど体を動かして遊ぶ。 ● ごっこ遊びや劇遊びで、好きな役になり切る。 ● 友達とのやり取りの中で、自分の思いを言葉や動作で友達に伝える。

家庭・地域との連携

■ 感染症の流行状況や、手洗い・うがいなど家庭での予防について伝える。
■ 発表会に向けての取り組みの様子や活動のねらいや意図、取り組みの過程を案内状やクラス便りで伝え、子どもの育ちを感じてもらえるようにする。

■ 懇談会では、一人ひとり、またクラスでの成長を具体的に伝え、保護者と喜び合ったり、次年度の準備や見通しについて知らせたりする。

園生活の自立に向けての配慮点

●は健康・食育・安全、★は長時間にわたる保育への配慮、♥は保育者間のチームワークについて記載しています。

● 手洗い・うがいの大切さを伝え、保育室内の換気や湿度の管理を行ない、感染症の予防を心掛ける。

★ 感染症などで体調を崩しやすい時季なので、引き継ぎ時には丁寧な連絡を行ない、一人ひとりの体調を把握する。

♥ 発表会に向けて、子どもたちが楽しみながら取り組めるように、保育内容や準備などの打ち合わせをしたりねらいなどを伝え合ったりする。

要領・指針につながるポイント

★ **感じたことや考えたこと自分なりに表現して楽しむ**

音楽に合わせて体を動かしたり、何かになり切ったりなど楽しむ中で、子どもは自分自身の内面にあるイメージを表出していきます。身体や音楽、言葉など子どもが表現活動の体験を重ねることで、自分なりの表現方法を見つけたり楽しんだりすることが大切です。(参考：領域「表現」)

環境と援助・配慮

生活の見通しをもちながら、自分からしようという気持ちがもてるように

● 自分でしようとする姿や一人でできた様子が見られたら、共に喜んだり認めたりして自信や喜びにつなげていく。

● 片付けや、整理整頓などを自分で気付いて取り組めるように、必要性を伝えたり、時間にゆとりをもった生活の流れや楽しく取り組める工夫をしたりする。

● 遊びや生活の中で、安全な遊具や道具の使い方を一緒に取り組みながら伝えていく。

友達と一緒に様々な表現を楽しめるように

● 友達と一緒に役になり切って楽しめるように、保育者も一緒に繰り返し楽しむ。

● 絵本の中の言葉を言ったり、同じ動きをしたり、同じ物を持ったりすることで、友達と一緒に表現する楽しさを感じられるようにする。

● 節分やひな祭りなどの伝統行事に興味がもてるように、豆まきをしたり千代紙や金色紙などの新しい素材でひな人形作りをしたり、豆まきの手遊びやひな祭りに関する歌をうたったりする。

戸外での遊びを楽しめるように

● 鬼ごっこや簡単なルールのある遊びを通して、友達と一緒に体を動かして遊ぶ心地良さを感じられるようにする。

● 保育者が一緒に繰り返し楽しむことによって、子どもたちから進んで遊びを楽しめるようにする。

● 子どもたちと一緒に戸外に出て、氷や霜柱に触れ、冬の自然のおもしろさや不思議さに共感する。

思ったことを伝える心地良さを感じられるように

● 自分の思いを言葉や動作で伝え、友達に気持ちが伝わる心地良さを味わったり、友達とのやり取りが楽しめたりするように、場面に応じて仲立ちをする。

● 遊びの中でイメージしたことや必要な物が作れるように用意したり、一緒に考えたり作ったりする。

反省・評価のポイント

自己評価にもつながる

★ 生活に見通しをもち、自分のことは自分でしようとする姿が見られたか。

★ 冬の自然を見たりふれたりして、楽しんでいたか。

★ 友達と一緒に体を動かしたり、表現したりすることを楽しめるような援助の工夫ができたか。

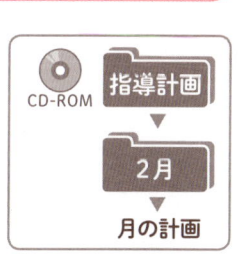

CD-ROM　指導計画　▼　2月　▼　月の計画

2月 1週の計画

2/1(木)〜10(土)

今週の予定
● 節分、立春

前週の幼児の姿

● 園庭の池に張った氷を見つけ、興味をもって見ている。

● 鬼のお面を作り、かぶって遊んでいる。

● 保育者や友達と一緒に鬼ごっこを楽しんでいる。

ねらい（●）と内容（・）

● 身の回りのことを自分でしようとする。

● 自分の好きな役になり切って、ごっこ遊びをすることを楽しむ。

● 節分の行事を通して、保育者や友達と一緒に豆まきをすることを楽しむ。

・ 上着の着脱や手洗い、うがいを自分で最後までしようとする。

・ 動物などになり切って動いたり、簡単な言葉のやり取りをしたりする。

・ 丸めて作った豆で、みんなで豆まきをする。

具体的な環境（◆）と保育者の援助（＊）

◆ 手洗い場に手洗い・うがいの絵カードを貼っておく。

＊ 水が冷たく感じられる季節だが、「せっけんでバイキンをやっつけようね」と丁寧に行なえるように絵カードを見ながら手洗い・うがいができるように促していく。

＊ 一面を切り取った空き箱に、型抜きをした色画用紙を貼って、自分のマスを作る。のりの扱い方を再確認し、丁寧に作れるようにし、できた喜びに共感していく。

◆ 大きな鬼の絵を貼っておいたり、豆を作れるような小さめの紙を用意しておいたりし、遊びの中でも繰り返し、豆まきごっこを楽しめるようにする。

おには〜そと

＊ 節分の豆まきでは、追い出したい鬼について話題にする機会をつくる。「泣き虫鬼」「野菜嫌い鬼」など、「豆まきをして鬼さんいなくなるといいね」と、日本の文化にふれられるようにする。

＊ 簡単なストーリーのごっこ遊びを楽しめるように、保育者が遊びに入ったり、ナレーションのようにお話を進めたりする。

＊ 発表会の内容は、子どもたちの好きなごっこ遊びやお話から題材を選び、遊びの延長として、無理なく取り組めるものにする。

◆ 絵本コーナーに、繰り返しの楽しめるような絵本を多めに用意しておく。（📖:『おおきなかぶ』『3びきのヤギ』『てぶくろ』『とりかえっこ』『おいもをどうぞ！』など）

◆ 動物のお面が作れるような材料（お面ベルト、色が塗れるような動物の絵）や、マント、バンダナなどを用意しておき、遊びの中で好きな役になって遊べるようにする。

◆ 巧技台を使った一本橋や、段ボール板の仕切りで作った手袋など、子どもが見立てやすい場をつくっておき、保育者と一緒になり切って動く楽しさが感じられるようにする。

反省・評価のポイント

★ 感染症予防に向けて、手洗い・うがいを丁寧に行なっていたか。

★ 子どもがなり切って遊べるような環境が設定できていたか。

★ 豆まきに楽しんで参加していたか。

2月 2週の計画

2/12(月)〜17(土)

今週の予定

● 発表会、保護者会、建国記念の日、避難訓練

前週の幼児の姿

● 節分の行事を通して、豆まきを楽しんでいる。
● 友達と一緒に、歌をうたったり、動物などになり切って動いたりすることを楽しんでいる。
● 手洗い・うがいは、掲示を見ながら自分から行なっている。

● 遊びに必要な物を作ったり取り入れたりしながら遊ぶことを楽しむ。
● 友達や保育者と一緒に、表現する楽しさを味わう。
● 身近な冬の自然に気付き、見たりふれたりすることを楽しむ。
・ ごっこ遊びに必要な物を保育者と一緒に作る。
・ ごっこ遊びや劇遊びで、役になり切って遊ぶ。
・ 氷や霜柱、雪などを見つけ、触れたり、遊びに取り入れたりする。

◆ 遊びのイメージがもてるよう、遊びに必要な物を保育者と一緒に作ったり、材料を用意しておいたりする。(背景の山が作れるような段ボール板、お面ベルトとヤギの耳と角が作れるようなボール紙、食べ物が作れるような新聞紙やフラワーペーパー など)
＊ 言葉や身振りなどで表現していることから、具体的に思いを代弁したり、友達との遊びを仲立ちしたりしていく。
＊ 友達と同じ物を身に着けたり、物を持ったりして、楽しい気持ちに十分に共感していく。
◆ 遊びの中で、自分のなりたい役になって繰り返し楽しめるようにお面や衣装などを多めに用意して、出しておく。
＊ 友達と絵本の中の言葉を言ったり、役になり切って動いたりすることで、みんなで一緒に劇遊びをする楽しさが感じられるようにする。
＊ 発表会への期待が高まるよう、事前に、4・5歳児の劇や合奏などを見たり聞いたりする機会をつくる。
◆ カラーポリ袋で作った衣装やお面など、より役になり切れるような物を用意する。
＊ 発表会当日は、ふだんと違う会場や人の多さに戸惑う子どもも予想されるが、和やかな雰囲気を心掛け、少しも安心できるようにする。

◆ 様々な容器(バケツ、プラスチック容器、砂場の型抜きなど)を用意し、前日に水を入れて園庭の日の当たらない場所に置いておく。
＊ 氷が張った際は、「冷たいね」「キラキラしていてきれいだね」など、氷の冷たさや、透明感に共感するとともに、水が凍る不思議さに驚いている子どもの気持ちを受け止めていく。
＊ 霜柱やガラスの曇りなど、冬の自然事象を子どもと一緒に見て、不思議さやおもしろさに共感していく。

反省・評価のポイント

★ 表現することや発表会を楽しんでいたか。
★ 発表会やクラス便りなどを通して、保護者に楽しんでいる様子を伝えられたか。
★ 身近な自然にふれて興味をもって遊べていたか。

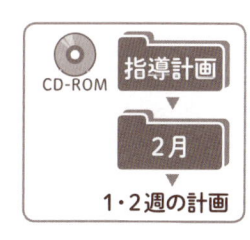

CD-ROM → 指導計画 → 2月 → 1・2週の計画

3 2月 週の計画

2/19(月)〜24(土)

前週の幼児の姿

● 霜柱や氷などを見つけて喜んでいる。

● 発表会に参加し、友達と一緒に歌ったり、劇遊びをしたりすることを楽しんでいる。

● 遊びに必要な物を保育者と一緒に作って遊びに取り入れている。

ねらい（●）と内容（・）

● 園生活の見通しをもち、遊びの片付けを友達や保育者と一緒に行なう。

● 楽器に興味をもち、遊ぶことを楽しむ。

● 保育者や友達と一緒に遊ぶ中で、様々な体の動きを楽しむ。

・遊んだ後の片付けを、自分から進んで行なう。

・楽器に自分から関わり、音楽に合わせて鳴らす。

・友達や保育者と一緒に思い切り体を動かして遊ぶ。

おもしろかった〜

ここに入れてね〜

またあしたね

具体的な環境（◆）と保育者の援助（＊）

◆ 上着の裏返しやファスナーなど、一人で行なうことが難しい場合は、保育者が手伝い、自分で行なおうとする気持ちがもてるようにする。

＊「片付けたらみんなで楽しいことしよう」「もうすぐお昼ごはんだね」などと声を掛け、自分なりに見通しをもち、遊んだ後の片付けを進んで行なえるようにする。

＊「また明日続きをして遊ぼうね」などと声を掛け、作った物は、遊びごとにカゴなどに入れて、翌日の遊びへの期待につなげる。

◆ 発表会で経験した劇遊びの道具を繰り返し楽しめるよう、表示を付けて出しておく。

＊ 4・5歳児の発表を見て、興味をもった劇の道具や楽器などを借りたり、踊りを教えてもらったりし、遊びの中で子どもなりの表現を楽しめるようにする。

＊ カスタネットや鈴などの楽器は、子どもが様々な鳴らし方をしている姿を認め「楽しい音だね」「きれいな音がするね」と子どもの気持ちに共感していく。

◆『おもちゃのチャチャチャ』『ゆきのぺんきやさん』など、子どもに親しみがあり、リズムのとりやすい曲を用意しておく。

＊ 気温の低い日でも積極的に戸外で遊ぶことで、体が温まっていくことを体感できるように、鬼ごっこやボール遊びなどでみんなで遊ぶ機会をつくる。

＊ 鬼ごっこや影踏み、ボール遊びなど、簡単なルールのある遊びの中で楽しく体を動かして遊べるようにする。ボールに当たることや鬼に追い掛けられることを嫌がる子どもには、保育者が寄り添ったり、声を掛けたりすることで、安心して遊びに参加できるようにしていく。

◆ 巧技台を組んでおいたり、子どもが自分で扱えるような遊具（フープ、新聞ボール、短いカラートンネル など）を出しておいたりし、繰り返し様々な体の動きを楽しめるような環境を整える。

反省・評価のポイント

★ 新しい遊具や劇遊びの道具に興味をもって、自分なりに楽しんで関わっていたか。

★ 園生活の見通しをもち、身の回りのことを行なっていたか。

★ 安全への配慮とともに、様々な体の動きを経験できる場や遊具を構成できたか。

2月 4週の計画

2/26（月）〜 28（水）

今週の予定

● 未就園児の一日入園

前週の幼児の姿

● 4・5歳児のしていた劇や小道具に興味をもって、使いながら遊んでいる。

● 鬼ごっこや巧技台での遊びなど、保育者や友達と一緒に体を動かして遊ぶことを楽しんでいる。

● 身の回りの片付けを丁寧にし、きれいになった心地良さを感じる。

● 遊びの中で自分の思いを伝えながら遊ぶ楽しさを感じる。

● 自分のひな人形を作ることを楽しむ。

・ 遊んだ後の片付けをする。

・ 思ったことを言葉で友達に言ったり友達に聞かれたことに応じて答えたりする。

・ 新しい素材に触れ、自分のひな人形を作る。

＊ 未就園児の一日入園で、自分たちよりも小さい子どもたちが来ることを知らせる。保育室の遊具をきれいにしたり、ブロックや電車の遊具など小さい子ども用の遊具を保育者と一緒に準備したりすることで、自分たちが大きくなったことを感じられるようにする。

＊ 自分の思いを友達に言葉や身振りで伝えられるよう、一人ひとりが自分のしたい遊びやイメージをもって遊べているか把握する。

＊ 思いを言葉や動作で相手に伝えることで、遊びが楽しくなると感じられるよう、保育者が必要に応じて言葉を補ったり、友達と気持ちが通じたうれしさに共感したりしていく。また、思いがぶつかったときには、互いの思いを分かりやすい言葉で伝えたり、気持ちを受け止めたりし、少しずつ相手にも思いがあることに気付いていけるようにする。

＊ 園内に飾ってあるひな人形を見て、もうすぐひな祭りがあることを知らせる。また、絵本や紙芝居などを通して、分かりやすくひな祭りについて知らせていく。

◆ ひな人形作りでは、扱いやすい柔らかさの紙粘土や千代紙、扇子や烏帽子などの形に切った色画用紙を用意しておく。

＊ ひな人形作りでは、紙粘土の感触を楽しみながらこねて、丸められるようにする。自分のひな人形を作ろうとする気持ちがもてるよう、楽しい気持ちや少しずつできてきた喜びを言葉に出して共感する。

◆ できあがったひな人形は赤い不織布を敷いた棚に飾るなどし、友達と一緒に見て作った満足感を味わえるようにする。

＊ ヒヤシンスの花が咲き始めたり、チューリップの球根から芽が出てきたりしたことなどに気付けるよう、目に付きやすい所に置き、季節の変化を感じられるようにする。

反省・評価のポイント

★ 自分から身の回りを整理整頓し、心地良さを感じていたか。

★ 自分の思いを友達に伝えながら遊んでいたか。

★ ひな人形作りに楽しんで取り組めるような環境を構成し援助ができたか。

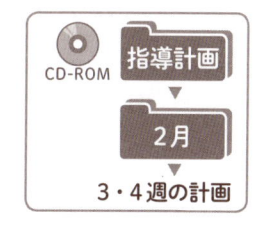

CD-ROM 指導計画 ▼ 2月 3・4週の計画

2月 日の計画

2/13(火)

ねらい	●友達や保育者と一緒に劇遊びを楽しむ。 ●やりたい役になり切って表現することを楽しむ。
内容	●保育者や友達とストーリーのある劇遊びをする。 ●役になり切って動いたり、簡単な言葉のやり取りをしたりする。

環境を構成するポイント	予想される幼児の活動	保育者の援助
●室内を気温や湿度に応じて、暖房や加湿器で調整する。 ●遊びに必要な物がすぐ作れるように、様々な素材を子どもたちが気付くような場所に準備しておく。 （動物ごっこのお面ベルト、動物の絵 など） ●作りたい物がすぐ作れるように、場や材料の整理をしておく。 ●前日のうちに、容器やバケツに水を張り、氷ができるようにしておく。 ●巧技台同士を一本橋でつなぎ、段ボール板で作った草を置いておく。 ●ヤギの角や、トロルのお面・マントなどを用意しておく。	●登園する。 ●朝の身支度をする。 ●好きな遊びをする。 （室内：ごっこ遊び、遊びに必要な物の製作、伝承遊び など 園庭：ごっこ遊び、鬼ごっこ、氷探し など） ●劇遊び『3びきのヤギ』をする。 ・ヤギ役の子どもたちは保育者と、声で足音を表現しながら一本橋を渡る。トロル役の子どもたちは、「はしをならすやつはだれだ!」などと言う。 ●片付けをする。 ●排せつ、手洗い、うがいをする。 ●昼食の準備をする。 ●昼食をとる。 ●休憩をする。 ●おやつを食べる。 ●好きな遊びをする。 ●絵本を見る。 （📖：『とりかえっこ』） ●歌をうたったり、手遊びをしたりする。 ●帰りの支度をして、降園する。	●登園した子どもに挨拶をし、健康観察を行なう。 ●保護者と伝達事項の確認をする。 ●朝の身支度の様子を見守る。必要に応じて、声を掛けたり、一緒に行なったりしていく。 ●子どもがイメージした物で遊びが楽しめるように、遊びに必要な物を一緒に考えたり、必要な材料を選んだり、作ったりする。 ●役になり切って表現を楽しめるように、保育者も役になり切って同じ言葉を言ったり、動きをしたりする。 ●劇遊びの中で共通のイメージがもてるように、思いを代弁したり、ストーリー展開では、ナレーション役になったりする。 ●降園時に楽しんだごっこ遊びや劇遊びの話をして、明日の遊びへ期待がもてるようにする。

 **反省・評価のポイント**

★保育者や友達と一緒に劇遊びを楽しめたか。
★ごっこ遊びや劇遊びに必要な物や素材の環境構成が整えられていたか。

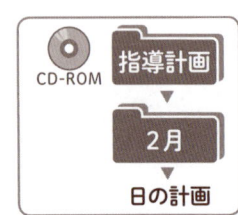

3月

今月の保育

成長を喜び進級に期待がもてるように

4月当初は慣れない環境に戸惑う場面もありましたが、この一年で、言葉も豊かになり、仲良しの友達とごっこ遊びやおしゃべりをするなど、園生活を楽しんでいる姿が見られます。3歳児クラスのまとめの月として、いろいろな場面で、子ども一人ひとりが成長を喜び、自信をもって生活できるようにしていきましょう。お別れ会や卒園式など5歳児や4歳児との関わりも多くなってきます。一緒に遊んだり、4歳児の部屋に遊びに行ったりして、一人ひとりが進級に期待をもって過ごせるようにしていきましょう。

▲▼▲▼▲▼▲▼▲▼▲▼ 保育のポイント ▲▼▲▼▲▼▲▼▲▼

生活

「自分でできる」を自信につないで

　生活に必要なことは、ほぼ身につき、見通しをもって身の回りのことを自分からするようになってきました。生活や遊びの場面など「自分でできる」といった満足感を感じられるように、子どもの意欲を大切にしていきましょう。時にはうまくいかないこともありますが、繰り返し取り組んでいくことができるようにし、子どもが、自分から進んでできるようにしていきたいですね。一人ひとりに応じた援助を心掛け、自信へとつないでいきたいですね。

興味・関心

子どもの気付きや驚きに共感して

　園庭や散歩などで、日だまりの暖かさに気付くなど、子どもの気付きや発見に耳を傾け、共感しながら春の自然に興味がもてるようにしていきましょう。冷たかった水が心地良く感じられたり、日が長くなったりしたことを話題にするなど、春の訪れを楽しめるようにしていきたいですね。

友達や保育者との関わり

友達や異年齢児との関わりが深まるように

　4・5歳児の遊びへの興味や憧れが強くなってきます。保育者間で連携をとり、一緒に遊ぶ機会をつくっていきたいですね。また、友達との遊びも活発になり、いろいろな遊びを楽しんでいます。興味をもったことに取り組む姿を受け止め、子どもたちが遊びを展開していけるような環境を整えていきましょう。

3月の計画

気の合う友達と、言葉で思いを伝え合いながら遊ぶ楽しさを十分に味わえるようにしていきたい。異年齢児との交流を通して興味や憧れが膨らみ生活や遊びを意欲的に行なえるようにしていきたい。春の訪れを感じながら、大きくなったことを喜び、進級することに期待がもてるようにしていきたい。

前月末の幼児の姿	ねらい	幼児の経験する内容(指導内容)
生活 ●身支度や手洗い・うがいなど自分からできるようになっている。 ●遊んだ後の片付けを友達や保育者と行なおうとしている。	●進級に期待をもち、生活をする。	●身支度や、片付けを自分からしようとする。 ●4歳児クラスに行き、生活したり遊んだりすることを喜ぶ。 ●進級を楽しみに、使っていた玩具などの掃除をしたり、次の3歳児を招いたりする。 ●大きくなったことを感じながら作品の整理をする。
興味・関心 ●氷や霜柱に触れ、冬の自然に興味をもっている。 ●発表会で使った小道具を使い、遊ぶことを楽しんでいる。 ●紙粘土を使って、ひな人形を作りひな祭りを楽しみにしている。	●戸外で体を動かし遊ぶことを楽しむ。 ●春の訪れを感じ、身近な自然の変化に気付く。	●戸外で好きな遊びや鬼ごっこなどを友達や保育者と楽しむ中で、体を動かして遊ぶことを楽しむ。 ●木々の芽やサクラのつぼみの膨らみを見たり、園庭の虫を見つけたりしながら春への季節の変化を感じる。
友達や保育者との関わり ●ごっこ遊びや表現遊びを友達や保育者と楽しんでいる。 ●友達と鬼ごっこやボール遊びなど、簡単なルールのある遊びを楽しんでいる。	●異年齢児と遊ぶことを楽しむ。 ●やりたいことを言葉で伝えながら、友達との関わりを楽しむ。	●5歳児と散歩に行ったり、ごっこ遊びを楽しんだりしながら親しみや憧れの気持ちをもつ。 ●"遊んでくれてありがとう"の気持ちをもち、卒園児へのプレゼントを作り渡す。 ●興味や憧れ、関心をもったことをして、保育者や友達と遊ぶ。

家庭・地域との連携

■クラス便りで異年齢児と遊ぶ様子や進級を喜ぶ姿を伝え、保護者も子どもの成長を感じながら進級を迎えられるようにしていく。

■進級に向けて、今年度から変更がある事柄や年度初めの予定を伝え、親子共に安心して新年度が迎えられるようにしていく。

■春休み中の預かり保育についてなど、必要な内容を伝える。

園生活の自立に向けての配慮点

●は健康・食育・安全、
★は長時間にわたる保育への配慮、
♥は保育者間のチームワークについて記載しています。

● お別れ会での5歳児との会食では、楽しい雰囲気で安心して参加できるようにする。

★ 年度末は園内が慌ただしい雰囲気になりがちだが、ゆったりと過ごせるように玩具をそろえるなど保育室の環境を整えていく。

♥ 異年齢児交流がもてるよう、担任同士で連携し、それぞれのクラスの子どもが楽しむことができるような計画を立てる。

要領・指針につながるポイント

★ 身近な環境に自分から関わり、（略）生活に取り入れようとする

仲良しの友達と一緒に遊びに必要な「場」を作ったり、ごっこ遊びを楽しんだり、園庭で見つけた自然物などに興味をもったりなど遊びの広がりや深まりが見られてきます。自分から夢中になって取り組める遊びの場やプロセスを大切にして4歳児の生活につなげていきましょう。（参考：領域「環境」）

環境と援助・配慮

大きくなったことを喜び進級に期待がもてるように

● 片付けや身の回りの支度を自分でする姿を認めながら、手助けが必要なときは一人ひとりに適した援助を行なっていく。できたときは共に喜び、自信へとつなげていく。

● 次の3歳児のために、自分たちが使った玩具やロッカーの掃除を行ない進級することを感じられるようにしていく。

● 4歳児クラスで過ごしたり次の3歳児を招いたりしながら大きくなったことを喜び合い、進級に期待をもてるようにしていく。

戸外で遊ぶ中、春の訪れを感じられるように

● 戸外遊びに誘い、日だまりの暖かさや木々の芽吹きを感じたり見つけたりできるよう働き掛けていく。

● 友達と体を動かして遊ぶ楽しさを鬼ごっこやしっぽ取りを通じて感じられるよう保育者も一緒に楽しむ。

異年齢児と遊ぶ中で興味や憧れをもてるように

● 4・5歳児と一緒にごっこ遊びや散歩を楽しめる場を設ける。

● 4・5歳児がしている遊びに興味をもったときは、保育者も遊びに加わるなどして、遊ぶきっかけをつくっていく。

● 5歳児へのプレゼント作りは、「○○して遊んだね」「○○してくれてうれしかったね」など一緒に遊んだ楽しさや、喜びを思い出せるように声を掛けながら進める。会食では一緒に食事する楽しさを味わえるように雰囲気づくりをしていく。

興味や憧れを受け止め、満足して遊べるように

● 「○○してみたい」という意欲や期待を受け止め、生活の中や遊びの場面で実現できるようにしていく。実現できたときは満足した姿に共感していく。

● 思ったことや、やりたいことを言葉で伝え合いながら友達と一緒に遊ぶ楽しさを味わえるように見守っていく。

反省・評価のポイント

自己評価にもつながる

★ 進級することを喜び、片付けや身の回りのことを自分でしようとしていたか。

★ 戸外遊びを喜び、友達や保育者と楽しむ中で季節の変化に気付けたか。

★ 異年齢児と遊ぶことで、興味や憧れ、期待がもてるよう働き掛けることができたか。

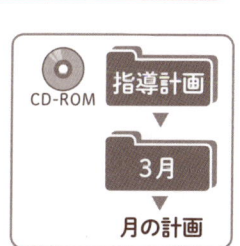

CD-ROM ▶ 指導計画 ▶ 3月 ▶ 月の計画

3月 1週の計画

3/1(木)〜10(土)

今週の予定
● ひな祭り集会、避難訓練

前週の幼児の姿
● ひな人形作りをして、飾った物を見て喜んでいる。
● 自分の思いを伝えながらごっこ遊びを楽しんでいる。

ねらい（●）と内容（・）

● 身の回りの始末を自分から進んでやろうとする。
● 友達に自分の思いを伝えながら好きな遊びや簡単なルールのある遊びを楽しむ。
● 5歳児への"ありがとう"の気持ちを込めて製作を楽しむ。
・ 自分から進んで身支度をしたり、遊んだ後の片付けをしたりする。
・ ごっこ遊びをしたり天気が良い日は戸外でしっぽ取りをしたりする。
・ 5歳児への感謝の気持ちをもってプレゼント作りをする。

具体的な環境（◆）と保育者の援助（＊）

＊ 生活に見通しがもてるよう場面の切り替わりのときに声掛けをしていく。身支度や遊びの片付けなど自分から進んでしようとする気持ちを見守り、自分でできたことを褒めて認めていく。また忘れている子どもや戸惑いを感じている子どもには丁寧に声掛けをしていく。

◆ 友達とごっこ遊びができるように動物のお面・エプロン・スカートなどを用意しておく。

＊ 遊びを通してやり取りをしていく中で、感じたことや考えたことを言葉にして表現しようとしたり、相手に対して自分の思いを言葉や身振りで伝えようとしたりする姿を見守る。うまく伝わらないところは、仲立ちしながら相手に伝わるようにしていく。また、相手に自分の気持ちが伝わったうれしさに共感していく。

＊ しっぽ取りを楽しめるように、保育者も一緒に遊びに入りながらしっぽを取れた喜びを感じたり、友達のしっぽに気付き取ろうとしたりする姿を応援していく。

＊ しっぽ取りが嫌な子どもには無理に誘わず見ているように促したり、悔しくて泣いている子どもには気持ちを受け止めたり励ましたりしていく。

◆ ひな祭り集会を楽しめるよう、作ったひな人形をホールに飾る。

＊ ひな祭り集会では、ひな祭りの由来を聞いたり、『うれしいひなまつり』の歌をうたったり踊ったりして楽しむ。

◆ 5歳児へのプレゼントの材料を用意する。（色画用紙、クレヨン、シール、紙皿 など）

＊ 「一緒に遊んでもらったね」「優しくしてくれたね」など"ありがとう"の気持ちをもって製作できるようにする。

＊ 少人数に分かれて見本を見せながら、喜んで作っていけるようにする。

反省・評価のポイント
★ 身の回りのことを進んで取り組めるような声掛けや働き掛けができたか。
★ 自分の気持ちを伝えながら友達との遊びを楽しめたか。
★ 5歳児へのプレゼント製作を喜んで作れたか。

3月 2週の計画

3/12(月)〜17(土)

今週の予定
● お別れ会、誕生会、身体計測

前週の幼児の姿
● 自分の気持ちを伝えながら遊ぶことを楽しむ。
● お別れ会に向けて5歳児へのプレゼント製作に取り組む。

● 友達と一緒に戸外で体を動かして遊ぶことを楽しむ。
● 遊びや行事を通して異年齢児との関わる楽しさを味わう。
● 身近な自然にふれ、季節の変化を感じる。
・ 気の合う友達に自分の気持ちを伝えたり、友達の気持ちを受け入れたりして遊ぶ。
・ お別れ会に参加し、プレゼントを渡したり、歌をうたったり、会食を楽しんだりする。
・ 春の日差しの暖かさや草花の生長に気付いて、春の訪れを知る。

◆ 体を十分に動かすことのできる安全な場所(広場、公園、園庭 など)を用意する。

＊ しっぽ取りやかけっこなどでたくさん走れるようになった喜びや成長を感じられるような姿を捉え、自信につなげられるようなことばがけをしていく。

＊ 気の合う友達と誘い合い遊ぶ姿を見守っていく。思いが伝わらないときには、言葉を補ったり、相手の思いを聞いたりして仲立ちをしていく。

◆ お別れ会の準備では、イスを並べたり、輪つなぎやチューリップの花を作って飾ったりするなど、できることをしながら、5歳児へ"ありがとう"の気持ちをもてるようにする。

◆ お別れ会食では、親しんだ5歳児と同じテーブルを囲んで各年齢が混じって楽しく会食ができるように設定する。

＊ 他の年齢の子どもと食事をするので、食事の量やアレルギーなどの配慮を必要とする子どもの状況を、保育者同士で共有しておく。

＊ 5歳児と一緒に楽しんできた体操やダンス、歌を披露したり、プレゼントを渡したりして感謝の気持ちを表せるようにする。(♪:『おおきくなあれ』)

◆ チューリップ、クロッカスなどの栽培物の生長に興味・関心をもてるように子どもの目の届く所に動かして置いておく。

＊ プランターの水やりに誘い、植物の生長に気付いたり、花が咲くのを期待したりできるようにする。

＊ 日差しが暖かくなってきて「気持ちがいいね」などとつぶやきながら、子どもと春の訪れを共感する。

◆ 春が来たことを感じられるよう、歌や絵本、紙芝居を取り入れていく。
(♪:『春が来たんだ』、📖:『ころちゃんはだんごむし』)

まださかないかなあ

反省・評価のポイント
★ 友達と一緒に戸外で体を動かして遊ぶことを楽しんでいたか。
★ お別れ会や会食が楽しめるよう、準備や働き掛けができたか。
★ 身近な自然に興味をもつことができたか。

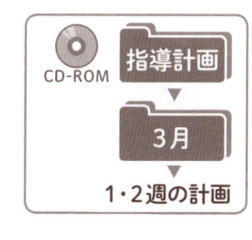

CD-ROM 指導計画 ▼ 3月 ▼ 1・2週の計画

3月 3週の計画

3/19(月)〜24(土)

前週の幼児の姿

● 戸外で春の訪れを感じながら遊ぶ。
● お別れ会に参加し、5歳児にプレゼントを渡したり会食を楽しんだりする。

ねらい（●）と内容（・）

● 5歳児と散歩に行き、楽しく遊ぶ中で親しみをもつ。

● 進級することに期待をもって生活をする。

● 好きな遊びややってみたい遊びを友達や保育者と楽しむ。

・ 5歳児と手をつなぎ、散歩に出掛け一緒に遊んだり、スタンプラリーをしたりする。

・ 4歳児クラスで過ごしたり、思い出帳の製作をしたりする。

・ 興味や関心をもった遊びや玩具で遊ぶ。

具体的な環境（◆）と保育者の援助（＊）

◆ 進級・就学祝い会の練習の様子を見て、雰囲気を味わえるようにしていく。

◆ 5歳児クラスの担任と、事前に散歩先の公園や通る道、公園での活動を確認しておく。

＊ 5歳児と手をつないで散歩に行くことを前もって子どもに伝え、期待をもてるようにしていく。

◆ スタンプラリー用のカードを用意しておく。内容は身近な春や、保育者とのふれあいを中心とした内容にし、3・5歳児ができるものにする。

＊ 公園では、一緒にしっぽ取りをしたりふたり組でスタンプラリーをしたりして、楽しくふれあえるようにしていく。（例：「緑の葉っぱを見つけよう」「花を見つけよう」「○○先生とタッチしよう」など）

◆ 4歳児クラスでは3歳児クラスにはない玩具を出したり、少し大きなイスに座って食事をしたりして、進級することを楽しみにできるようにする。

＊ 好きな遊びややりたい遊びを友達と一緒に楽しむことができるよう見守ったり、保育者も一緒に楽しんだりしていく。

スタンプをおしてもらおう

あった！

＊ 子どもたちと一緒に一年間の作品をまとめたり、4月当初と3月の身長や体重の記録を比べたりして、大きくなったことが実感できるような取り組みをしていく。

◆ 色紙（赤・白・黄色・ピンク・紫）、のり、画用紙（「おもいで」など表紙用に書いておく）を用意する。

＊ 数人ずつに声を掛けて、ゆったりとチューリップの折り紙ができるようにする。何色の色紙を何枚使うかは子どもが選べるようにする。折った色紙を思い出帳の表紙になる画用紙に子どもがのりで貼り、リボンで保育者が綴じて飾り、好きなときに見られるようにする。

＊ 「庭のチューリップがいっぱい咲くともう○○組さんだね」と、進級を感じられるよう声を掛けていく。

反省・評価のポイント

★ 5歳児に親しみをもち、一緒に遊ぶことを楽しめたか。

★ 興味や憧れへの気持ちを受け止め、進級することを楽しみにできるよう働き掛けができたか。

★ 好きな遊びややってみたい遊びを友達と楽しめたか。

3月 4週の計画

3/26(月)〜31(土)

今週の予定

前週の幼児の姿

● 5歳児と散歩に行き、一緒に遊ぶことを楽しんでいる。

● 4歳児クラスで過ごしたり思い出帳の製作をしたりして、進級することに期待をもっている。

● 友達と好きな遊びや興味・関心をもった遊びを楽しんでいる。

● 5歳児と散歩に行き、一緒に遊ぶことを楽しんでいる。

● 4歳児クラスで過ごしたり思い出帳の製作をしたりして、進級することに期待をもっている。

● 友達と好きな遊びや興味・関心をもった遊びを楽しんでいる。

・ 戸外で鬼ごっこやままごとなどをして友達や保育者と遊ぶ。

・ 異年齢児と一緒に遊んだり、気の合う友達と遊んだりする。

・ 使っていた玩具やロッカーの掃除をする。

＊ 簡単な身の回りのことに進んで取り組めているか、確認していく。（衣服の着脱、排せつ など）

＊ 気の合う友達や、4・5歳児と一緒に戸外で体を動かすことを楽しんだり、室内でごっこ遊びを楽しんだりできるよう時間にゆとりをもち過ごしていく。

＊ 異年齢児との関わりで、思いの伝え合いがうまくいかないときは、保育者が互いの思いを代弁していく。

＊ 天気の良い日は、戸外に誘い好きな遊びを楽しめるよう保育者も一緒に楽しむ。（砂場で遊ぶ など）

◆ 小さな雑巾を用意し、子どもたちが扱いやすいようにしていく。洗ったり絞ったりは保育者が行ない、床がぬれて滑ることなどないよう安全に行なう。

＊ 自分たちが使っていたロッカーやままごとなどをきれいにし、進級することに期待がもてたり、新しい次の3歳児が気持ち良く過ごせたりすることに気付けるようにしていく。

＊ 次の3歳児を部屋に招き、きれいにした玩具などで一緒に遊ぶ楽しさを味わったり、一つ大きくなったことを感じたりできるようにしていく。

入れて〜

いいよー

◆ 現在使用している保育室や玩具の安全点検を行ない、次年度の子どもたちが安全に過ごせるようにしておく。

反省・評価のポイント

★ 戸外で好きな遊びを友達や保育者と楽しんでいたか。

★ 異年齢児と関わって遊ぶことを楽しめていたか。

★ 思いやりをもちつつ、進級を楽しみにし、掃除を行なえるよう働き掛けられたか。

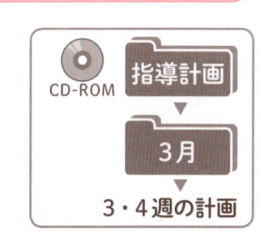

CD-ROM 指導計画 ▸ 3月 ▸ 3・4週の計画

3月 日の計画

3/20 (火)

ねらい
- 5歳児と散歩に行き、一緒に遊ぶことを楽しむ。
- 身近な自然にふれ、春の訪れを感じる。

内容
- 5歳児と散歩に行き、スタンプラリーを楽しむ。
- 植物や虫を見つけ、春の訪れを感じる。

指導計画
3月 日の計画

環境を構成するポイント	予想される幼児の活動	保育者の援助
●好きな遊びを楽しめるよう、玩具を用意をしたり、コーナーを設定したりして環境を整えておく。 ●危険のない道を確認しておく。 ●カードは厚紙に貼ってリボンを付け、首から提げて持ち運びしやすいようにしておく。 ●保育者のつく場所を打ち合わせておき、安全な環境の中で楽しめるようにする。 （全体を確認する、ポイント位置に立つ、スタンプを押す など）  ●天候が悪い場合に備えて室内遊びの用意をしておく。 ●落ち着いた雰囲気で午睡ができるようにする。	●登園する。 ●朝の身支度をする。 ●好きな遊びをする。 （ままごと、ブロック、粘土、パズル など） ●片付けをする。 ●排せつをして園庭に集まる。 ●5歳児と手をつないで公園に行く。 ●公園で、スタンプラリーや好きな遊びを楽しむ。 ●5歳児と一緒に、カードに描いてある虫や植物のイラストを見て公園内を探索し見つける。 ●ひとりでなく、5歳児と行動する。 ●園に戻り、昼食の準備をする。 （うがい、手洗い、排せつ） ●昼食をとる。 ●絵本を読む。 （📖：『はなをくんくん』） ●午睡をする。 ●おやつを食べる。 ●降園準備をする。 ●好きな遊びをする。 ●降園する。	●登園してきた子どもに挨拶をし、健康観察を行なう。 ●保護者と伝達事項の確認をする。 ●朝の身支度の様子を見守る。自分でやってみようとする姿を認められる喜びを感じられるようにしていく。また必要に応じて声掛けしたり、一緒に行なったりしていく。 ●人数確認をしながら、道中の安全（信号や自転車、車、障害物 など）に配慮し、列に大人がつく。 ●5歳児と一緒に花や虫を探したり、見つけて喜んだりする楽しさが味わえるよう見守っていく。 ●保育者の目の届かない場所に行かないよう人数把握や安全確認を複数の職員で行なう。 ●好きな遊びを楽しめる時間もとり、戸外遊びを楽しめるようにしていく。 ●散歩に行った楽しさを共感しながら一日を振り返る。

反省・評価のポイント

★ 5歳児と散歩に行ったり、遊んだりスタンプラリーをしたりして楽しく過ごせたか。
★ 戸外で春を感じながら遊ぶことができるように働き掛けができたか。

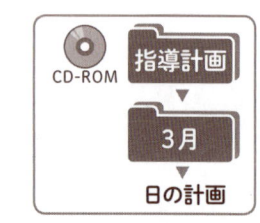

おたより

イラストや文例など、おたよりの素材を
12か月分たっぷり掲載しています。読みやすく、
分かりやすいおたより作りに大活躍！

文例・イラスト案／永井裕美

※本書掲載のおたより素材は、『月刊 保育とカリキュラム』2013〜2015年度
の連載『毎月のおたよりイラスト＆文例』に修正を加えたものです。

おたより

 **レイアウト例**

おたより作りのポイントをおさえたレイアウト例をご紹介します。

 **保護者に伝わるポイント**

久しぶりに園に来た子どもたちの様子を季節の挨拶を入れながら書きましょう。

保護者に伝わるポイント

生活面の再確認をしてみましょう。

保護者に伝わるポイント

園で行なわれる行事を簡単に知らせておきましょう。

 **9がつ　クラスだより**

○○○○年
○○○○園

- コスモスが風に揺られ、秋らしい風景を見かけるようになりました。ピンク、紫、白など、たくさんの種類がみんなを和ませてくれます。
- 久しぶりに登園して来た子どもたちは、一回り大きく成長したように感じます。お休み中にいろいろな体験をしたようですね。
- 日中は太陽の日差しが強く、汗をたくさんかきます。しっかり水分補給をしながら過ごしたいと思います。

 **9月の行事予定**

○○○○○	○○日
○○○○○	○○日
○○○○○	○○日
○○○○○	○○日
○○○○○	○○日
○○○○○	○○日

 **生活習慣をチェック**

毎日チェックしてみましょう。
- 朝ごはんを食べる
- うんちをする
- しっかり体を動かす
- 早寝・早起きをする

9月に入ってもまだまだ暑い日は続きます。これから運動会に向けて運動をする機会が増えるので、生活リズムを整えて、元気に過ごせるようにしましょう。

敬老の日

■ おじいちゃんやおばあちゃんと一緒に過ごす「敬老の日の集い」を予定しています。一緒に遊んだり子どもたちの演技を見たりして楽しんでください。

 **避難訓練**

■ 地震や火事が起きたときに慌てないために、避難訓練を予定しています。おうちでも、いざというときの避難経路を確認しておきましょう。

保護者に伝わる
ポイント

運動会の内容や取り組んで
いる様子などを書きましょう。

うんどうかいの内容

タイトル ○○○○○○○○○○○○
○○○○○○○○○○○○○
○○○○○○○○○○○○

タイトル ○○○○○○○○○○○○
○○○○○○○○○○○○○
○○○○○○○○○○○○

タイトル ○○○○○○○○○○○○
○○○○○○○○○○○○

保護者に伝わる
ポイント

気を付けてほしいことを分
かりやすいタイトルをつけ
て書きましょう。

おたより

靴の選び方

足は、長さ・足囲（親指と小指の付け根
を取り巻いた周囲の長さ）・幅などが一人
ひとり違います。靴を選ぶときは、爪先に
5mmくらい余裕があること、足の幅に合って
いることを確認し、かかとをしっかり靴底に付け、
ひもやベルトを締めてみることも大切です。靴が
合っていないと、成長とともに姿勢
や体のバランス、膝や骨盤に影
響が出ることもあります。靴
選びは大切ですね。

チェック！

伝統行事は大切にしたいです
ね。分かりやすく書いておき
ましょう。

月見団子

月見団子は、穀物の収穫を感謝してお
団子を作ったのが始まりといわれています。
丸い団子は月をイメージしています。地域
によっては、サトイモをイメージした形の
物や、カラフルなお団子を食べる
所もあるようです。お月様を見な
がら、月見団子を食べるのもい
いですね。

**9月うまれの
おともだち**

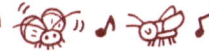 

○○○　○
○○日

○○　○○
○日

4月

イラスト

304-01

304-02

304-03

304-04

304-18

304-05

304-06

304-07

304-08

304-09

304-10

304-11

304-12

304-13

304-14

304-15

304-19

304-20

304-21

304-16

304-17

このメッセージが見えるまでページを開くと、きれいにコピーできます。

このメッセージが見えるまでページを開くと、きれいにコピーできます。

囲みイラスト付き文例 ※ CD-ROM 内の囲みイラスト付き文例は Word 文書です。
Excel で使用される際は、P.286 をご参照ください。

健康観察

毎朝チェックしてみましょう。
- 食欲はありますか?
- 寝起きは良かったですか?
- 睡眠はとれていますか?
- 顔色はどうですか?
- 熱やせきはありませんか?
- 下痢や便秘をしていませんか?
- 発しんはありませんか?
- 元気はありますか?

新学期が始まり、子どもたちは慣れない生活で緊張し、疲れやすくなっています。

304-22

誕生会

　毎月行なう誕生会では、クラスで出し物をしたりゲームをしたりして、みんなでお祝いします。誕生児には、誕生カードと子どもたちからの手作りプレゼントを渡します。カードには、写真や手形・おうちの方のコメントなどを載せる予定です。誕生月を楽しみにしていてくださいね。

304-23

お弁当が始まります

　子どもたちは、友達と一緒に食べるお弁当を楽しみにしていますが、最初は量を少なめにして、慣れてきてから増やすようにしてください。手でつかんで食べられるおにぎりや、箸でつかみやすいおかずにしてあると食べやすく、全部食べた満足感がもてると、子どもたちはお弁当が大好きになります。

304-24

食事のマナー

マナーを守って楽しく食べましょう。

- せっけんで手を洗う
- 「いただきます」の挨拶をする
- 箸やスプーンは正しく持つ
- 茶わんを持つ
- 食べ物を口に入れたまましゃべらない
- テーブルに肘をつかない
- よくかんで食べる
- 「ごちそうさま」の挨拶をする

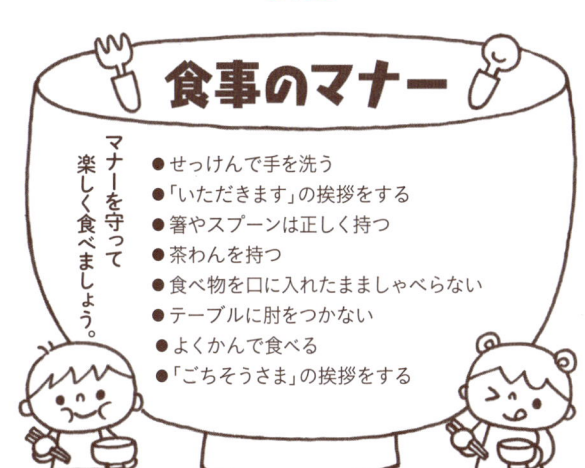

304-25

書き出し文例

4月のあいさつ

- サクラの花が舞い、公園や園庭はピンク色のじゅうたんを敷き詰めたようです。その上を歩くと、気分が明るくなってきます。　　　　304-26

子どもの姿

- チューリップの花が元気よく咲き、始業式を迎えた子どもたちを温かく応援してくれているようです。　　　304-27

健康

- 柔らかな日差しに、園庭の花や周りの虫たちも大喜びです。初めての園生活で疲れが出始めていると思います。しっかり睡眠をとって体を休めましょう。　　　304-28

身体計測

- 子どもたちの成長を知るため、毎月体重計測と、年3回身長計測を行ないます。結果は健康手帳に記入しますので、確認印を押してください。　　　304-29

文章の最後にチェック!

読みやすい文章とは

短い文章ほど読みやすく印象に残ります。読点「、」で文章を長々とつないでいくと、伝えたい内容がぼやけてしまいます。一文にたくさんの事柄が入ると、読んでいるうちに混乱してくることもあるでしょう。長い文章は読み直して、短く切ったり箇条書きにしたりするなどしてまとめましょう。

5月

イラスト

305-01

305-02

305-03

305-04

305-05

305-06

305-07

305-10

305-17

305-09

305-08

305-11

305-12

305-13

305-14

305-19

305-20

305-18

305-15

305-16

このメッセージが見えるまでページを開くと、きれいにコピーできます。

※ CD-ROM 内の囲みイラスト付き文例は Word 文書です。
Excel で使用される際は、P.286 をご参照ください。

みどりの日

5月4日は「みどりの日」です。「自然に親しむとともにその恩恵に感謝し、豊かな心をはぐくむ」という趣旨で定められました。公園や山などに出掛けて、植物や森林などを見たり触ったりして過ごしてみてもいいですね。

305-21

母の日

5月第2日曜日は「母の日」です。母親に感謝する日として、カーネーションやプレゼントを渡すことが多いです。由来は諸説ありますが、アメリカで始まったとする説が有力です。最近では花以外にも、いろいろな物を贈るようになってきました。

305-22

手洗いは丁寧に

遊んだ後・食事前・トイレの後・外出から帰ったときなど、手洗いの機会はたくさんあります。せっけんをしっかり泡立てて、手のひらから指の間・手首までしっかり洗いましょう。自然乾燥は雑菌が付きやすいので、洗った後はタオルやハンカチでしっかり水を拭きます。病気の予防にもなるので、丁寧に洗うよう心掛けましょう。

305-23

八十八夜

「♪夏も近づく八十八夜……」と歌にもありますが、「八十八夜」とは立春(2月4日頃)から数えて八十八日目、5月2日頃です。この日の夜に摘んだお茶の葉は、霜をかぶらないのでおいしいといわれ、不老長寿の縁起物として珍重されているそうです。じっくりお茶を味わうのもいいですね。

305-24

書き出し文例

5月のあいさつ

● 園庭や公園で、鳥たちの楽しそうな歌声が聞こえてきます。過ごしやすい気候になり、鳥たちも羽を伸ばしているようです。　305-25

● 健康診断を行ないます。結果は健康手帳に記入して持ち帰りますので、確認印を押して園に持って来てください。　305-26

子どもの姿

● プランターから真っ赤なイチゴが顔を出し、甘い香りを漂わせています。子どもたちは収穫をとても楽しみにしています。　305-27

● 楽しくゴールデンウイークを過ごした子どもたちは、保育者や友達に楽しかった話を聞かせてくれました。305-28

文章の最後にチェック!

「ず」「づ」の使い分け①

「ず」「づ」は間違いやすい文字です。
しっかりチェックして、正しくお便りを書きましょう。

○	×
○ 少しずつ	× 少しづつ
○ 言葉づかい	× 言葉ずかい
○ 片づく	× 片ずく
○ 近づく	× 近ずく
○ 手づくり	× 手ずくり
○ 気づく	× 気ずく
○ いずれは	× いづれは
○ つまずく	× つまづく

このメッセージが見えるまでページを開くと、きれいにコピーできます。

イラスト

306-01

306-02

306-03

306-04

306-05

306-06

306-15

306-17

306-07

306-08

306-09

306-10

306-13

306-11

306-12

306-14

306-16

306-18

306-19

このメッセージが見えるまでページを開くと、きれいにコピーできます。

囲みイラスト付き文例

※ CD-ROM 内の囲みイラスト付き文例は Word 文書です。
Excel で使用される際は、P.286 をご参照ください。

歯と口の健康週間

6月4日～10日は「歯と口の健康週間」です。歯と口の健康に関する正しい知識の普及啓発と、歯の寿命を延ばす目的で決められました。使っている歯ブラシを見直したり、ゆっくり歯磨きをしたりしてみましょう。乳歯が虫歯になると、歯並びにも影響が出る場合があります。楽しく歯磨きをしながら歯を大切にしましょう。

306-20

衣替え

6月1日は「衣替え」です。平安時代から始まった風習とされていますが、6月1日と10月1日の年2回行なわれるようになったのは明治時代以降のようです。周りにいる制服を着て仕事をしている人や学生を観察してみましょう。季節に合った服装をして、快適に過ごせるように肌着、靴下や帽子なども夏用に替えるといいですね。

306-21

主食・主菜・副菜

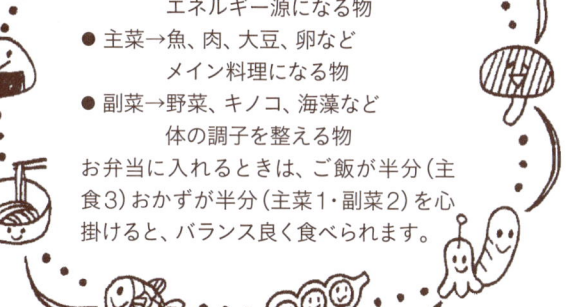

- 主食→ご飯、パン、麺など
　　　　エネルギー源になる物
- 主菜→魚、肉、大豆、卵など
　　　　メイン料理になる物
- 副菜→野菜、キノコ、海藻など
　　　　体の調子を整える物

お弁当に入れるときは、ご飯が半分(主食3)おかずが半分(主菜1・副菜2)を心掛けると、バランス良く食べられます。

306-22

夏至(げし)

「夏至(げし)」とは二十四節気の一つで、6月21日頃です。1年で一番昼が長く夜が短い日で、この日を過ぎると本格的な夏が始まります。地域によってはイチジクの田楽を食べたり、新小麦で焼き餅を作り、神に供えたりするなどの行事があるようです。

306-23

書き出し文例

6月のあいさつ

- アジサイの花や葉に雨が当たり、カエルやカタツムリもうれしそうに散歩しています。　　306-24
- サクランボがおいしい季節になりました。木には風が吹くたびにピンク色や赤色の実がユラユラ揺れて、子どもたちも収穫を楽しみにしています。　　306-25

歯磨き

- 歯磨きを再確認して、虫歯ゼロを目指しましょう。鏡を見たり仕上げ磨きをしてもらったりして、歯を大切にしましょう。　　306-26

衣替え

- 半袖や麦わら帽子の制服に変身して、夏の準備ができました。衣替えをすると、気持ちもすっかり夏モードに切り替わりますね。　　306-27

文章の最後にチェック!

「じき」3通り

「じき」の漢字は3通りあります。
意味をよく理解して、正しい漢字を書けるようにしましょう。

時季→そのことが盛んに行なわれる季節、シーズン
時期→そのことをするとき、季節
時機→ちょうどよいとき、チャンス、タイミング

このメッセージが見えるまでページを開くと、きれいにコピーできます。

7月

イラスト

307-01

307-02

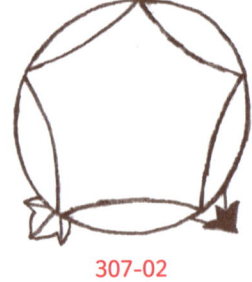
307-03

307-04

307-05

307-06

307-07

307-08

307-17

307-19

307-09

307-10

307-11

307-12

307-13

307-14

307-21

307-15

307-18

307-20

307-16

囲みイラスト付き文例

※ CD-ROM 内の囲みイラスト付き文例は Word 文書です。
Excel で使用される際は、P.286 をご参照ください。

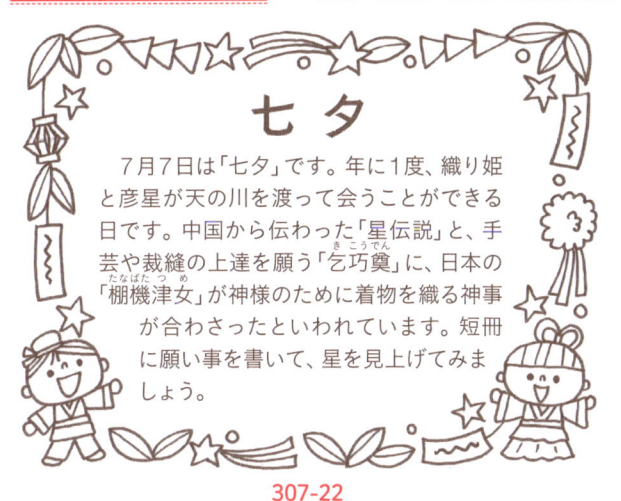

七夕

7月7日は「七夕」です。年に1度、織り姫と彦星が天の川を渡って会うことができる日です。中国から伝わった「星伝説」と、手芸や裁縫の上達を願う「乞巧奠」に、日本の「棚機津女」が神様のために着物を織る神事が合わさったといわれています。短冊に願い事を書いて、星を見上げてみましょう。

307-22

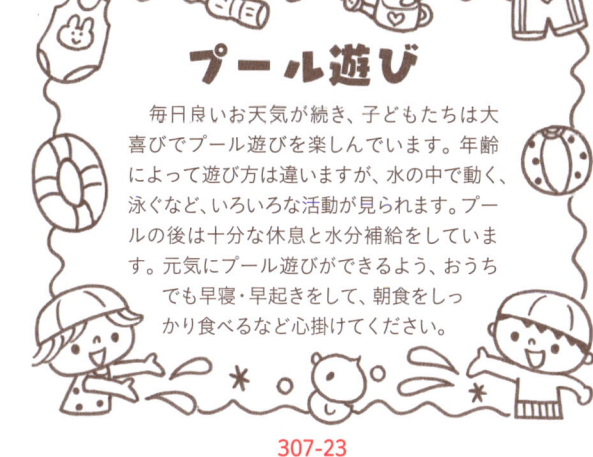

プール遊び

毎日良いお天気が続き、子どもたちは大喜びでプール遊びを楽しんでいます。年齢によって遊び方は違いますが、水の中で動く、泳ぐなど、いろいろな活動が見られます。プールの後は十分な休息と水分補給をしています。元気にプール遊びができるよう、おうちでも早寝・早起きをして、朝食をしっかり食べるなど心掛けてください。

307-23

夏を元気に

夏を元気に乗り切るために、以下のことに気を付けましょう。
●1日3食、消化が良い良質のタンパク質（卵・魚・肉など）をとる
●旬の野菜を食べる
●疲労回復に梅干しやグレープフルーツなどをとる
●ビタミンB1が不足しがちなので、大豆・ウナギ・ホウレンソウやゴマなどをとる
●胃腸に負担がかかるので、冷たい物を食べ過ぎない
●規則正しい生活を心掛ける

307-24

夏野菜を食べよう

暑い日の食事は、そう麺や冷たいそばなど調理が簡単で食べやすい物に偏りがちですが、栄養バランスを考えないと夏バテしてしまいます。トマト、ピーマン、カボチャ、キュウリ、ゴーヤ、オクラなど、栄養価の高い旬の野菜を食べて、健康に夏を乗り切れるようにしましょう。

307-25

おたより

7月

7月のあいさつ

●朝早くからアサガオの花が元気に開き、夏の暑さを吹き飛ばしてくれるようです。　　307-26

子どもの姿

●夏野菜がたくさん実り始めました。子どもたちは毎日水やりをしながら、収穫するタイミングをうかがっています。
307-27

●プール遊びが始まり、子どもたちは水に慣れるため体に水を掛けたり、ワニ歩きをしたりして楽しんでいます。
307-28

熱中症

●子どもたちは暑さに関係なく元気に遊びます。熱中症に気を付けて、涼しい場所で水分補給をしながら遊びましょう。
307-29

文章の最後にチェック！

文体を統一しよう

文章の終わりの文体には「ですます調」と「である調」があります。

●ですます調　→です、ます、でした、ました
●である調　→である、だ

一つの文章の中に、二つの文体があると読みにくくなります。文章を書くときには、統一するようにしましょう。

このメッセージが見えるまでページを開くと、きれいにコピーできます。

イラスト

308-01

308-02

308-03

308-04

308-05

308-06

308-07

308-10

308-17

308-08

308-09

308-11

308-12

308-13

308-14

308-19

308-20

308-18

308-15

308-16

このメッセージが見えるまでページを開くと、きれいにコピーできます。

囲みイラスト付き文例

※ CD-ROM 内の囲みイラスト付き文例は Word 文書です。
Excel で使用される際は、P.286 をご参照ください。

立秋

8月7日頃は立秋です。立春からちょうど半年がたち、暦のうえでは秋になり、季節の便りは「暑中見舞い」から「残暑見舞い」に変わります。暑さは続きますが、ふと空を見上げると、雲の高さや形などから秋の気配を感じ取ることができます。

早く涼しい秋風が吹いてほしいものです。

308-21

野菜の日

8月31日は「野菜の日」です。夏野菜は、赤・紫・橙・緑・黄など、色が豊富で、キュウリ、ゴーヤ、シソ、シシトウ、ナス、トマト、トウモロコシ、カボチャなど、種類もたくさんあります。栄養が豊富に含まれている野菜をしっかり食べて、夏の疲れを吹き飛ばしましょう。親子で楽しいクッキングもいいですね。

308-22

あせも

汗をたくさんかいたときに、汗の出口や汗を出す管が詰まって皮膚にブツブツができることを「あせも」といいます。首や肘の内側、膝の裏側に出やすいです。かゆみを我慢できずにかいてしまうと、菌が入って症状が悪化することもあります。汗をかいたらタオルで拭いたりシャワーで流したりして、皮膚を清潔にしましょう。

308-23

睡眠の環境

日中を元気に過ごすためには、十分な睡眠をとることが大切です。クーラーを付けたまま涼しく布団に入ると睡眠中は体温が下がるため、朝方は体が冷えてしまうこともあります。タイマーや扇風機を利用するなどして、環境を工夫してみましょう。

308-24

書き出し文例

8月のあいさつ

●空を見上げると雲が遠くに見えます。アカトンボも飛び始め、少しずつ夏から秋へと季節の変化が見られるようになってきました。　　308-25

●立秋を過ぎて暦のうえでは秋になりましたが、暑い日は続き、太陽は相変わらずジリジリと照っています。　308-26

子どもの姿

●トマトやスイカ、モモなどが旬を迎え、園で収穫した物を、子どもたちが順番に持って帰っています。　　308-27

お盆休み

●お盆休みの旅行・帰省やお出掛けなどで楽しく過ごした後は、夏の疲れが出てくる頃です。疲れたときはたっぷり睡眠をとりましょう。　　308-28

文章の最後にチェック！

重複表現

過剰に表現していませんか？

●炎天下の下→炎天下

●今現在→現在

●約10㎝程度→約10㎝（または、10㎝程度）

●返事を返す→返事をする

●必ず必要である→必要である（または、必ず要る）

●期待して待つ→期待する

●頭痛が痛い→頭痛がする（または、頭が痛い）

●尽力を尽くす→尽力に努める（または、尽力する）

このメッセージが見えるまでページを開くと、きれいにコピーできます。

おたより
8月

9月

309-01

309-02

309-03

309-04

309-05

309-06

309-07

309-16

309-08

309-09

309-10

309-11

309-12

309-13

309-18

309-19

309-17

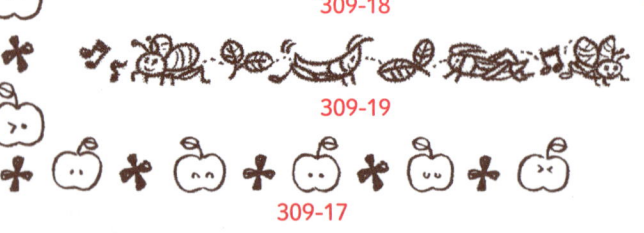
309-14

309-15

このメッセージが見えるまでページを開くと、きれいにコピーできます。

260

囲みイラスト付き文例

※ CD-ROM 内の囲みイラスト付き文例は Word 文書です。
Excel で使用される際は、P.286 をご参照ください。

十五夜

秋は空気が澄んでいるため、1年で一番月がきれいに見える時季です。夜空に光輝く月を眺めながら、お団子を食べるのもいいですね。日本では、月の模様をウサギに見立てますが、外国では少女やカニに見立てることもあるようです。何に見えるか考えてみるのも楽しそうですね。

309-20

秋の七草

涼しい風を感じられるようになってきました。秋の七草(ハギ、オバナ、キキョウ、ナデシコ、クズ、フジバカマ、オミナエシ)は鑑賞する七草といわれ、秋が来たことを知らせてくれます。休みの日や登降園のときに、秋の七草を探してみるのも楽しいですね。

309-21

救急の日

9月9日は「救急の日」、救急の日を含む1週間は「救急医療週間」です。救急車の呼び方や心肺蘇生法を確認しておきましょう。救急車が到着するまでの応急処置の方法を知っておくことも大切です。また、この機会にご家庭の救急箱を点検して、補充する物や処分する物などを整理しましょう。

309-22

彼岸におはぎ

お彼岸といえば「おはぎ」と「ぼた餅」ですが、どちらも同じ食べ物です。春は牡丹（ぼたん）の花、秋には萩（はぎ）の花が咲く季節であることからそう呼ばれているようです。昔から小豆の赤色には邪気をはらう力があるとされており、災難が降りかからないように、無病息災を願う意味もあるそうです。

309-23

書き出し文例

9月のあいさつ

● 涼風が気持ち良く吹き、秋の到来を告げてくれます。朝晩と昼の気温差に気を付けながら過ごしたいですね。　309-24

● 草の中から虫たちのかわいい声が聞こえてきます。秋の七草も、虫たちの声に合わせて楽しそうに揺れています。　309-25

子どもの姿

● 園で育てているお米が金色に色付き、子どもたちは稲刈りを心待ちにしています。早く新米を食べたいですね。　309-26

敬老の日

● 朝夕が随分涼しく、過ごしやすくなってきました。子どもたちは、園でおじいちゃんやおばあちゃんと一緒に遊ぶのを楽しみにしています。　309-27

文章の最後にチェック！

正しい漢字を

間違いやすい漢字です。
気を付けて正しい漢字を使いましょう。

○ 低温	× 抵温
○ 徐々に	× 除々に
○ 子ども同士	× 子ども同志
○ 栽培	× 裁培
○ 収穫	× 集穫
○ 検討	× 険討

このメッセージが見えるまでページを開くと、きれいにコピーできます。

おたより
9月

 月

 イラスト

310-01

310-02

310-03

310-04

310-05

310-06

310-07

310-08

310-17

310-09

310-10

310-11

310-12

310-13

310-15

310-14

310-16

310-19

310-18

310-20

このメッセージが見えるまでページを開くと、きれいにコピーできます。

囲みイラスト付き文例

※ CD-ROM 内の囲みイラスト付き文例は Word 文書です。
Excel で使用される際は、P.286 をご参照ください。

運動会

今年も子どもたちが楽しみにしている運動会を行ないます。毎日汗をかきながら、走ったりダンスをしたりして、友達と一緒に練習を頑張っています。子どもたちの姿をしっかり見て応援してください。最後まで頑張った姿に、たくさんの拍手をお願いします。

310-21

靴の選び方

足は、長さ・足囲（親指と小指の付け根を取り巻いた周囲の長さ）・幅などが一人ひとり違います。靴を選ぶときは、爪先に5㎜くらい余裕があること、足の幅に合っていることを確認し、かかとをしっかり靴底に付け、ひもやベルトを締めてみることも大切です。靴が合っていないと、成長とともに姿勢や体のバランス、膝や骨盤に影響が出ることもあります。靴選びは大切ですね。

310-22

目の愛護デー

10月10日は「目の愛護デー」です。目を大切にするために、以下のことに気を付けましょう。

- テレビやゲームは時間を決めて楽しむ
- テレビを見たりゲームをしたりした後は、遠くを見る
- 本は明るい場所で読む

310-23

旬の食べ物を味わおう

旬の食べ物は栄養満点です。今の時季は、シイタケ、サツマイモ、サトイモなどおいしい食べ物がたくさんあります。今は1年中お店に並んでいる野菜も多く、旬が分かりづらいですが、テレビや雑誌などのレシピ紹介で見かけた野菜の旬をチェックしてみるのもいいですね。

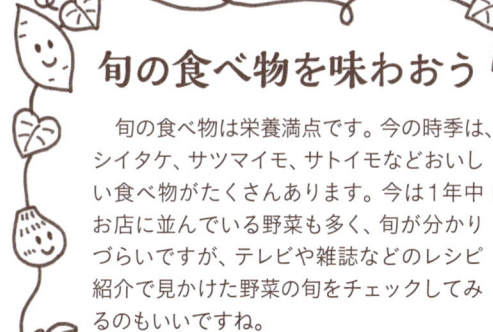

310-24

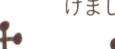 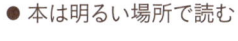

書き出し文例

10月のあいさつ

- 秋風が心地良く吹き、過ごしやすい季節になってきました。キンモクセイの香りが風に乗って、みんなを幸せな気分にしてくれています。
310-25

子どもの姿

- 収穫の秋です。園で育てていたお米も立派に育ち、稲刈りの時季を待っています。子どもたちも毎日観察しています。
310-26

- イモ掘りをした後、イモの葉っぱや茎を使って、アクセサリーやリースを作りました。子どもたちは自然を満喫していました。
310-27

芸術の秋

- 美術館や博物館を訪れるなどして、いろいろな芸術を体験してみましょう。新しい発見があるかもしれませんね。
310-28

文章の最後にチェック！

ひらがなと漢字を使い分けよう

文章を書くとき使いたい言葉を、漢字かひらがなどちらにするか考えることがあります。そのときは、言葉の意味や文章の内容によって使い分けましょう。ひらがなのほうが分かりやすい場合もあります。

おたより
10月

11月

 イラスト

311-01

311-02

311-03

311-04

311-05

311-08

311-06

311-07

311-17

311-19

311-09

311-10

311-11

311-12

311-15

311-13

311-14

311-18

311-16

311-20

311-21

このメッセージが見えるまでページを開くと、きれいにコピーできます。

※ CD-ROM 内の囲みイラスト付き文例は Word 文書です。
Excel で使用される際は、P.286 をご参照ください。

このメッセージが見えるまでページを開くと、きれいにコピーできます。

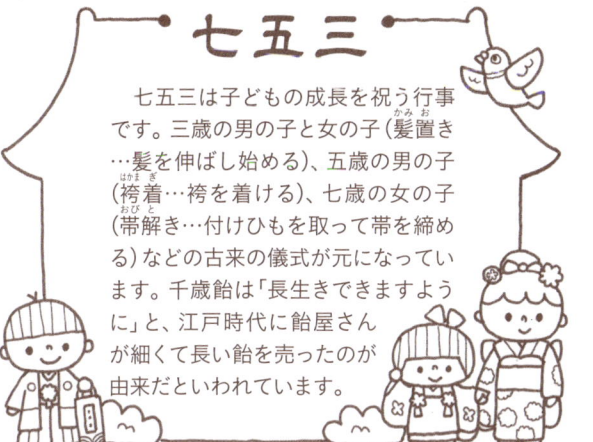

七五三

七五三は子どもの成長を祝う行事です。三歳の男の子と女の子（髪置き…髪を伸ばし始める）、五歳の男の子（袴着…袴を着ける）、七歳の女の子（帯解き…付けひもを取って帯を締める）などの古来の儀式が元になっています。千歳飴は「長生きできますように」と、江戸時代に飴屋さんが細くて長い飴を売ったのが由来だといわれています。

311-22

いい歯の日

11月8日は「いい歯の日」です。日本歯科医師会では、楽しく食事をとり、口の中の健康を保つために、「80歳になっても自分の歯を20本以上保とう」という「8020運動」を推進しています。物をよくかんで食べ、食後の歯磨きはゆっくり丁寧にしましょう。1本ずつ磨くつもりで時間をかけるといいですね。

311-23

勤労感謝の日

国民の祝日である11月23日の「勤労感謝の日」は、「勤労をたっとび、生産を祝い、国民たがいに感謝しあう」日です。家族や周りの人たちが働いてくれているおかげで今の生活があることに感謝し、「ありがとう」の言葉を伝えましょう。

311-24

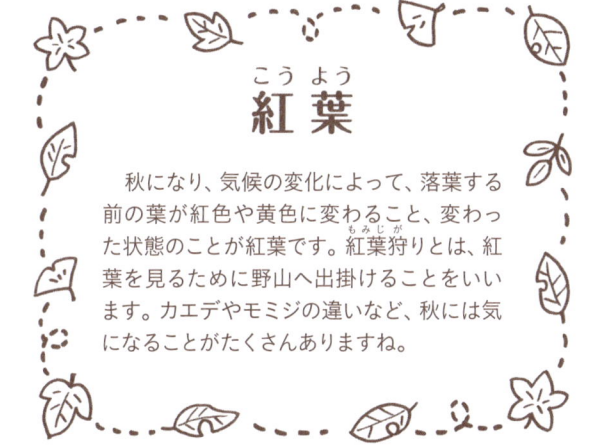

紅葉

秋になり、気候の変化によって、落葉する前の葉が紅色や黄色に変わること、変わった状態のことが紅葉です。紅葉狩りとは、紅葉を見るために野山へ出掛けることをいいます。カエデやモミジの違いなど、秋には気になることがたくさんありますね。

311-25

書き出し文例

11月のあいさつ

●吹く風が少しずつ冷たくなり、秋から冬にバトンタッチをする時季になりました。今月からマラソンを始めたので、元気な声が園庭に響いています。　　311-26

子どもの姿

●戸外に出ると竹馬や一輪車など、難しいことに挑戦する子どもたちの姿が見られます。毎日コツコツと頑張っています。　　311-27

●落ち葉が降り積もり、赤や黄色の豪華なじゅうたんが敷かれているようです。子どもたちは大喜びで落ち葉を集めたり頭上にまいたりして遊んでいます。　　311-28

「読書の秋」「文化の秋」

●「読書の秋」「文化の秋」といいますが、絵を見に行ったり博物館に行ったりして、芸術に親しむにはぴったりの季節です。今度の休みの日には、家族で行ってみてはいかがでしょうか。　　311-29

文章の最後にチェック！

正しい送りがな

間違いやすい送りがなです。
しっかりチェックして、正しいお便りを書きましょう。

○自ら	×自から	○新しい	×新い
○備える	×備る	○少ない	×少い
○半ば	×半かば	○短い	×短かい
○親しい	×親い	○快い	×快よい

12月

 **イラスト**

312-01

312-02

312-03

312-04

312-05

312-06

312-17

312-19

312-07

312-08

312-09

312-10

312-11

312-12

312-13

312-14

312-15

312-16

312-18

312-20

312-21

このメッセージが見えるまでページを開くと、きれいにコピーできます。

このメッセージが見えるまでページを開くと、きれいにコピーできます。

囲みイラスト付き文例

※ CD-ROM 内の囲みイラスト付き文例は Word 文書です。
Excel で使用される際は、P.286 をご参照ください。

空気の乾燥に気を付けて

空気が乾燥しやすい季節になりました。インフルエンザなどの感染症のウイルスは、せきやくしゃみなどで空気感染します。空気が乾燥していると唾液などが小さく軽くなって、遠くまで飛びやすくなります。また、人の粘膜から侵入しやすくもなります。感染症予防のためにも適度な湿度を保ち、戸外から帰ったらうがいや手洗いを心掛けたいですね。

312-22

もうすぐクリスマス

子どもたちが作った飾りをツリーに付け、園内は赤・白・緑のクリスマスカラーに彩られています。クラスの出し物や保育者の劇などが盛りだくさんのお楽しみ会を予定しています。さあ、今年も子どもたちのもとにプレゼントが届くのでしょうか。

312-23

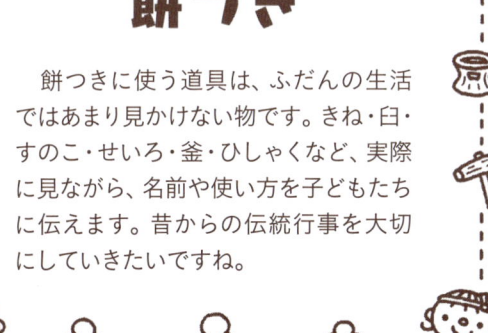

餅つき

餅つきに使う道具は、ふだんの生活ではあまり見かけない物です。きね・臼・すのこ・せいろ・釜・ひしゃくなど、実際に見ながら、名前や使い方を子どもたちに伝えます。昔からの伝統行事を大切にしていきたいですね。

312-24

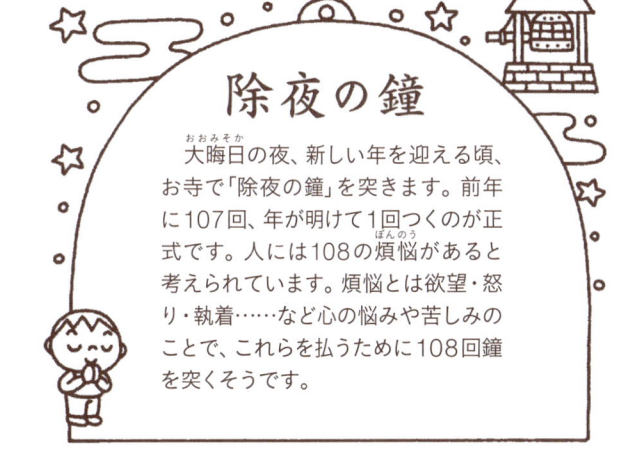

除夜の鐘

大晦日（おおみそか）の夜、新しい年を迎える頃、お寺で「除夜の鐘」を突きます。前年に 107 回、年が明けて 1 回つくのが正式です。人には 108 の煩悩（ぼんのう）があると考えられています。煩悩とは欲望・怒り・執着……など心の悩みや苦しみのことで、これらを払うために 108 回鐘を突くそうです。

312-25

書き出し文例

12月のあいさつ

●『ジングルベル』の曲が流れ、お店や街などいろいろな所でクリスマスカラーやイルミネーションを目にするようになりました。
312-26

子どもの姿

●毎日戸外に出て、寒さに負けず、体操をしたりマラソンをしたりして体力づくりをしています。子どもたちは随分走れるようになってきました。
312-27

●寒さを吹き飛ばすため、鬼ごっこをしたり縄跳びをしたりして、子どもたちは元気いっぱい体を動かして遊んでいますよ。
312-28

餅つき

●餅つきを予定しています。子どもたちに伝えると、「ぺったんこ　それ　ぺったんこ」と、掛け声が上がってきました。
312-29

文章の最後にチェック！

「が」「の」の連続
助詞の「が」や「の」を連続して使うと、読みにくくなります。読み直して他の言葉に変えたり、省略したりしましょう。

おたより

12月

イラスト

301-01

301-02

301-03

301-04

301-05

301-06

301-07

301-08

301-17

301-09

301-10

301-11

301-12

301-13

301-14

301-19

301-20

301-18

301-15

301-16

このメッセージが見えるまでページを開くと、きれいにコピーできます。

囲みイラスト付き文例

※ CD-ROM 内の囲みイラスト付き文例は Word 文書です。
Excel で使用される際は、P.286 をご参照ください。

このメッセージが見えるまでページを開くと、きれいにコピーできます。

生活リズムをチェック

冬休み明けの生活をチェックしてみましょう。

☐ 早寝早起きをした　☐ 歯磨きをした
☐ 朝ごはんを食べた　☐ うんちをした
☐ 顔を洗った

　生活リズムが崩れていたら、早く元に戻せるように頑張りましょう。

301-21

七草がゆ

1月7日に七草がゆを食べると、1年間無病息災で過ごせるといわれています。
● セリ…食欲増進
● ナズナ…高血圧予防
● ゴギョウ…風邪予防や解熱
● ハコベラ…ビタミンAが豊富、腹痛の薬
● ホトケノザ…食物繊維が豊富
● スズナ…ビタミンCとKが豊富
● スズシロ…消化を助け、腸の働きを整える
　　　体に良い食材ばかりなので1年間健康に
　　　過ごせそうですね。

301-22

睡眠について

気持ちよく眠りに入るために、食事は寝る2～3時間前までに済ませ、風呂はぬるめに調節して、リラックスしましょう。室温は20℃くらい、湿度は60％くらい、部屋は暗めにし、楽しかったこと良かったことを思い出しながら布団に入りましょう。睡眠の質が上がり、ぐっすり眠れるといいですね。

301-23

食事中のマナー

　家族で会話をしながら食事をするのはとても楽しいですね。食事中のマナー、忘れていませんか？
● 食事前にトイレや用事を済ませて、食事中は立ち歩かない
● ペチャペチャ音をたてないように、しっかり口を閉じてかむ
● 話をするときは、食べ物を飲み込んでからにする

301-24

おたより
1月

書き出し文例

1月のあいさつ

● シクラメンの花がきれいに咲き、久しぶりに登園して来た子どもたちを温かく迎えてくれているようです。元気な声が花にも刺激を与えているのでしょうね。　301-25

● 新しい年を迎えました。夢と希望に向けて今年も取り組んでいきたいと思います。寒さに負けずよろしくお願いいたします。　301-26

健康

● 寒い日が続き体調を崩している子が増えています。しっかり食べたり睡眠をとったりして、元気に過ごせるようにしましょう。　301-27

鏡開き

● 鏡餅を木槌（きづち）でたたいて開き、みんなで食べる予定です。家族円満、1年間元気に過ごせますようにと願いながら、鏡開きをしたいと思います。　301-28

文章の最後にチェック！

正月のいろいろ

　正月とは、本来1月のことを示していました。最近では1月1日～3日までを三が日、7日までを松の内（地域によって違う場合もある）、この間を正月といっています。
　元日は1月1日のこと、元旦は1月1日の朝のことをいいます。
　元旦に最初に昇る太陽のことを「初日の出」といいます。

イラスト

302-01
302-02
302-03
302-15
302-04
302-05
302-06
302-17
302-07
302-08
302-09
302-10
302-11
302-12
302-16
302-18
302-13
302-14
302-19

このメッセージが見えるまでページを開くと、きれいにコピーできます。

左のメッセージ（縦書き）

このメッセージが見えるまでページを開くと、きれいにコピーできます。

※ CD-ROM 内の囲みイラスト付き文例は Word 文書です。
Excel で使用される際は、P.286 をご参照ください。

囲みイラスト付き文例

節分

「節分」とは、季節の変わり目という意味です。本来は1年に4回ありますが、今では立春の前を指す場合が多いようです。「鬼は外、福は内」と元気な声で豆をまいて、1年間元気に過ごせるようにお祈りをします。自分の年より一つ多く豆を食べると、その年は病気をしないといわれています。おうちでも家族の健康を願って豆まきをしてみてはいかがですか？

302-20

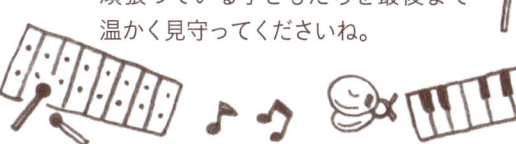

生活発表会

寒い日が続きますが、子どもたちは発表会を楽しみにして、毎日歌や劇遊びに励んでいます。好きな絵本から劇遊びの内容を決めたり、自分たちで話を考えたりしてきました。当日は、頑張っている子どもたちを最後まで温かく見守ってくださいね。

302-21

3つの首

手首、首、足首の「3つの首」は、皮膚のすぐ下に、温まった血液を運ぶ血管が通っています。この3つの首を温めるだけでも、寒さ対策をすることができますよ。首の詰まった服を着ると、温まった空気を逃がしません。手首の締まった服やレッグウォーマーなどもおすすめです。

302-22

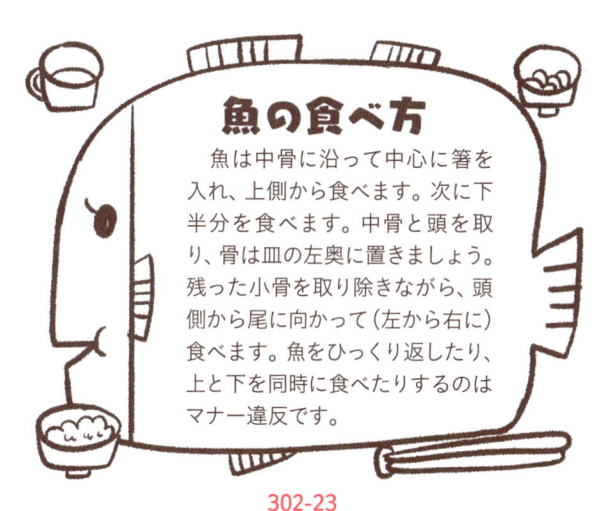

魚の食べ方

魚は中骨に沿って中心に箸を入れ、上側から食べます。次に下半分を食べます。中骨と頭を取り、骨は皿の左奥に置きましょう。残った小骨を取り除きながら、頭側から尾に向かって（左から右に）食べます。魚をひっくり返したり、上と下を同時に食べたりするのはマナー違反です。

302-23

おたより　2月

書き出し文例

2月のあいさつ

●寒気も緩み始め、戸外に出ると日差しが気持ち良く感じられるようになってきました。春が待ち遠しいですね。

302-24

子どもの姿

●寒い日が続き、池やバケツに氷が張っていました。子どもたちは冷たい氷を手に持ち、うれしそうに遊んでいます。

302-25

●ウメの便りも聞かれ、春を感じられる季節になってきました。今月はお別れ遠足に行きます。年長組と一緒に楽しく過ごしたいと思います。

302-26

健康

●寒い日が続き、感染症や風邪がはやっています。食事や睡眠に気を付け、疲れがたまってきたら体を休めるようにしましょう。

302-27

文章の最後にチェック！　敬語の「お」「ご」の使い分け

「お」の場合	「ご」の場合
●お断り	●ご住所
●お手紙	●ご説明
●お話	●ご意見

例外もありますが、「ご」は音読み「お」は訓読みと覚えておいてもいいですね。

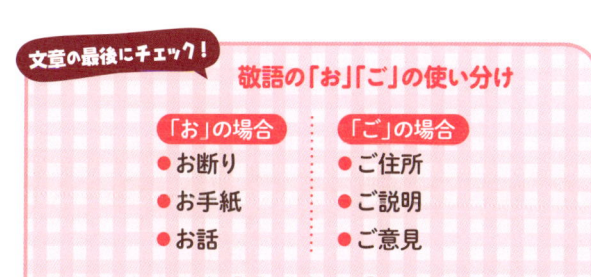
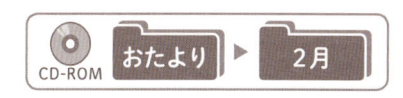

CD-ROM　おたより ▶ 2月

3月

イラスト

303-01

303-02

303-03

303-04

303-05

303-06

303-07

303-08

303-16

303-18

303-09

303-10

303-11

303-12

303-13

303-14

303-17

303-15

303-19

303-20

このメッセージが見えるまでページを開くと、きれいにコピーできます。

※ CD-ROM 内の囲みイラスト付き文例は Word 文書です。
Excel で使用される際は、P.286 をご参照ください。

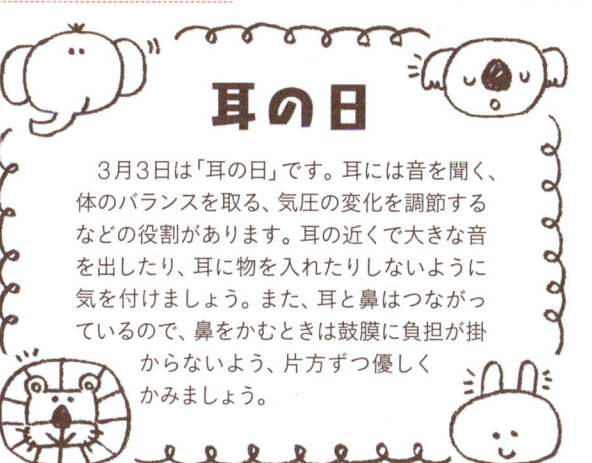

耳の日

3月3日は「耳の日」です。耳には音を聞く、体のバランスを取る、気圧の変化を調節するなどの役割があります。耳の近くで大きな音を出したり、耳に物を入れたりしないように気を付けましょう。また、耳と鼻はつながっているので、鼻をかむときは鼓膜に負担が掛からないよう、片方ずつ優しくかみましょう。

303-21

食事のマナーをチェック！

- □ 朝ごはんを毎日食べていますか？
- □ バランスの良い食事をしていますか？
- □ 食事の前に手洗いをしていますか？
- □「いただきます」「ごちそうさま」を言っていますか？
- □ よくかんで食べていますか？
- □ お茶わんやお皿を置く場所は正しいですか？
- □ 残さず食べていますか？

303-22

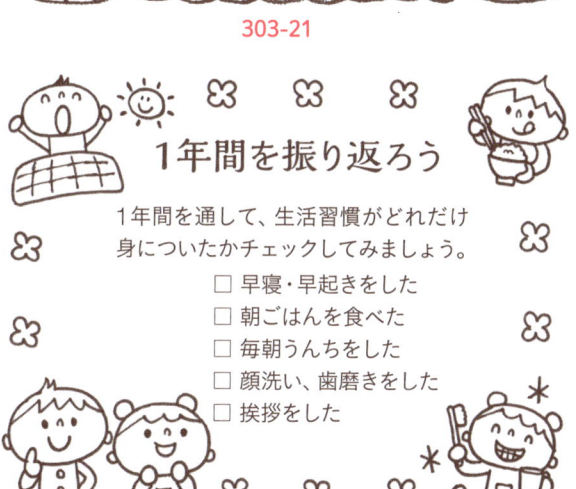

1年間を振り返ろう

1年間を通して、生活習慣がどれだけ身についたかチェックしてみましょう。
- □ 早寝・早起きをした
- □ 朝ごはんを食べた
- □ 毎朝うんちをした
- □ 顔洗い、歯磨きをした
- □ 挨拶をした

303-23

1年間ありがとうございました

春の柔らかい日差しを感じながら、戸外でも気持ち良く過ごせるようになってきました。いろいろな経験をした子どもたちは、心身共に大きく成長しました。今、子どもたちは進級することをとても楽しみにしています。1年間ありがとうございました。

303-24

子どもの姿

● ジンチョウゲの甘い匂いが風に乗り、園庭で遊んでいる子どもたちにも届いています。花の名前を調べたり絵を描いたりして、季節を満喫しています。　303-25

● 今年度も終わろうとしています。子どもたちはこの1年で大きく成長したことと思います。春休みに入っても、規則正しい生活を心掛けましょう。　303-26

● 5歳児の子どもたちと一緒に、ゲームをしたり出し物をしたりして過ごす「お別れ会」を予定しています。　303-27

ひな祭り

● 柔らかな春の日差しが降り注ぎ、ひな人形たちがうれしそうに並んでいるようです。子どもたちの成長を願いながら、ひな祭りを過ごしたいですね。　303-28

文章の最後にチェック！ 「ず」「づ」の使い分け②

「ず」「づ」は間違いやすい文字です。
しっかりチェックして、正しくおたよりを書きましょう。

〇 一つずつ	× 一つづつ
〇 色づく	× 色ずく
〇 ずかん	× づかん
〇 活気づく	× 活気ずく
〇 読みづらい	× 読みずらい
〇 うなずく	× うなづく
〇 ひざまずく	× ひざまづく
〇 おとずれる	× おとづれる

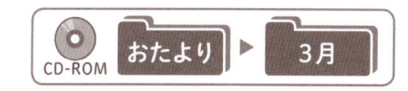

CD-ROM ▶ おたより ▶ 3月

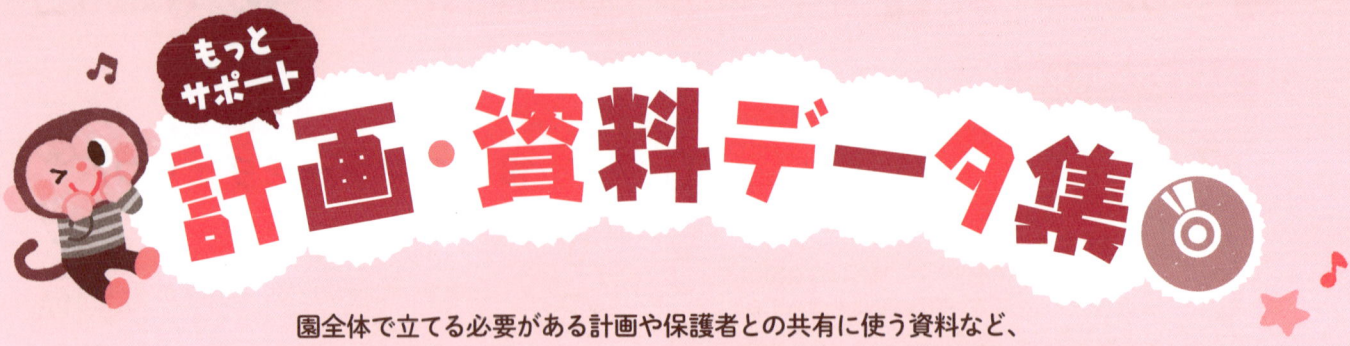

もっとサポート 計画・資料データ集

園全体で立てる必要がある計画や保護者との共有に使う資料など、

もっと保育をサポートするために、資料の例をデータにしました。

園運営に必要な保健計画や子育て支援計画といった計画や、与薬依頼票などが入っています。

これらのデータは、CD-ROMの 計画・資料データ集 に入っています。

※本書掲載の指導計画とのつながりはありませんが、一例としてご覧ください。

健康

健康支援年間計画

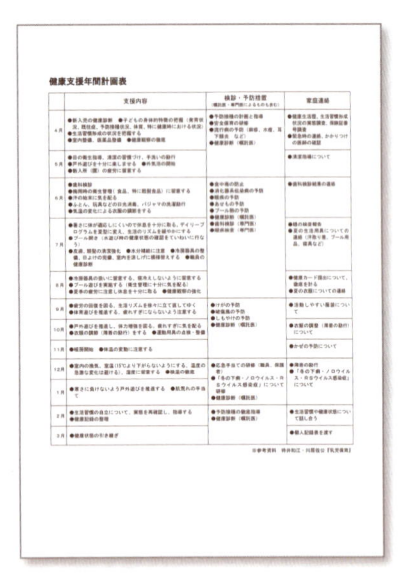

CD-ROM ▶ 健康
▼
健康支援年間計画

子育て支援

子育て支援年間計画

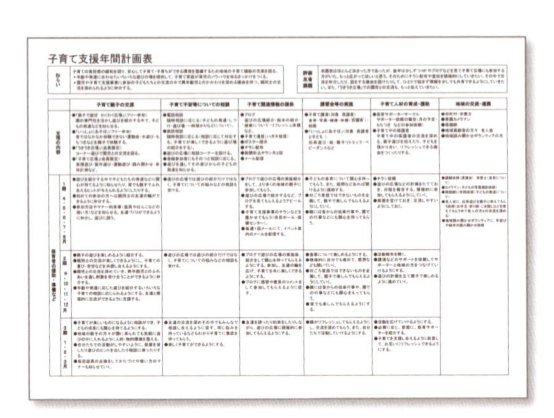

CD-ROM ▶ 子育て支援
▼
子育て支援年間計画

安全・防災

A 施設の安全管理チェックリスト

CD-ROM ｜ 安全・防災 ▶ A_施設の安全管理チェックリスト

B 施設安全チェックリスト

CD-ROM ｜ 安全・防災 ▶ B_施設安全チェックリスト

C 防災チェック表

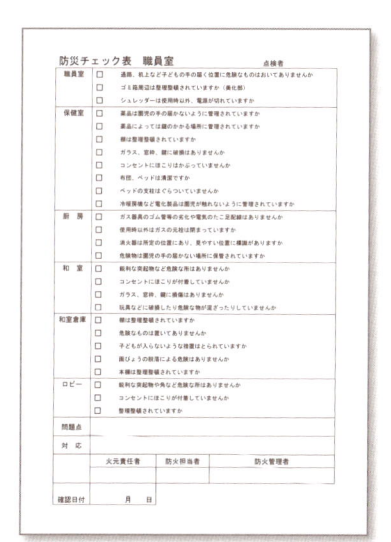

CD-ROM ｜ 安全・防災 ▶ C_防災チェック表

保健

保健年間計画

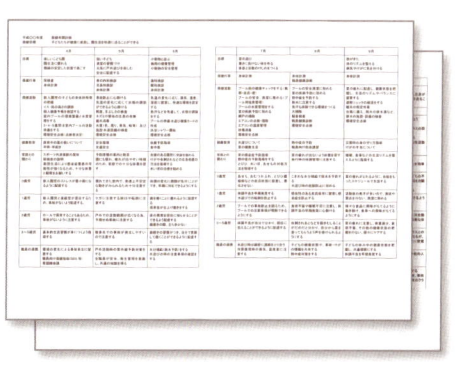

CD-ROM ｜ 保健 ▶ 保健年間計画

避難訓練

Ⓐ 避難訓練年間計画

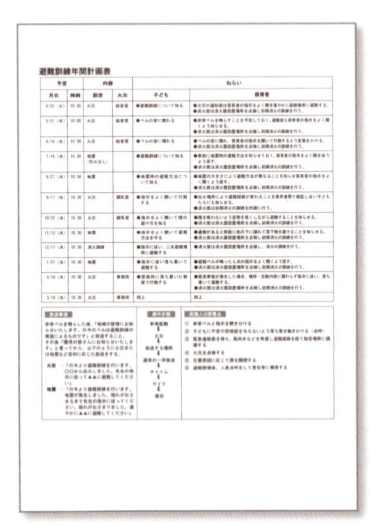

CD-ROM ▶ 避難訓練 ▶ A_避難訓練年間計画

Ⓑ 避難訓練年間計画

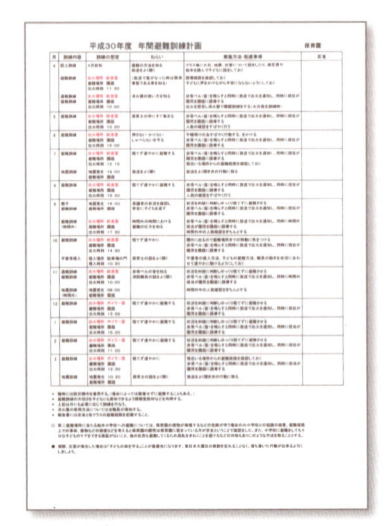

CD-ROM ▶ 避難訓練 ▶ B_避難訓練年間計画

Ⓒ 避難訓練年間計画

CD-ROM ▶ 避難訓練 ▼ C_避難訓練年間計画

食育

Ⓐ 0〜5歳児の食育計画

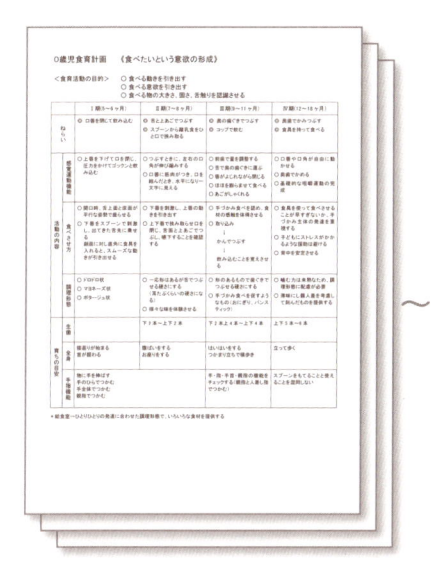

Ⓑ 食物アレルギー指示書

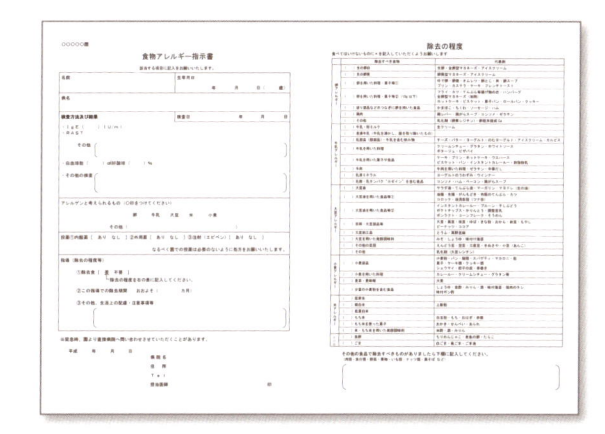

CD-ROM　食育　▶ B_食物アレルギー指示書

CD-ROM　食育　▶ A_0〜5歳児の食育計画

病気関連書類

登園許可証明書

CD-ROM　病気関連書類
▼
登園許可証明書

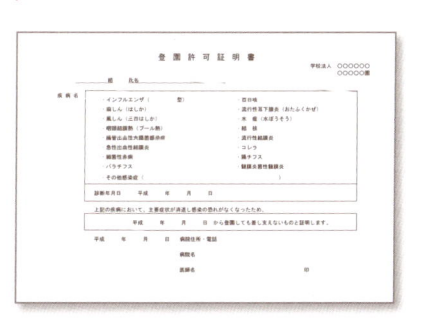

与薬依頼票

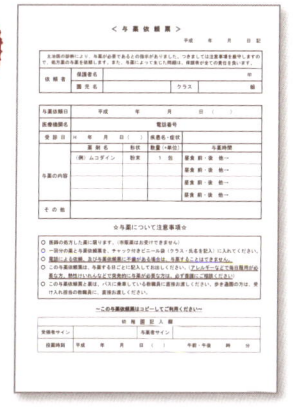

CD-ROM　病気関連書類　▶ 与薬依頼票

計画・資料データ集

今日の保育記録

今日の保育記録

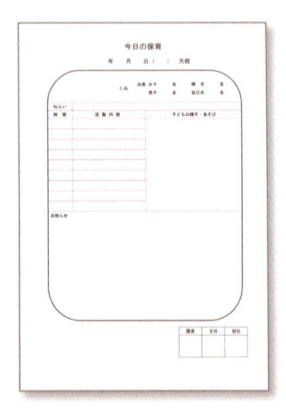

CD-ROM 今日の保育記録 ▶ 今日の保育記録

苦情処理

苦情申出書

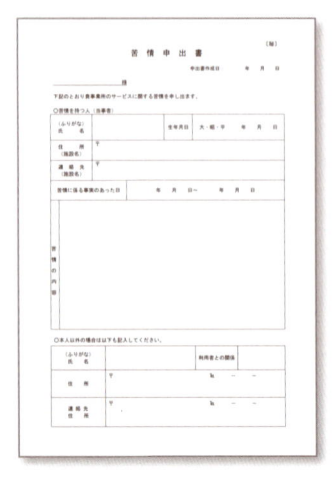

CD-ROM 苦情処理 ▶ 苦情申出書

苦情受付書

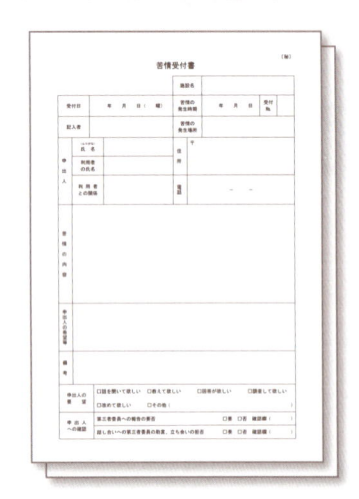

CD-ROM 苦情処理 ▶ 苦情受付書

苦情受付報告書

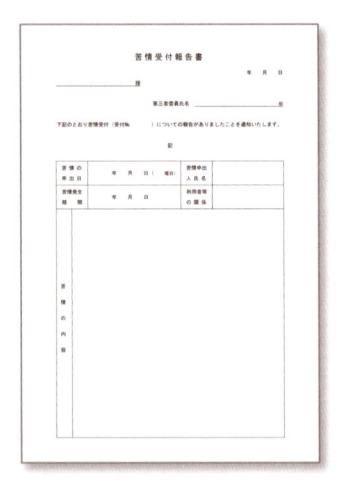

CD-ROM 苦情処理 ▶ 苦情受付報告書

CD-ROMの使い方

ここからのページで、CD-ROM内のデータの使い方を学びましょう。

⚠️CD-ROM をお使いになる前に必ずお読みください

付属の CD-ROM は、「Microsoft Word 2010」で作成、保存した Word 文書（ファイル）、
Word で開くリッチテキストデータ、イラスト画像（PNG 形式）データを収録しています。
お手持ちのパソコンに「Microsoft Word 2010」以上がインストールされているかご確認ください。
付属 CD-ROM を開封された場合、以下の事項に合意いただいたものとします。

●動作環境について

本書付属の CD-ROM を使用するには、下記の環境が必要となります。CD-ROM に収録されている Word データは、本書では、文字を入れるなど、加工するにあたり、Microsoft Office Word 2010 を使って紹介しています。処理速度が遅いパソコンではデータを開きにくい場合があります。

○ハードウェア
　Microsoft Windows 10 以上推奨
○ソフトウェア
　Microsoft Word 2010 以上
○ CD-ROM を再生するには CD-ROM ドライブが必要です。
※ Mac OS でご使用の場合はレイアウトが崩れる場合があります。

●ご注意

○本書掲載の操作方法や操作画面は、『Microsoft Windows 10』上で動く、『Microsoft Word 2010』を使った場合のものを中心に紹介しています。
　お使いの環境によって操作方法や操作画面が異なる場合がありますので、ご了承ください。
○データは Word 2010 に最適化されています。お使いのパソコン環境やアプリケーションのバージョンによっては、レイアウトが崩れる可能性があります。
○お客様が本書付属 CD-ROM のデータを使用したことにより生じた損害、障害、その他いかなる事態にも、弊社は一切責任を負いません。
○本書に記載されている内容に関するご質問は、弊社までご連絡ください。ただし、付属 CD-ROM に収録されているデータについてのサポートは行なっておりません。
※ Microsoft Windows、Microsoft Word は、米国マイクロソフト社の登録商標です。
※ その他記載されている、会社名、製品名は、各社の登録商標および商標です。
※ 本書では、TM、®、© マークの表示を省略しています。

●本書掲載おたより、指導計画など CD-ROM 収録のデータ使用の許諾と禁止事項

CD-ROM 収録のデータは、ご購入された個人または法人・団体が、営利を目的としない掲示物、園だより、その他、家庭への通信として自由に使用することができます。ただし、以下のことを遵守してください。

○他の出版物、企業の PR 広告、商品広告などへの使用や、インターネットのホームページ（個人的なものも含む）などに使用はできません。無断で使用することは、法律で禁じられています。なお、CD-ROM 収録のデータを変形、または加工して上記内容に使用する場合も同様です。
○ CD-ROM 収録のデータを複製し、第三者に譲渡・販売・頒布（インターネットを通じた提供も含む）・賃貸することはできません。
○本書に付属の CD-ROM は、図書館などの施設において、館外に貸し出すことはできません。
（弊社は、CD-ROM 収録のデータすべての著作権を管理しています）

● CD-ROM 取り扱い上の注意

○付属のディスクは「CD-ROM」です。一般オーディオプレーヤーでは絶対に再生しないでください。パソコンの CD-ROM ドライブでのみお使いください。
○ CD-ROM の表面・裏面ともに傷を付けたり、裏面に指紋をつけたりするとデータが読み取れなくなる場合があります。CD-ROM を扱う際には、細心の注意を払ってお使いください。
○ CD-ROM ドライブに CD-ROM を入れる際には、無理な力を加えないでください。CD-ROM ドライブのトレイに正しくセットし、トレイを軽く押してください。トレイに CD-ROM を正しく乗せなかったり、強い力で押し込んだりすると、CD-ROM ドライブが壊れるおそれがあります。その場合も一切責任は負いませんので、ご注意ください。

CD-ROM 収録データ一覧

付属の CD-ROM には、以下のデータが収録されています。

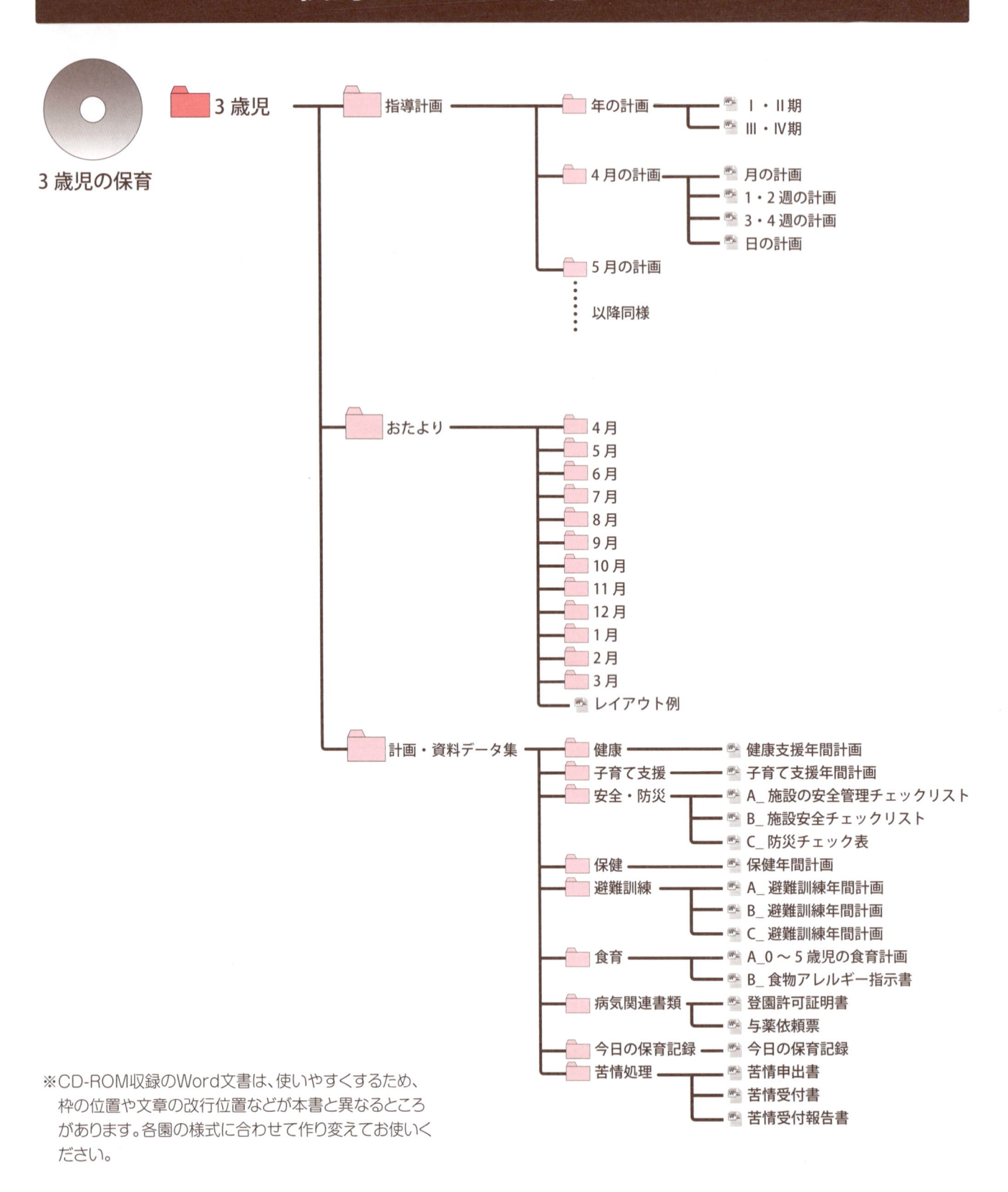

3 歳児の保育

※CD-ROM収録のWord文書は、使いやすくするため、枠の位置や文章の改行位置などが本書と異なるところがあります。各園の様式に合わせて作り変えてお使いください。

付属のCD-ROMのデータを使って
指導計画やおたよりを作ろう

『Word』を使って、指導計画やおたよりを作ってみましょう。付属のCD-ROMのWord文書はMicrosoft Word 2010で作成されています。ここでは、Windows 10上で、Microsoft Word 2010やペイントを使った操作手順を中心に紹介しています。

（動作環境についてはP.279を再度ご確認ください）

※掲載されている操作画面は、お使いの環境によって異なる場合があります。ご了承ください。

CONTENTS

Ⅰ ファイルの基本操作

1 ファイルを開く

① CD-ROMをパソコンにセットする

② 「自動再生」画面の「フォルダを開いてファイルを表示」をクリック

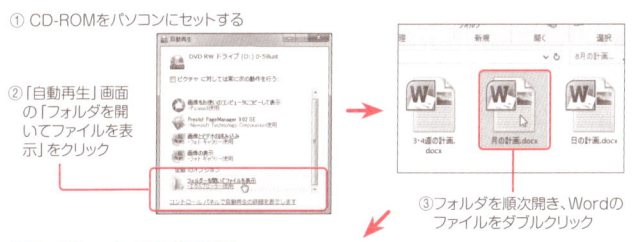

③ フォルダを順次開き、Wordのファイルをダブルクリック

〈テンプレートの文書構成〉
収録されているWordテンプレートは、A4横または縦の表で構成されています。表内にカーソルがあるので、リボンには「表ツール」が表示されています。

リボン：ツールが並んでいる領域
タブ：操作の種類によって、クリックしてリボンを切り替えます

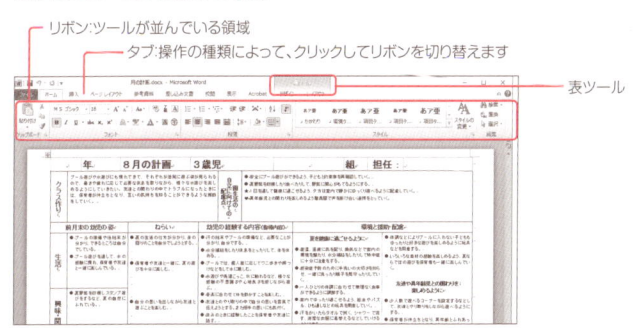

表ツール

2 名前を付けて保存する

① 「ファイル」をクリック

② 「名前を付けて保存」をクリック

③ 保存先を選択

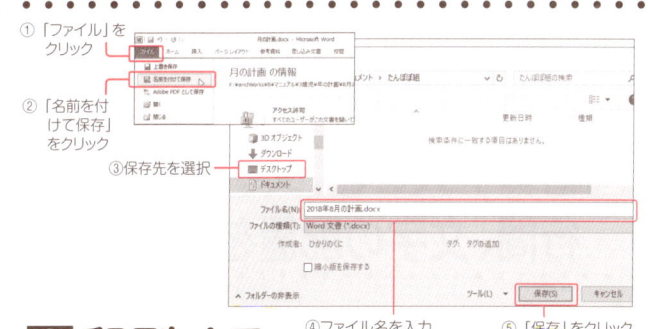

④ ファイル名を入力　　⑤ 「保存」をクリック

3 印刷する

① 「ファイル」をクリック　　② 「印刷」をクリック　　③ プレビュー画面で確認

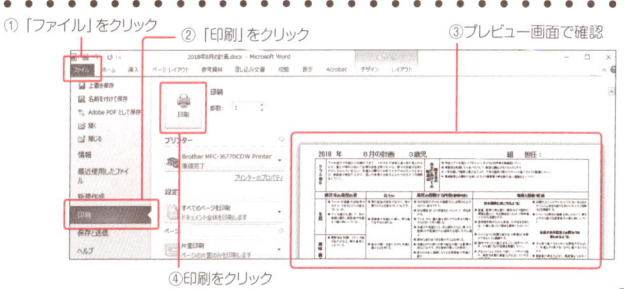

④ 印刷をクリック

Ⅱ 文章を変更する

担当クラスの様子や、子どもたちに合わせて文章を変更しましょう。
文字の書体や大きさを変えるなどアレンジしてみてください。

① 文章を変更する

1. 変更したい文章を選択する

変更したい文章の最初の文字の前にカーソルを合わせてクリックし、ドラッグして変更したい文章の範囲を選択します。

前月末の幼児の姿	ねらい	幼児の経験
生活	●プールの準備や後始末がかり、できるところは自分でしている。 ●プール遊びを通して、水の感触に慣れ保育者や友達と一緒に楽しん	●夏の生活の仕方が分かり、身の回りのことを自分でしようとする。 ●保育者や友達と一緒に、夏の遊びを十分に楽しむ。	●汗の始末やプール分かり、自分です●水分補給をしたりめる。●プールでは、個人けなをして水に●水遊びや洗濯ごっ感触の不思議さ

ここにカーソルを合わせて、変更したい所までドラッグします。

ここでマウスをはなすと、クリックした所から、ここまでの文章が選択されます。

選択された文字の背景の色が変わります。

前月末の幼児の姿	ねらい	幼児の経験
生活	●プールの準備や後始末がかり、できるところは自分でしている。 ●プール遊びを通して、水の感触に慣れ、保育者や友達と一緒に楽しんでいる。	●夏の生活の仕方が分かり、身の回りのことを自分でしようとする。 ●保育者や友達と一緒に、夏の遊びを十分に楽しむ。	●汗の始末やプール分かり、自分です●水分補給をしたりめる。●プールでは、個人けなをして水に●水遊びや洗濯ごっ感触の不思議さ

② 書体や大きさ、文字列の方向、行間、文字の配置を変える

1. 文字の「書体」や「大きさ」を変える

文字を好きな書体（フォント）に変えたり、大きさ（フォントサイズ）を変えたりしてみましょう。

まず、「①1.変更したい文章を選択する」の方法で、変更したい文章の範囲を選択します。

次に、「ホーム」タブのフォントやフォントサイズの右側「▼」をクリックし、書体とサイズを選びます。

※フォントサイズ横の「フォントの拡大」「フォントの縮小」ボタンをクリックすると少しずつサイズを変更できます。

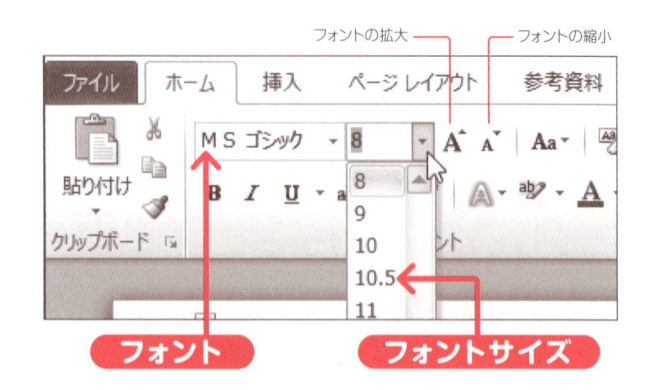

フォントの拡大 ── フォントの縮小

フォント **フォントサイズ**

2. 文字列の方向・配置を変更する

変更したいセルを選択し、【表ツール】の「レイアウト」タブの「配置」から文字列の配置や方向を設定します。

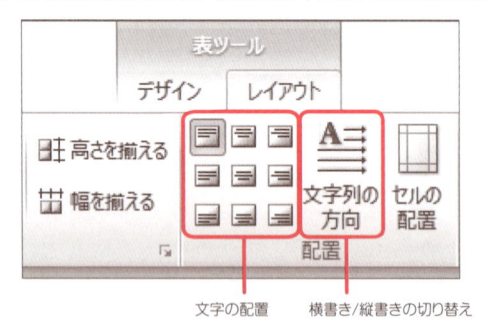

文字の配置　　横書き/縦書きの切り替え

3. 「行間」を調整する

行と行の間隔を変更したい段落を選択して、「ホーム」タブ「段落」にある「行と段落の間隔」ボタンをクリックして、数値にマウスポインターを移動させると、ライブプレビュー機能により、結果を確認することができます。行間の数値をクリックすると決定します。

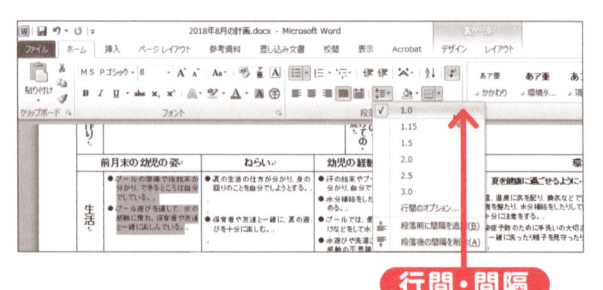

行間・間隔

希望の行間を選び、間隔にあけたい数字を打ち込みます。

Ⅲ 枠表の罫線を調整する

枠表の罫線を動かしてセルを広げたり狭めたりして調整してみましょう。
自分で罫線を引いたり消したりすることもできます。

1 セルを広げる・狭める

表の罫線上にマウスを移動すると、マウスポインターが ＋ や ＋ に変化します。そのままドラッグして上下または左右に動かすと、セルの高さや幅を変更することができます。

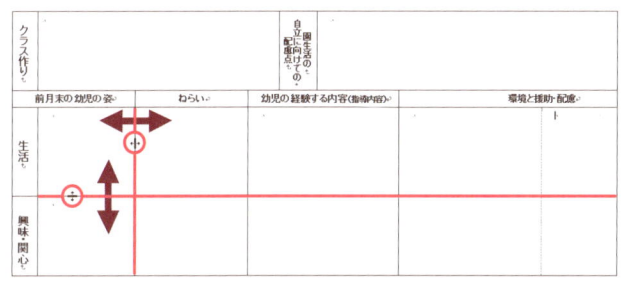

※特定のセルの幅を変更する場合は、そのセルを選択し、【表ツール】「レイアウト」タブ「表」にある「選択→セルの選択」をクリックしてから左右の罫線をドラッグします。

2 セルを結合する・分割する

1. 複数のセルを選択して、結合する

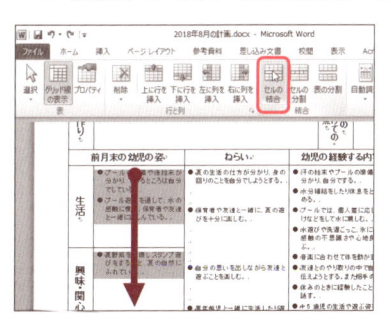

結合したいセルをドラッグして選択し、【表ツール】の「レイアウト」タブ「結合」の「セルの結合」ボタンをクリックします。

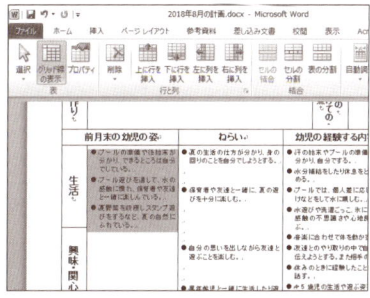

右図のように2つのセルが結合されて1つになります。

2. 1つのセルを複数のセルに分割する

表の行数や列数を変更したい場合、一旦、セルを結合してから分割します。

①行数と列数を変更したいセルをすべて選択します。

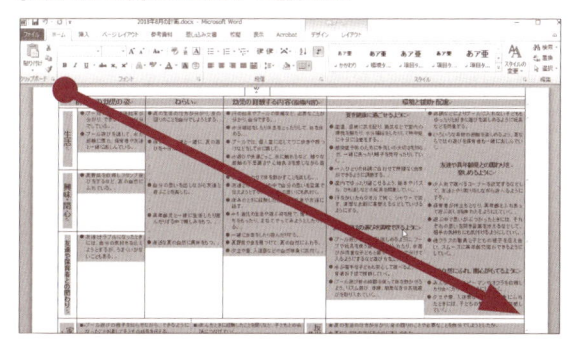

②「Delete」キーを押して文字を消去します。

③もう一度、行数と列数を変更したいセルをすべて選択します。

④【表ツール】「レイアウト」タブ「結合」の「セルの結合」ボタンをクリックすると、下図のように大きな1つのセルになります。

⑤【表ツール】「レイアウト」タブ「結合」の「セルの分割」ボタンをクリックして表示された画面で、列と行を設定して「OK」をクリックします。

列数を「3」、行数を「5」に設定してみます。

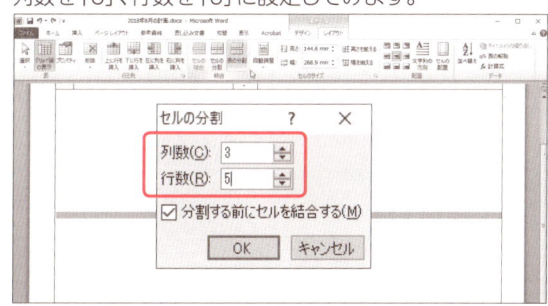

3列5行に分割されました。

Ⅳ イラストを挿入する

CD-ROMに収録されているイラストはPNG形式の画像データです。Word文書に「挿入」して使います。

①イラストを挿入したい場所をクリック

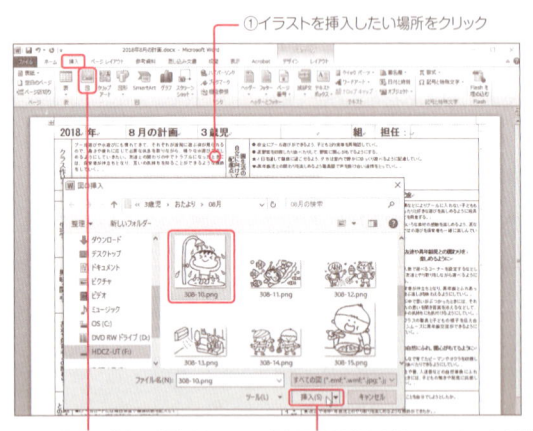

② 「挿入」タブに切り替えて「図」をクリック

③ 「CD-ROM」から使いたいイラストを選択して「挿入」をクリック

図が挿入されると一時的にレイアウトが崩れるので設定を変更します

④ 【図ツール】の「文字列の折り返し」をクリックして「前面」を選択

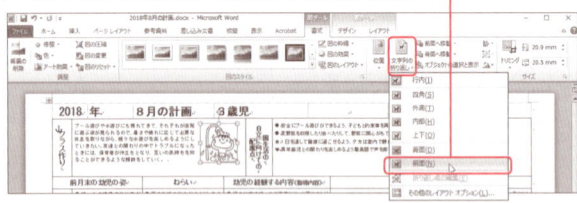

イラストのサイズ変更と移動

⑥イラストの角のハンドル（○）をドラッグしてサイズを調整します。

⑦イラストをドラッグして任意の場所へ移動します。

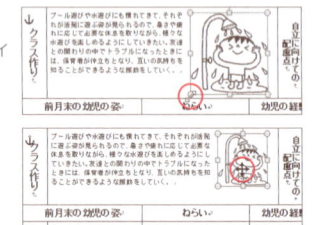

★文字列の折り返しについて

「文字列の折り返し」は、挿入したイラスト（画像）と、画面に入力した文字列（テキスト）との関係を設定するものです。

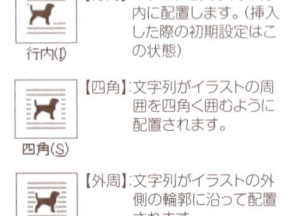

行内(I)
【行内】：イラストを文字列の行内に配置します。（挿入した際の初期設定はこの状態）

四角(S)
【四角】：文字列がイラストの周囲を四角く囲むように配置されます。

外周(T)
【外周】：文字列がイラストの外側の輪郭に沿って配置されます。

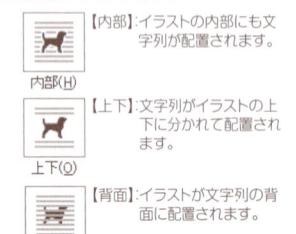

内部(H)
【内部】：イラストの内部にも文字列が配置されます。

上下(O)
【上下】：文字列がイラストの上下に分かれて配置されます。

背面(D)
【背面】：イラストが文字列の背面に配置されます。

前面(N)
【前面】：イラストが文字列の前面に配置されます。

※囲みイラスト付き文例については、P.286 を参照下さい。

Ⅴ イラストに色を塗る

Windowsに付属しているお絵かきソフト「ペイント」で、イラストにクレヨン調の色を塗ってみましょう。

1 ペイントからCD-ROMのイラストを開く

1. ペイントを起動する

①デスクトップのスタートボタンの右側にある検索ボックス（Cortana）に「ペイント」と入力します。

②デスクトップアプリの「ペイント」が表示されるので、クリックします。

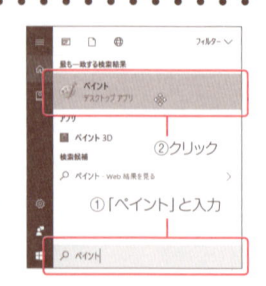

②クリック

①「ペイント」と入力

〈ペイントを開いたときの画面と主なボタンの役割〉

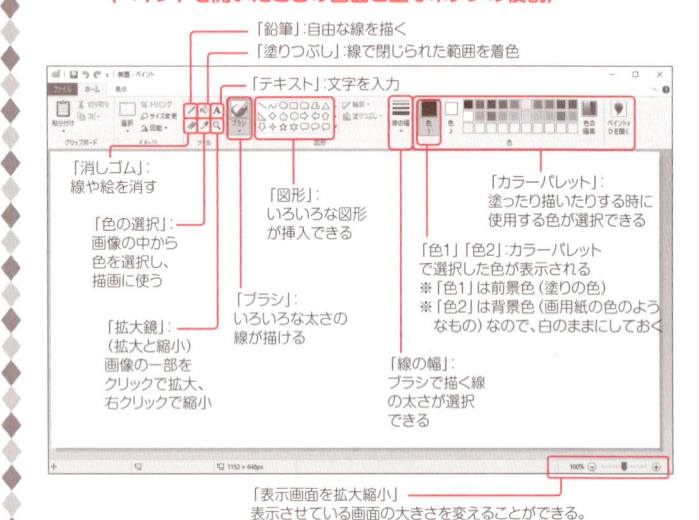

2. ペイントからCD-ROMのイラストを開く

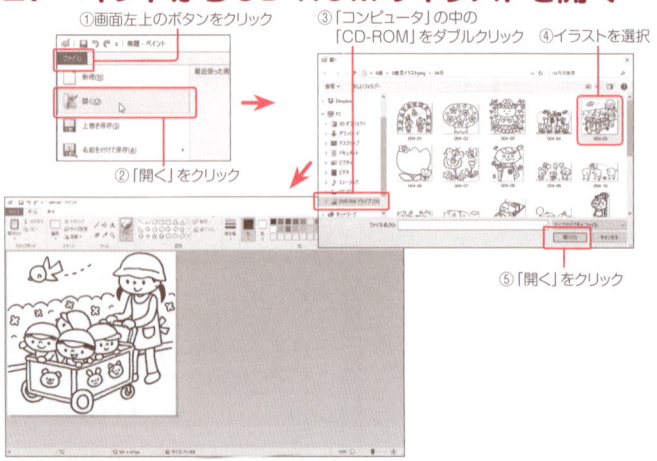

②色を塗る

1. 閉じている面を塗るとき

「塗りつぶし」を使って色を塗ります。

① 「カラーパレット」から塗りたい色をクリック

② イラスト上でマウスポインターが┄に変わるので、塗りたい場所でクリック

失敗したら「元に戻す」ボタンをクリックして元に戻せます。

2. 閉じていない面を塗るとき

閉じていない面で塗りをクリックすると、線がとぎれた部分から色がはみ出して広い範囲で着色されます。このような場合は、とぎれている部分をつないで面を閉じてから塗りつぶします。

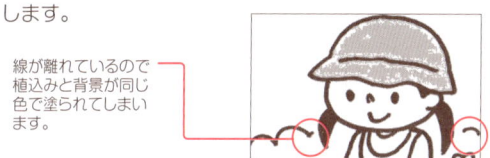

線が離れているので植込みと背景が同じ色で塗られてしまいます。

「鉛筆」を使って塗切れている線をつなげてみましょう。

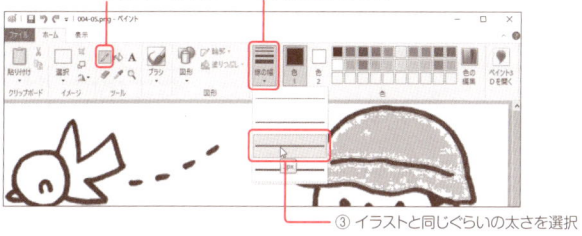

① 「鉛筆」をクリック　② 「線の幅」をクリック

③ イラストと同じぐらいの太さを選択

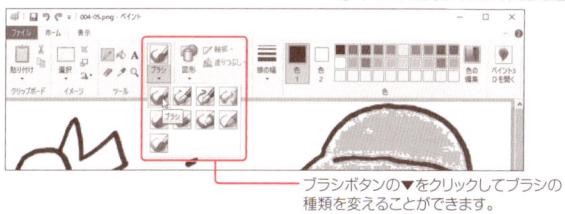

ブラシボタンの▼をクリックしてブラシの種類を変えることができます。

④ キャンバスのマウスポインターが✐に変化するので、塗切れている線の端をドラッグして線を描き足します。

⑤ 面が閉じたら、「塗りつぶし」を使って色を塗ります。

★線や色を消す場合

① 「ホーム」をクリック

② 「消しゴムツール」をクリック

③ マウスポインタが□に変わるので消したい所をドラッグする

③名前を付けて保存する

完成したら、いつでも使えるように名前を付けて保存します。

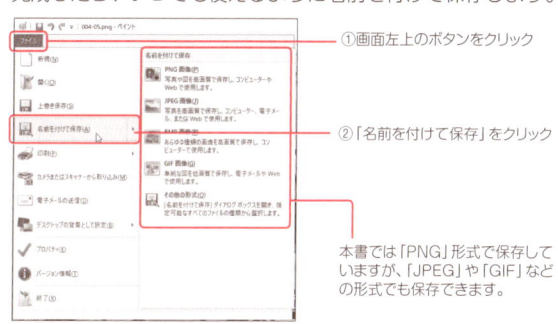

① 画面左上のボタンをクリック

② 「名前を付けて保存」をクリック

本書では「PNG」形式で保存していますが、「JPEG」や「GIF」などの形式でも保存できます。

③ 保存先をクリック

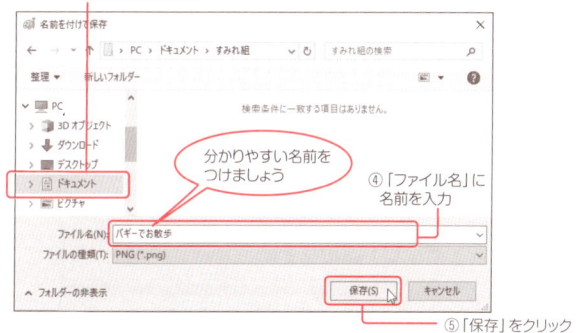

分かりやすい名前をつけましょう

④ 「ファイル名」に名前を入力

⑤ 「保存」をクリック

できあがり

イラストをべた塗りするには

ペイントの「塗りつぶし」ツールは、クリックした場所と同じ色に適用されます。CD-ROMのイラストは、きれいに印刷できるように同じ白でも少しずつ色味が異なる階調を持っているため、クレヨンで塗ったようになります。

そこで、一旦、色数の少ない画像形式（16色ビットマップ）に変換してからPNG形式に戻すと、べた塗りすることができるようになります。

① 色を塗りたいイラストを開き、「ファイル」タブをクリックして、「名前を付けて保存」を選択します。

② 「ファイルの種類」のVをクリックして「16色ビットマップ」を選択して「保存」をクリックします。

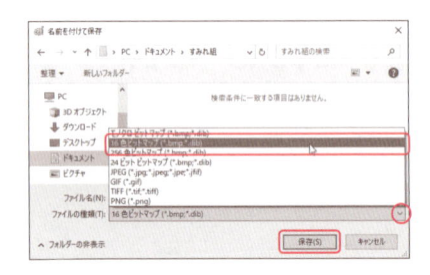

③ 次のようなメッセージが表示されたら、「OK」ボタンをクリックします。

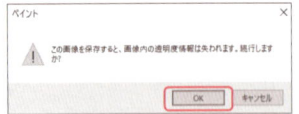 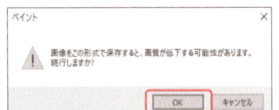

④ もう一度「ファイル」タブをクリックして、「名前を付けて保存」を選択し、「ファイルの種類」のVをクリックして「PNG」を選択して「保存」をクリックします。

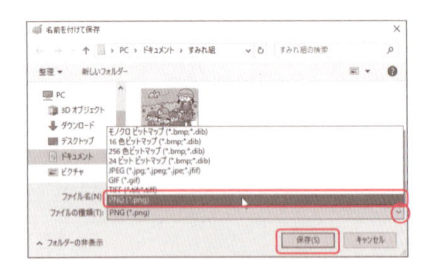

P.285の手順で色を塗ると、右図のようにきれいに塗ることができます。

VI 囲みイラスト付き 文例を利用する

CD-ROM内の囲みイラスト付き文例はWord文書にイラスト（PNG形式）とテキストボックスが組み合わさってできています。毎月のおたよりなどにご利用ください。

① 囲みイラスト付き文例を挿入したいWord文書を開いておきます。

② CD-ROMから使いたい囲みイラスト付き文例を開きます。

④ 「ホーム」タブ「クリップボード」の「コピー」をクリックします。

③ イラストの端の部分をクリックすると、外枠が表示されます。

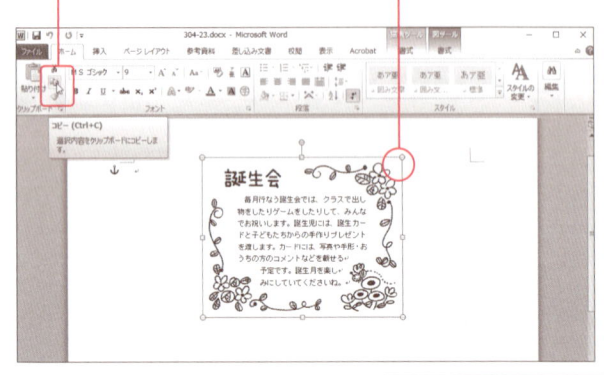

⑤ 作成中の文書に切り替えて、挿入したい部分をクリックしてから、「ホーム」タブ「クリップボード」の「貼り付け」ボタンをクリックします。

※ Excelで使用される際は、ここでご利用されているExcelの文書を開いてください。

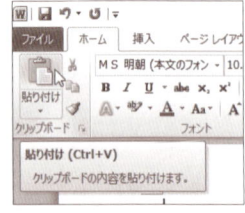

→ 囲みイラスト付き文例のイラストとテキストボックスは、グループ化されているので、ひとつの図のように移動することができます。

→ 「文字列の折り返し」については、P.284へ

★文例の書式を解除したい場合

（字下げだけではなく、文字サイズや行間なども）

囲みイラストつき文例の文例だけをコピーして、別の場所に貼り付けると、元の書式も一緒に貼り付きます。このような場合は、次のいずれかの方法でテキストだけを貼り付けます。

[A] 「ホーム」タブ「クリップボード」の「貼り付け▼」をクリックして「A」（テキストのみ保持）をクリック

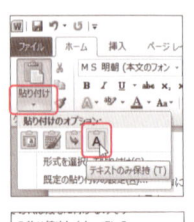

[B] 貼り付け後、右下に表示される「貼り付けオプション」ボタンをクリックして「A」（テキストのみ保持）をクリック

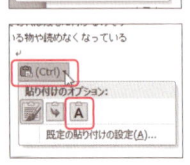

Ⅶ 文例を利用する

CD-ROM内の文例はリッチテキスト形式として収録されており、Wordで開くことができます。

※リッチテキストとは、文字と文字の書式情報（フォントやフォントサイズ、色、太字、斜体など）を持つ文書ファイル形式です。
　CD-ROM内の文例の書式は、MSゴシック、10.5ptです。

①文例を使いたいWord文書を開いておきます。
②CD-ROMから文例ファイルを開きます。

③使用したい文章をドラッグして選択します。

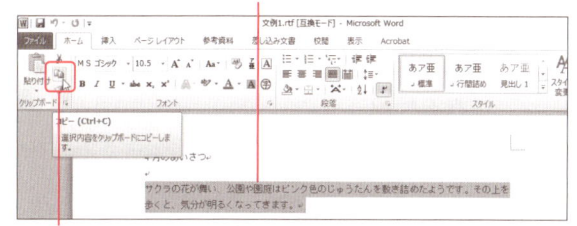

④「ホーム」タブ「クリップボード」の「コピー」をクリックします。

⑤文例を使いたいWord文書に切り替えて、貼り付けたい位置をクリックします。

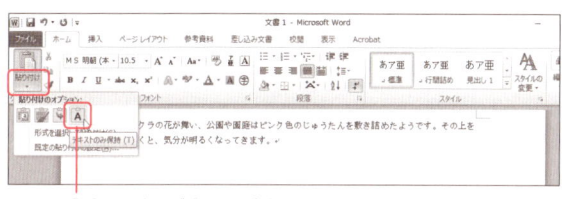

⑥「ホーム」タブ「クリップボード」の「貼り付け▼」をクリックして「A」（テキストのみ保持）をクリックします。

Ⅷ テキストボックスを挿入する

テキストボックスは、囲み罫やイラストに重ねて文章を入れたいときに使います。

イラストの「文字列の折り返し」を「前面」に設定する

イラストにテキストボックスを重ねる場合、イラストの「文字列の折り返し」は「前面」に設定しておきます。

①イラストをクリックして選択します。
②【図ツール】の「書式」タブ「配置」の「文字列の折り返し」をクリックします。

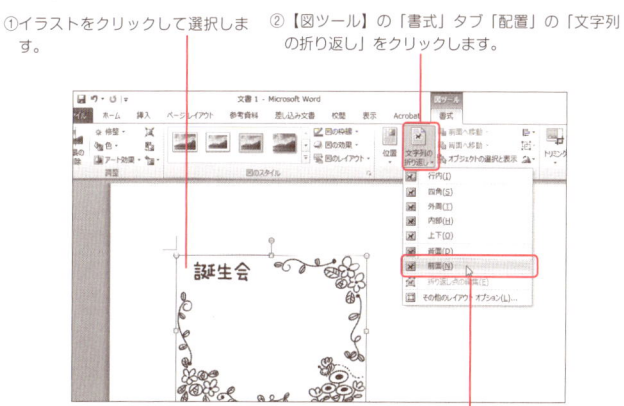

③【図ツール】の「書式」タブ「配置」の「文字列の折り返し」をクリックして「前面」をクリックします。

テキストボックスを挿入する

囲みケイやイラストに重ねて文章を入れたいときに使います。

①「挿入」をクリック　　②「テキストボックス」をクリック

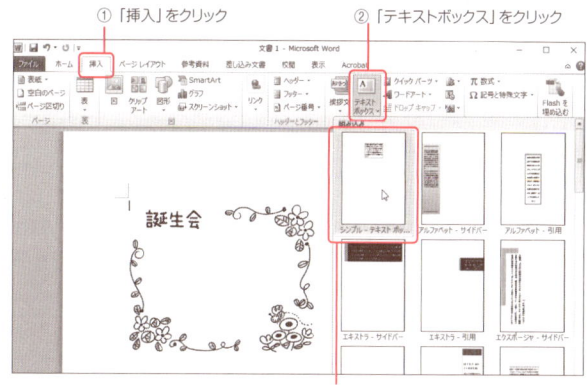

③「シンプル-テキストボックス」をクリック

④テキストボックスの文章が反転している状態で、文字を入力します。

⑤テキストボックスのサイズは枠のハンドル（○、□）をドラッグして調節します。

⑥テキストボックスの外枠をドラッグして、イラストの上に配置します。

テキストボックスの枠を選択すると、ボックス内の文字の文字書式や段落書式を「ホーム」タブの「フォント」や「段落」のツールで変更できます。

既定のテキストボックスは、塗りつぶしが白色、枠線が黒色です。イラストに重ねる場合は、【描画ツール】「図形のスタイル」で両方とも「なし」に設定します。

▼塗りつぶしなし　　　　　　　　▼枠線なし

できあがり

監修
神長美津子

國學院大學教授
幼保連携型認定こども園教育・保育要領の改定に関する検討委員会
中央教育審議会 教育課程部会幼児教育部会主査代理
元・文部科学省初等中等教育局幼児教育課教科調査官
『月刊 保育とカリキュラム』総監修

保育のきほん

監修・執筆	神長美津子
	馬場耕一郎　（聖和短期大学准教授、厚生労働省保育課保育専門調査官、大阪・幼保連携型認定こども園 おおわだ保育園 理事長）

3歳児保育のきほん

監修・執筆	神長美津子

● 発達と生活・発達と遊び

監修・執筆	塩谷 香　（國學院大學特任教授、NPO法人「ぴあわらべ」理事）

環境とあそび

● 環境づくり

執筆	永井由利子　（松蔭大学教授）
写真協力園	東京	石浜橋場こども園、北大泉幼稚園、京橋朝海幼稚園、小日向台町幼稚園、さくらだこども園、千駄木幼稚園、高島幼稚園、立花幼稚園、東京学芸大学附属幼稚園竹早園舎、西が丘保育園、ふじみこども園、船堀幼稚園、本駒込幼稚園、武蔵野東第一・二幼稚園、明化幼稚園、湯島幼稚園
	神奈川	岡本幼稚園、報徳幼稚園
	千葉	入船南幼稚園、百合台幼稚園

● 子どもとつくる部屋飾り

監修	村田夕紀　（元・四天王寺大学教授）
	内本久美　（四天王寺大学非常勤講師）
製作協力	西村久美子、南 睦子

● ちょこっと遊ぼう・いっぱい遊ぼう・行事あそび

執筆	小倉和人　（KOBEこどものあそび研究所所長）
写真・実践協力園	兵庫	須磨area地域子育て支援センター、認定こども園まあや学園、よこやま保育園

● じっくりゆったり遊ぼう

執筆	中尾博美　（姫路日ノ本短期大学非常勤講師、元・姫路市立保育所保育士）

指導計画

執筆	『月刊 保育とカリキュラム』東京 3歳児研究グループ
チーフ	齋藤惠子　（貞静学園短期大学教授）
	佐藤暁子　（東京家政大学大学院教授）

● 今月の保育、月の計画 要領・指針につながるポイント

執筆	齋藤惠子
	佐藤暁子

おたより

文例・イラスト案	永井裕美　（保育士・幼稚園教諭）

もっとサポート 計画・資料データ集

協力園	東京	武蔵野東学園幼稚園
	千葉	柏井保育園
	大阪	寺池台保育園、たんぽぽ学園
	奈良	ふたば保育園

※本書掲載の一部は、『月刊 保育とカリキュラム』2009〜2017年度の内容に加筆・修正を加え、再編集したものです。
※所属は、本書初版当時のものです。

STAFF

本文デザイン	株式会社フレーズ（宮代佑子、武田紗和、岩瀬恭子）
本文DTP	株式会社フレーズ（江部憲子、小松桂子）
製作物・イラスト	イケダヒロコ、いとうみき、オビカカズミ、菊地清美、北村友紀、くるみれな、白川美和、鈴木えりん、すみもとなななみ、田中なおこ、常永美弥、中小路ムツヨ、ナシエ、櫨原美加子、福島幸、みやれいこ、むかいえり、Meriko、やまざきかおり、shoko
撮影	佐久間写真事務所 山田写真事務所
編集協力	太田吉子、川城圭子、堤谷孝人、株式会社どりむ社、pocal（本城芳恵、和田啓子）
楽譜浄書	株式会社クラフトーン
校正	株式会社どりむ社 永井一嘉
企画・編集	安部鷹彦、山田聖子、松尾実可子
CD-ROM制作	NISSHA株式会社

本書のコピー、スキャン、デジタル化等の無断複製は著作権法上での例外を除き禁じられています。本書を代行業者等の第三者に依頼してスキャンやデジタル化することは、たとえ個人や家庭内の利用であっても著作権法上認められておりません。

年齢別クラス運営シリーズ

3歳児の保育

2018年 2月	初版発行
2024年 12月	第9版発行

監修者	神長美津子
発行人	岡本 功
発行所	ひかりのくに株式会社

〒543-0001　大阪市天王寺区上本町3-2-14
TEL06-6768-1155　郵便振替00920-2-118855

〒175-0082　東京都板橋区高島平6-1-1
TEL03-3979-3112　郵便振替00150-0-30666

ホームページアドレス　https://www.hikarinokuni.co.jp

印刷所	NISSHA株式会社

©2018　乱丁、落丁はお取り替えいたします。
<JASRAC 出1715537-409>

Printed in Japan
ISBN978-4-564-61554-2
NDC376　288P　26×21cm